A ti, a quien entras en nuestras vidas sin ser invitado y poco a poco nos destruyes sin darnos cuenta. A ti, que estás condenado a ser lanzado al lago de fuego. A ti, que destruyes la perfección de Dios. A ti, que utilizas tus trucos más viejos para hacer que nos alejemos cada vez más de Cristo. A ti, que fuiste derrotado en la cruz. A ti, que me escape de tus garras y de acompañarte en el lago de fuego. A ti, a quien ya no pertenezco. A ti, por qué el día que Cristo me llame ante su presencia, dejaras de martirizarme con tus trucos sucios y traicioneros. A ti, a quien Dios desterró del Cielo. A ti, quien sin usar llaves entras y destruyes hogares con tus banalidades. A ti, quien salió de mi vida cuando Cristo entró en mi corazón. A ti, dueño del mundo y sus pecados... a ti, Satanás... A ti, te digo adiós, pues ya le pertenezco a Cristo quien lavo mis pecados derramando su Santa Sangre en la Cruz. A ti te digo adiós, y ahora dejo que Cristo sea mi Señor.

¡Inocencia pérdida!

(Los tres avisos)

INTRODUCCIÓN

Durante la historia de la vida, a las mujeres se les ha marginado y relegado en una posición inferior, en algunas épocas, a las mujeres solo se les veía o se les consideraba como unas máquinas para tener hijos. En esas y en otras épocas (presentes), la mujer no tenía derecho a nada, algunos hombres veían a sus esposas como un objeto más en su hogar.

Hace no muchos años en mi país de origen, (México) las mujeres no tenían ni voz, ni voto. Se tenían que casar con el hombre que sus padres les conseguían como marido. Fuera de su agrado o no, ellas tenían que contraer matrimonio sin poder poner ninguna objeción. En ese tiempo la vida quizá no fue tan dura para algunas mujeres, bueno, todo dependiendo del país o en la familia en que nacieron. Quizá tuvieron la oportunidad de ser alguien en la vida, pero en mi país, en esos años, si alguna mujer intentaba salir adelante y quería ser alguien en la vida, era considerada por la sociedad como una mujer sin valores morales e incluso por algunos hombres era considerada como una >>ramera<< y eso era porque en muchos hombres a existido, existe y existirá una extraña forma de ocultar su sentimientos llenos de frustración, de no poder ocultar su impotencia al descubrir que pueden ser superados por una mujer, de saber que una mujer puede hacer algún trabajo. A esa extraña forma de no reconocer todo esto le llaman <<machismo>> pero yo le llamo falta de <<*valor civil*>>. Estoy consciente de que Dios puso primero al hombre que a la mujer en la tierra, pero creo que el hombre se ha excedido en su forma de tratarla, pues incluso Dios les pide que nos traten como un *vaso frágil*.

Yo en lo personal creo que no me toco vivir mi juventud en una época muy diferente a las demás. O más bien, me toco vivir y sufrir las consecuencias de las decisiones que hombres y políticos tomaron hace algunos años. Pero lo que no sabían esos hombres era que esas decisiones nos iban a afectar a nosotros, los más jóvenes, a sus propios hijos.

Pero en fin, me podría pasar toda la vida hablando de políticos corruptos, de las cosas vanas que tiene la vida o de tratar de echarle la culpa a otros de mis propios errores. Y eso es fácil, el echarle la culpa a otros cuando está en nuestras propias manos el decir... -¡NO!-

Estimado lector: Usted tiene en sus manos el testimonio de mi vida, espero en Dios que le sirva de mucho el leer este libro. Y si después de leerlo busca en lo más recóndito de su alma y cree que está bien consigo mismo(a) y le da valor a la vida que está viviendo, ¡Qué bien!; Entonces obséquieselo a alguien que cree que *sí* lo necesita. La vida es solo una y hay que valorarla, y por desgracia, existimos personas en este mundo que no la valoramos. Pensamos que por el hecho de tenerlo todo, dinero, educación, buena familia, "amigos", etc. ya lo tenemos todo. Pero grave error, a veces los más ricos son los más pobres y miserables, los que se creen los más felices por tener *poder* son los más desgraciados y desdichados. Los que creen que lo tienen todo, al final del camino se dan cuenta que nunca han tenido nada, y es triste descubrir que siempre han cabalgado la vida... con las manos vacías.

~ 6 ~

EL PRIMER AVISO POR LO REGULAR SIEMPRE ES EL MAS IMPORTANTE, PERO SIEMPRE ES EL MAS IGNORADO.

Karen de la Torre se perdía en los pasillos de la escuela preparatoria privada Manuel Jiménez (para los que no saben, a la mayoría de las colegios particulares no van los pobres, los pobres van a los colegios de gobierno, que al final de cuentas resultan iguales que los privados) buscando el salón que le correspondía. Era su primer semestre. El colegio, era un edificio muy lujoso, propiedad de uno de los hombres más ricos de la ciudad de México. Estaba ubicado al noreste de la ciudad. Se sentó al fondo del salón en su lugar preferido, pues de esa forma con su vista dominaba todo. Poco a poco comenzaron a llegar los demás alumnos, hijos de doctores, de políticos, de licenciados, de arquitectos, de hombres de negocios, *<<puros hijo de papi>>* así los llamaba Karen.

El padre de Karen, Ángel de la Torre se desempeñaba como piloto de una línea aérea transnacional. Entre su hermana mayor, Delia y su padre hacían el esfuerzo por pagar sus estudios. Su abuelo paterno se había desempeñado como piloto de la Fuerza Aérea Española, de ahí es donde provenía el amor de su padre por los aviones.

Karen estaba siendo educada por su madre Susana, de la misma forma que ella fue educada, con principios "morales" (¿qué es eso?) respeto hacia los demás, el amor al prójimo, y principalmente el temor hacia Dios. Y hasta ese momento todo parecía indicar que ella seguiría el mismo camino que su madre y sus cuatro hermanas. Aunque su padre siempre deseo tener un hijo varón, se tuvo que conformar con hijas. (Ángel vio que los varones si llegaron poco a poco, pero solo llegaron para llevarse a sus hijas) Algunas de sus hermanas estaban celosas de ella, pues decían que era la preferida.

Karen era una chica sencilla, humilde, y buena hija. ¡Pero nunca falta un pelo en la sopa! Liliana, *"la mejor amiga"* de Karen se sentó junto a ella. Liliana era muy diferente a Karen. Era coqueta, desinhibida, se vestía provocativamente y a sus escasos diecisiete años ya había tenido más novios que sus asistencias a la escuela. Liliana era mayor que Karen por dos años, su madre se había largado con su novio a Italia cuando ella tenía siete años. De su padre no sabía nada, o más bien lo único que supo fue que su madre lo conoció en una noche de parranda. Su abuela Irene, se había quedado a cargo de ella, aunque la abuela trataba de educarla lo mejor posible y con los mismos principios morales que la madre de Karen, esta chica no entendía, bueno al fin y al cabo dicen que: *"Árbol que nace torcido su rama nunca endereza".* Liliana vivía en la misma colonia que Karen; su madre trataba de darle lo mejor, >>*dinero*<< era lo mejor que ella le podía ofrecer desde Nápoles, Italia.

– Bienvenida a mi salón- dijo Liliana.

-Gracias. Y ya me la estoy creyendo que en verdad si es tu salón, con este ya es el tercer semestre que llevas aquí, ¿lo quieres para tu departamento? –dijo Karen en tono de broma.

-Lo que pasa es que te quiero tanto, que te estaba esperando-respondió Liliana con un poco de sarcasmo.

A la hora del receso ambas se dirigían a la cafetería. Todos los alumnos iban y venían en el pasillo. A sus escasos quince años Karen ya daba muestras de su belleza. Figura estilizada, tez clara, alta, de piernas largas perfectamente torneadas, ojos verde jade; esto aunado a su cabello negro rizado adornado con rayitos color dorado la hacían ver como una muñequita recién salida del aparador. Usaba lentes, lo que daba un toque intelectual.

Mientras caminaban por el pasillo algunos de los <<hijos de papi>> se les acercaban invitándolas a tomar un café o a salir al cine, se dirigían más hacia Karen que a Liliana pues a ella ya la conocían. Karen era como se conocen a las chicas nuevas <<mercancía fresca>> y aunque los chicos que se acercaban a Karen eran muy atractivos, sus hermosos ojos verdes se detuvieron en la figura de un joven llamado Saúl. El chico no era huy que digamos un galán de cine, pero tampoco era feo. Saúl era hijo único de un licenciado que trabajaba en una empresa exportadora.

Karen se acerco a Saúl y lo saludo con un beso en la mejilla.

– ¡Hola!, ¿cómo estás?- le preguntó Karen con una sonrisa en su rostro.

-Hola preciosa. Estoy bien, gracias- contestó Saúl-. Creo que no le caigo bien a tu amiga- dijo Saúl al darse cuenta de que Liliana se había pasado de largo sin saludarlo.

-Yo creo que te tiene celos porque somos buenos amigos- respondió Karen.

Karen y Saúl se conocían desde cuando niños, vivían por el mismo rumbo y los padres de ambos se conocían muy bien. Se veían todos los domingos, pues seguían la tradición de sus padres, abuelos y tatarabuelos. Si buscamos un poco más; llegaríamos a la conclusión de que descienden de uno de los misioneros católicos que llegaron junto a Hernán Cortez en la conquista de México, y fieles a esa tradición asistían a misa cada domingo sin faltar. Había entre ellos una especie de *promesa,* uno dentro del otro, ya habían reconocido que estaban enamorados. Y la promesa era que se esperarían a que Karen cumpliera dieciocho años. Saúl no hacía mucho que había cumplido diecisiete; más que una promesa para ellos, era una forma de cumplir con sus padres, ya que Karen les había prometido terminar con sus estudios. El problema era que ella se encontraba en la etapa más *peligrosa* de la vida, *la juventud*. Recién había salido de la adolescencia y había entrado a la etapa de la curiosidad, de querer descubrir cosas nuevas, del ¿por qué no? En la etapa en la que la juventud piensa que se puede comer al mundo y limpiarse las sobras con la servilleta de la vida. Pero, ¿Karen sería capaz de cruzar el pantano sin ensuciarse las alas? Eso lo descubriremos más adelante.

Karen y Liliana sonreían maliciosamente, pues escuchaban detrás de la puerta la plática entre la hermana de Karen llamada Sofía y su madre. Sofía pronto contraería matrimonio con su novio Martin. Y la plática era que Sofía le daba las gracias a su madre por su educación y dedicación para con ellas. Sofía era la número cuatro de las cinco hijas de la familia.

–Madre, tal vez no tengo necesidad de decírselo pero cumplí con mi promesa.

- ¿De qué promesa hablas mija?- preguntó la madre.

- De llegar virgen al altar- respondió Sofía.

-¡Virgen!- dijo Liliana entre sonrisas de complicidad al otro lado del cuarto. -¡Hay no!, que aburrido. ¿Te imaginas llegar virgen al matrimonio, y vivir el resto la vida con un solo hombre?, que enfado.

-¿Qué tiene de malo llegar virgen al altar? Es algo bonito- dijo Karen mientras se dejaba caer sobre la cama junto a Liliana. -Ese es mi sueño, llegar al altar vestida de blanco y *virgen* que es lo principal.

-No estarás hablando en serio ¿o sí?

-¡Claro que estoy hablando en serio!

– ¿Y desperdiciar tu juventud?

-No la estoy desperdiciando, la disfruto mucho, además mi sueño es casarme con Saúl.

-¿Con ese?

-¿Qué tiene de malo?

-Pero si es un pobretón frijolero- dijo Liliana con cierto desprecio.

- Es un don nadie, tú te mereces algo mejor.

- ¿Alguien mejor? Pero si él es perfecto- dijo Karen suspirando.

- Pero si es el hijo de un abogaducho de tercera.

-Él tiene dos metas en la vida – la interrumpió Karen tratando de defender a Saúl-. Una, es ser abogado como su padre y la segunda es ser *escritor*. Yo creo que sí lo puede lograr, me escribe unos poemas muy bonitos, dice que yo soy su inspiración, su Musa.

-¿Cómo va a poder ser escritor ese naco?, si no sabe ni hablar bien, a ese sí que se le ve lo naco a kilómetros de distancia- decía Liliana burlándose de Saúl y de sus padres haciendo alusión de que habían salido de un pueblo del estado de Hidalgo, México-. Lo siento por ti *amiguis* pero si te casas con él vas a emparentar con una familia muy corriente. Y además que cursi, escribirte poemas, eso ya está pasado de moda. A las chicas y chicos de hoy nos gusta la acción, el movimiento.

–Es un buen muchacho quien quita y escribe un buen libro y se gana el premio *Pulitzer* y se vuelve famoso. Y además de eso creo que estamos enamorados.

-¿Enamorados?- replicó Liliana con enfado-. ¡Hay no!, ni me hables del amor, el amor duele, es traicionero, por el amor sufres, lloras, te decepcionas, haces tonterías, el amor es más peligroso que una víbora de cascabel.

-Entonces, ¿tú no crees en el amor?

-No- respondió Liliana- yo creo más en disfrutar la vida, gozar de mi juventud. Tener un novio o estar enamorada significa tener compromisos.

-¿Has tenido muchos novios?- Preguntó Karen con cierta curiosidad.

Liliana cerró los ojos y dijo:- Yo no los llamo novios, los llamo amigos con derechos. Es lo que *todo mundo* maneja hoy día.

-¿Y has llegado un poco más allá que unos besos? –dijo Karen sonrojándose un poco por la pregunta que hizo.

-Con algunos cuantos- respondió Liliana sin dudarlo.

-¿Como con cuántos?- Volvió a preguntar Karen.

-No muchos.

¿No muchos? Si por las uñas de Liliana ya habían pasado diferentes tipos de hombres: Licenciados, doctores, taxistas, compañeros de la escuela, el repartidor de gas, y hasta un vendedor de chicles de la estación del metro Balderas había pasado por sus haberes.

-¿Y no te sientes mal?

-¿Sentirme mal? y ¿por qué debería de hacerlo? Es la nueva o más bien siempre ha sido la forma de disfrutar la juventud. Y tu amiga del alma si no te apuras vas a desperdiciar la mejor etapa de tu vida.

-¡No gracias, yo pasó!

-¿Yo no entiendo porque es muy importante para tu familia eso de la virginidad? Si es solo un pedacito de piel, creo que le llaman, el himen.

-Esto va mas allá de un contacto físico- respondió Karen-. Es cuestión de moral, de principios, de dignidad, no sé, de amor propio, de auto valorarse.

-¿De moral? ¡No manches!- dijo Liliana burlonamente-. ¿Y eso con que se come?

-¡Oye!, tú sí que no tienes vergüenza.

-Aquí está muy aburrido, ¿por qué no vamos a la fiesta de Roque?- sugirió Liliana cambiando la plática-. Ahí van a estar la mayoría de los compañeros de la escuela.

-Tú sabes que no me gusta ir a esas fiestas, son muy aburridas, siempre hablan de lo mismo; *mi daddy me compro esto, mi daddy es muy importante, mi daddy es el más rico de la ciudad. Esos* <<hijos de papi>> siempre se la pasan tratando de comparar o saber que papá es más influyente que el otro, y luego esa forma de como hablan parece que tienen una papá en la boca, la verdad me caen mal esos fresitas de barrio.

-Tal vez tengas razón, algunas veces son odiosos, pero se la pasa uno bien chévere- señaló Liliana-. A mi igual no me caen muy bien, yo solo voy porque ahí van unos chavos guapísimos. Ándale anímate nos vamos a divertir muchísimo.

-No gracias- dijo Karen-. Además hoy voy a salir con Saúl.

-¿Y a dónde, si se puede saber?

- A cenar- respondió Karen-. Se va a despedir de mí.

-¿Despedir? ¿Pues a donde va?

-Su padre tiene que ir a Uruguay. Lo mandaron de la empresa donde trabaja.

-¿Y por qué no me lo habías dicho?

-Apenas me lo confirmó hoy en la mañana. Se va a ir seis meses y lo voy a extrañar mucho.

Karen no podía percibir que cada vez que ella hablaba de Saúl, Liliana apretaba los dientes con coraje.

-Pues tú te lo pierdes- dijo Liliana-. Yo si me voy a la fiesta, ahí te dejo con ese aburrido.

Por la tarde Karen atravesaba el parque en dirección hacia la cafetería en donde se había quedado de ver con Saúl. El chico la vio venir; vestía una falda negra, una blusa negra, una gabardina blanca, botas de piel color blanco, que hacían juego con la gabardina, su cabello ondulado suelto se mecía con cada paso de su sensual caminar. Debido a su tipo de piel no necesitaba de mucho maquillaje, solo un poco de rubor en sus mejillas, algo de sombra y lápiz labial para resaltar el tono rosado de sus sensuales labios. Solo había dos palabras para describirla: ¡Oh...bellísima!

-¡Hola!, ¿cómo estás?

-Bien- respondió Saúl.

Karen sabía de su belleza, pero gracias a ese sentimiento que tienen todas las mujeres llamado <<vanidad>> que hace que las mujeres quieran verse siempre bonitas, se había esmerado en verse aun más hermosa. Karen cuidaba de su físico como si fuera su joya más preciada. Muchas mujeres hermosas no quieren reconocer su belleza (en público pero en realidad frente al espejo se admiran ellas mismas), se sentía orgullosa de su belleza pero su *sencillez* sobrepasaba su vanidad.

-¿Cómo me veo? -preguntó Karen con la voz llena de coqueteo.

-Simple y sencillamente te ves... hermosa- respondió Saúl admirándola de los pies a la cabeza.

-Gracias- dijo Karen dándole un beso en la mejilla.

Por la forma en que se miraban y se hablaban se podía notar el amor que había entre ellos, un amor puro y sincero de esos que se dan muy poco, sin malicia. Se ponían nerviosos el solo hecho de tomarse de la mano.

- Te voy a extrañar mucho- señaló Saúl

-Yo también- le correspondió Karen.

Las dos horas que estuvieron en aquel café pasaron como de rayo.

-Toma te escribí un poema.

Karen desdoblo la hoja y lo leyó.

TU BELLEZA

Al mirar la belleza de las estrellas
recuerdo el hermoso brillo de tus ojos,
El sol emana calor,
pero no se compara con el calor
del suave rose de tus manos,
calor que da seguridad y cariño.
Me gusta el sonido del viento que es arrullador,
pero disfruto mas el sonido de tu voz,
el solo escucharte es como si escuchara la más hermosa melodía
Me parece tan perfecto y hermoso cada movimiento tuyo
que disfruto el solo verte mover una mano.
Es tanta la belleza reunida en ti,
que ni la más hermosa flor se compara contigo.
Tu mirada, tu voz, el calor de tus manos
todo cuanto viene de ti es tan hermoso y perfecto,
que si alguien quiere disfrutar de la belleza del mar,
solo tiene que mirarte a los ojos,
o querer admirar un hermoso paisaje
solo tiene que mirar tu rostro,
o le gusta admirar el vuelo de un ave
y le parecen que sus movimientos son perfectos
con lo único que se podrían comparar
seria con el movimiento de tus manos,
Eres tan hermosa que no sería muy difícil reconocer
que sobresales de entre las más bellas de las rosas.
Es tanta tu belleza que si la luna fuese mujer
por seguro se moriría de envidia
al ver lo hermosa que eres de pies a cabeza.

-¡Qué bonito!- dijo Karen al mismo tiempo que abrazaba a Saúl-. No sabes cómo te voy a extrañar.

-Seis meses se pasan rápido– señaló Saúl dándole un beso a Karen en la mejilla muy cerca de sus cálidos labios. Saúl debió hacer un gran esfuerzo por no besar los sensuales labios de Karen-. Regreso para el comienzo del siguiente semestre aclaró Saúl.

Se despidieron haciéndose miles de promesas. Karen en verdad lo amaba. Pero desafortunadamente, los errores se pagan caros. Karen jamás pensó ni por un minuto que esa despedida, seria para siempre.

-¿Qué es esto?- exclamó Liliana al leer el poema que había escrito Saúl para Karen—.<<*Tu Belleza*>>. Creo que voy a vomitar con tanta cursilería.

-¡No seas cruel!- dijo Karen-. Está muy bonito.

-Ese Saúl no es más naco porque no es más corriente que para el caso es lo mismo.

Ya habían pasado dos semanas desde que Saúl se había mudado para Uruguay y Karen daba señales de que en realidad si lo estaba extrañando; situación que Liliana aprovechaba para tratar de convencerla de que la acompañara a la fiesta que había preparado <Iván> un joven que cursaba el quinto semestre en la misma preparatoria en la que estudiaba Karen.

-Ándale vamos al "party" de Iván- insistía Liliana-. Ahí va a estar toda la crema y nata de la escuela.

-No sé- dijo Karen-. No me agrada mucho ir a esos "parties".

-Ándale vamos ni modo de quedarnos aquí encerradas y morirnos de aburridas.

-Está bien- dijo Karen ante la insistencia de Liliana-. Pero con una condición.

-¡La que sea! –dijo Liliana sonriendo al darse cuenta que por fin la había convencido de ir a un "party" con ella.

-De que si está muy aburrida la fiesta nos regresamos rápido, ¿aceptas?

-Prometido- señaló Liliana con la mano levantada.

Después de pedirle permiso a su madre, Karen, abordaba el auto compacto de Liliana. Las chicas se enfilaron rumbo a la fiesta. Rato después arribaron a la casa de Iván.

-Te voy a presentar al chavo más guapo de la prepa- dijo Liliana mientras buscaba un lugar en donde estacionar su auto-. Y además de guapo es hijo de uno de los abogados más reconocidos de México.

Karen no dijo nada solo se limitó a escuchar a su "amiga". En efecto, como lo había dicho Liliana, en la fiesta se encontraba lo más distinguido de la sociedad. La casa estaba ubicada en una de las colonias más ricas de la Ciudad de México. Era una casa de dos plantas, con un gran jardín al frente y otro en la parte trasera de la casa. Afuera en el estacionamiento había autos de todo tipo; deportivos, limosinas, camionetas tipo familiar, de las mejores marcas del mercado. La casa estaba amueblada, con un gusto para Karen demasiado exagerado, muebles traídos de Europa, las columnas recubiertas de un mármol traído de Italia, con azulejos importados de Marruecos y con terminado estilo barroco. En fin no por nada era una de las casas más caras de esa zona.

Karen se sentía un poco incómoda, por alguna razón ella no compartía la actitud de las personas que se encontraban en la fiesta. Los hombres hablando de negocios, las mujeres hablando de viajes, de ropa, de los lugares o países que recién habían visitado, de los desfiles de moda a los que habían sido invitadas; Milán, París, Barcelona, Madrid, Nueva York, Praga.

Siempre hablan de lo mismo, pensó Karen, *como si no tuvieran otra cosa de que hablar, ¡que aburridos!*

-Ahí viene- señaló Liliana sacando a Karen de sus pensamientos.

-¿Quién?

-Iván, míralo esta guapísimo.

Iván se acerco saludando a Liliana dándole un beso en la mejilla.

-Y esta preciosidad, ¿Quién es?- pregunto Iván.

-Es mi amiga Karen- respondió Liliana.

-Mucho gusto- dijo Iván tratando de darle un beso en la mejilla a Karen.

Karen movió su cabeza esquivando el saludo de Iván, que por un momento se turbó pues muy seguro de sí mismo no esperaba la reacción de Karen. Pues se supone que él era el galán, el joven más codiciado de la escuela, el conquistador, el irresistible, el que las derrite solo con su mirada, y no acostumbrado a que nadie rechazara su beso en la mejilla, no supo qué hacer.

-¿Nos puedes ofrecer un refresco?- pidió Liliana saliendo al rescate del galán.

-Por supuesto-respondió Iván marchándose hacia el pequeño bar que estaba ubicado al fondo de la sala de estar.

-Verdad que esta guapísimo- murmuro Liliana.

-Más o menos- respondió Karen

-¿Más o menos? Si es el más guapo de la escuela- expresó Liliana mirando al joven con coqueteo-. Además de eso es el hombre perfecto, es el hombre que cualquier mujer desearía como marido; es elegante, sofisticado, intelectual, y además de eso es el hijo de uno de los abogados más importantes de la ciudad. Y si quieres mas, el año que entra se va a ir a estudiar a Harvar.

-¿No será Harvard?-la interrumpió Karen corrigiéndola.

-No sé si así se pronuncie, pero se va a ir a estudiar con los gabachos.

-Pues por la forma que te expresas pareciera que estas enamorada de él.

-No se necesita estar enamorada para querer pasar un fin de semana con ese mangazo- expresaba Liliana al mismo tiempo que se veía interrumpida por Iván.

-Aquí están sus refrescos muñecas.

-Gracias –señaló Liliana-. Eres un encanto.

-Es lo menos que puedo ofrecerle a dos bellas señoritas como ustedes. ¿Así que tú eres Karen la chica del salón 201? –dijo Iván dirigiéndose a Karen.

Karen no dijo nada solo se limitó a encoger los hombros y sonrió amablemente en forma de aceptación.

-Disculpa si soy un poco atrevido-continuó Iván-. Eres muy hermosa, ¿nunca has considerado en convertirte en actriz o en modelo?-

-Gracias por el cumplido- dijo Karen-. Pero eso de ser actriz para después acabar loca, rapándome la cabeza y sintiéndome el anticristo, o acabar internada en un hospital enferma de bulimia, no gracias yo pasó.

Los tres se rieron de las palabras de Karen

-¿Y tienes novio?-

Karen miró a su alrededor antes de contestar.

-Novio exactamente, no, pero tengo una gran amistad con un joven o más que amistad diría yo que tengo un...

-¿Con Saúl, el que va en el mismo salón que yo?- dijo Iván interrumpiéndola.

-Sí, con él -respondió Karen.

-Disculpa que sea tan directo, pero si yo tuviera una novia o amiga tan bonita como tú, no me separaría ni un solo momento de ella- señaló Iván haciendo alusión de que Saúl no acompañaba a Karen en ese momento, como queriendo abrir camino.

-Así es él conmigo, nunca me deja sola- dijo Karen defendiendo a Saúl- pero está de viaje en Uruguay. Si él estuviera en México te aseguro que yo no estaría en esta fiesta, sino con él.

Iván se sintió un poco incómodo por el comentario de Karen.

-Lo entiendo pero...

Iván se vio interrumpido por la sirvienta pidiéndole que saliera al patio trasero pues sus padres le querían presentar a unos amigos.

-Con permiso en un momento regreso.

-Ya ves, te lo dije es todo un caballero- expresó Liliana.

Ignorando el comentario de Liliana, dijo Karen: -¿ya vistes a esas chicas? Siento que no les caigo muy bien.

Karen se refería a un grupo de chicas que estaban sentadas al otro lado de la sala de estar. Karen y Liliana las sobre nombraban las <<chicas plásticas>> estas chicas eran hijas de la Crema y Nata de la más alta sociedad de la ciudad de México y sus alrededores y estudiaban en la misma escuela que ellas

-Hay, tú no les hagas caso- dijo Liliana

-Son unas viejas envidiosas y sangronas.

-¿Envidiosas? ¿Y por qué?

-¿Todavía lo preguntas?, eres una de las chicas más bonitas de la escuela...

-Pero ellas también son muy bonitas- la interrumpió Karen.

-Sí, pero tu belleza es natural y ellas para estar así se inyectan un montón de cosas y además de eso están todas bulímicas y anoréxicas- expresó Liliana haciendo una mueca en señal de que a ella tampoco le agradaban esas chicas. ¿Sabías que ya les pusieron otro sobrenombre? Ahora les dicen las Barbies.

-¿Las Barbies? ¿Por qué? Porque están bonitas como muñequitas.

-No, les dicen las Barbies, porque no tienen cerebro y están hechas de plástico- Karen soltó una risita ante el comentario de su amiga-. Y no solo te tienen envidia por tu físico- continuó Liliana-, sino porque también en esta noche acaparaste la atención del chico más codiciado de la prepa. Ya quisiera cualquiera de esas que Iván fuera tan atento como lo ha sido contigo.

-¿Crees que sea por eso?- inquirió Karen.

-Claro que sí- respondió Liliana-. Iván es el chico del momento, es el más guapo de la escuela, es hijo de uno de los hombres más ricos del país, es el mejor deportista de la prepa. Como te lo dije, es el hombre ideal. Que ideal, perfecto diría yo.

-Tal vez tengas razón en cuanto a todo lo que dices de él, pero con Saúl me basta y sobra.

-Hay, ni me nombres a ese naco- dijo Liliana con cierta molestia-, no se compara en nada a Iván, él va a ser alguien en la vida y me voy a arriesgar a decirte que algún día va a ser uno de los hombres más importantes del país mientras que ese frijolero de Saúl solo va a ser un abogaducho saca borrachos soñando querer ser escritor.

-Estas muy equivocada el va...- decía Karen tratando de defender a Saúl pero se vio interrumpida por Iván.

-Ya regresé muñecas. ¿Les puedo ofrecer unos bocadillos?

-Gracias pero así estamos bien.

-¿Que tienen de cenar?- preguntó Liliana discrepando con lo dicho por Karen.

-Tenemos caviar- respondió Iván-, faisán, pato a la naranja, venado asado, *tranfichutuas* de cerdo.

-¿Tran, qué? – preguntó Liliana pues no conocía ese tipo de comida.

-Es comida francesa-respondió Karen.

- Vaya- dijo Iván- aparte de hermosa eres conocedora.

-Mi madre los hace de vez en cuando.

-Pues yo prefiero venado asado, esa comida francesa suena como a grosería- pidió Liliana mientras se acomodaban en la mesita redonda que estaba en el porche.

-Pues yo también- dijo Karen-, venado asado.

Durante la cena y el resto de la noche Iván se la paso adulando la belleza de Karen. Pero aunque por dentro Liliana se le reventaba la bilis de solo recordar a Saúl, ella reconocía que no había piropo o palabra que este no le dijera a Karen. Muy a su pesar reconocía que Saúl era muy imaginativo y cada día llegaba con Karen con algo nuevo ya sea por algo que había leído o de su propia imaginación pero siempre tenía algo para Karen. Y de ante mano sabía que las palabras de Iván no se comparaban con las de Saúl. Iván necesitaba una ayudadita y ella estaba más que dispuesta a dársela.

Una hora más tarde Liliana y Karen se despedían de Iván. Y como si fuera un patrón o una regla que todo mundo tiene que seguir, le dieron las gracias por la invitación y elogiaron su casa y lo felicitaron de por cómo había sido organizada la fiesta. << *¡Qué bonita casa, que fiesta tan agradable!*>>. Que en honor a la verdad para Karen había resultado un aburrimiento. Y como lo había dicho, los hombres hablando de negocios, de política, de que si el país iba a mejorar con el nuevo gobierno, de que si iba a ir de mal en peor. Las mujeres tratando de sobresalir más que las otras sin la menor intención de quedarse unan debajo de la otra, que si una había ido de vacaciones al país más lejano, la otra tenía planeado ir a la luna. En fin todo un mundo lleno de vanidades, como si no tuvieran otra cosa de que hablar.

Durante el trayecto a su casa, Liliana no volvió a mencionar a Iván pues conocía muy bien a Karen y sabía que si insistía en hablar de él, solo lograría enfadarla. Así que esperaría el momento oportuno para seguir tratando de que Karen se fijara un poco más en el chico.

En los siguientes días Karen y Liliana ya no tomarían el almuerzo solas, sino que de una u de otra manera Iván se las ingeniaba para acompañarlas, por supuesto con la ayuda de Liliana *"la mejor amiga"* de Karen. Extrañamente Iván había cambiado su comportamiento, ya no hablaba con su tono aburguesado. Tono que a Karen le caía muy mal << ¿Por qué no hablar correctamente?- Se preguntaba-. ¿Por qué no sacarse la fresa de la boca?>>. De igual forma Iván trataba de no hablar de cosas vanas como el dinero, los viajes a Europa, de sus reuniones particulares con las personas más prominentes de la ciudad o de sus cenas exclusivas con artistas. Era evidente el esfuerzo que hacia el joven por sacar todo eso de su plática, que en realidad era de lo único que hablaba con sus amigos hasta antes de conocer a Karen.

-Ya ves como él es diferente a los demás- le decía Liliana a Karen mientras esperaban al maestro de química.

-Pues la verdad sí -dijo Karen-, yo creí que él era igual que los demás chicos.

–Yo creo que le gustas, y mucho- señaló Liliana-. No hace otra cosa que hablar de ti, y no me digas que no te has dado cuenta que se desvive en atenciones para contigo.

Karen no contestó, solo sonrió un poco reconociendo que era verdad lo que decía su amiguis, perdón su amiga.

El siguiente fin de semana, Karen y Liliana paseaban por el centro comercial andaban de >>shopping<< (de compras para los nacos que no hablan inglés. Otra cosa que Karen no entendía por qué hablar inglés si a duras penas pueden estos burgueses hablar bien el castellano) y por fin después de entrar y salir de la misma tienda varias veces decidieron que regalo comprarían para Sofía la hermana de Karen que contraería matrimonio para el siguiente fin de semana. Y como por arte de magia o de coincidencia o como le quieran llamar, exactamente diez minutos después de que se sentaron en la cafetería y de que Liliana fuera al baño, Iván se encontró con ellas.

-Hola, que agradable coincidencia- dijo Iván al mismo tiempo que las saludaba dándoles un beso en la mejilla. Hasta ese día Karen al único que había aceptado que la besara era Saúl, pero Iván con un poco de *ayuda* se había ganado poco a poco su confianza-. ¿Les puedo invitar un helado?- pregunto Iván cordialmente.

-Claro- aceptó Liliana de inmediato.

A Karen le parecía un poco raro el comportamiento de Iván pues aunque ella lo conocía muy poco sabia de buena fuente que él era mujeriego, prepotente, déspota, grosero, presumido, y que no había chica bonita de la escuela con la cual no hubiese tenido una cita, sin embargo desde que la conociera a ella, él no había mostrado ninguno de esos calificativos que algunas personas le colgaban. Para con Karen era amable, y hasta caballeroso y hasta donde ella sabía en las últimas semanas no había tenido cita alguna. Tal vez él podría ser diferente a los demás *>>hijos de papi<<*. Después de realizar algunas compras en compañía de Iván las chicas se dirigían a casa de Karen.

-Y bien ¿Qué te parece Iván?-preguntó Liliana.

-¿A qué te refieres?-

-¿Todavía sigues pensando que es un sangrón? No me digas que no te has dado cuenta de qué él es diferente a los demás chicos- comentó Liliana mientras que coqueteaba con el joven que conducía al lado de ellas.

-Pues la verdad sí, si me he dado cuenta de que él es un poco diferente. Pero aun así sigue siendo un >>hijo de papi<<.

-No me digas que no te atrae para nada, porque de ser así o eres de piedra o no te gustan los hombres.

-¿Por qué lo dices?- preguntó Karen un poco extrañada del comentario de su amiga.

-¡Porque esta guapísimo!, si a mí no más se me acerca y siento que me derrito- expresaba Liliana mientras se mordía el labio inferior con lascivia-. A mí no me puedes engañar yo he observado como lo miras, ante mí no puedes fingir.

-Pues la verdad reconozco que es muy guapo- murmuro Karen.

-¿Entonces reconoces que sí te gusta?

-No- aclaró Karen-. Yo dije que esta guapo, no que me gustaba.

-Pero no me digas que no te atrae ni tantito- insistía Liliana-. Lo que daría cualquier chica por atraer la atención de Iván como lo has hecho tú. Él es el chico perfecto para disfrutar de la vida de la juventud, el tiene toda la experiencia del mundo, cualquier chica junto a él sería la más feliz del universo.

-Nombre- dijo Karen-. Se ve que Iván te trae de un ala. Por la forma en la que te expresas de él hasta pareciera que lo idolatras.-

-No es eso, yo solo reconozco que Iván es demasiado atractivo, es como un dios griego, deberías de animarte a salir con él.-

-*Dios griego* –repitió Karen entre risitas-. ¡Ahora si te manchaste! Tal vez él sea todo lo que dices, pero yo soy diferente, yo aun creo en el amor, en el hombre ideal, romántico, sensible, en llegar virgen al matrimonio, el vivir el resto de tu vida con el hombre que te ama, que amas, en compartir tu intimidad con un solo hombre y no de andar de hombre en hombre…

-¡Despierta!- la interrumpió Liliana tronado los dedos de la mano-. Primero, el hombre perfecto no existe; segundo, así como hablas parece que estoy escuchando a tu mama o a mi abuela, y tercero, que tanto es el problema con llegar virgen o no al matrimonio.

-Yo creo que llegar virgen al matrimonio es algo grandioso y no sé, tal vez es cuestión de moral. Ah y te aclaro, tal vez tengas razón en que el hombre perfecto no existe, pero Saúl tiene todo lo que yo espero en un hombre.

-Ok- dijo Liliana-. Tal vez Saúl es tu hombre ideal, pero ¿te has preguntado si él también se está absteniendo en no tener sexo antes del matrimonio?, tú te estás tratando de conservar virgen, pero, y él ¿crees que está haciendo lo mismo?

-Yo creo que sí-respondió Karen al mismo tiempo que suspiraba sin darse cuenta de las verdaderas intenciones de su amiga

-Él siempre ha estado conmigo y ni siquiera tiene otra amiga aparte de mí.

-Eso es aquí, pero que tal en Uruguay, quizá allá ya se encontró a una noviecita y tú aquí como una tonta pensando en que té es fiel.

-No, no lo creo capaz- dijo Karen defendiéndolo-. Aunque ni siquiera somos novios se que él me ama y lo conozco tan bien, que apostaría la vida en que él es de los que no *fallan.*

Liliana guardó silencio, pues se dio cuenta que atacar a Saúl no era buena idea al fin y al cabo el chico no estaba ahí, así que tenía que buscar otra estrategia para envolver a Karen. Se detuvieron en un cruce de unas avenidas en la colonia Noche Buena, en contra esquina de la Plaza de Toros México, en espera a que les diera la luz verde. Mientras esperaban, el sonido del claxon de varios autos atrajo su atención. Eran los hinchas de un equipo de futbol que iban por las calles celebrando el triunfo del equipo.

-¡Dios mío! -dijo Liliana en forma despectiva-. Nunca había visto tantos nacos juntos, yo creo que *Nacolandia* se quedo vacía.

-No seas mala- la interrumpió Karen entre sonrisas.

-Es que míralos, no son más nacos porque no son más feos. Qué horror ir en medio de todos esos frijoleros oliendo su *"delicado"* olor a sobacos- expresó Liliana mientras se ponía en marcha su auto-. Déjame preguntarte algo- continuó Liliana volviendo al ataque-. ¿Saúl sabe que tú eres virgen?-

-¡Claro! –respondió Karen sin titubear-. Bueno, nunca hemos platicado de eso, pero él se imagina que lo soy, y como te lo dije antes siempre hemos andado juntos. Somos amigos desde los diez.

-Según tú, dices que él te ama ¿O no?

-Lo digo y lo aseguro.

-Pues yo no estaría tan segura.

-¿Por qué?

-Pues yo creo que si el está contigo o quiere estar contigo es solo porque eres virgen.

-No lo creo- opinó Karen-. En la escuela hay otras chicas que también son vírgenes. Saúl, si quisiera podría andar con cualquiera de ellas...

-¿Vírgenes? ¿Cómo quien?- cuestionó Liliana-. Dime quien de las chicas que conocemos es virgen, Diana ya lo hizo con Fabián, Lulú ya se metió con Giovanni, Cassey se fue un fin de semana a Acapulco con Héctor. Haber, dime que chica es virgen.

Karen se quedo mirando al horizonte como buscando a alguien que al igual que ella fuera virgen. Ella sabía que según las estadísticas las chicas de hoy día, dos de tres chicas pierden su virginidad ya sea en el primer o segundo semestre de la preparatoria. Y no es que ella fuera la única chica virgen de su escuela, sino que con las únicas chicas que solía platicar, nadie lo era.

-No hay nadie ¿verdad?- dijo Liliana atrayendo la atención de Karen-. ¡Ósea, hellooo!, tú eres la única chica que es virgen de la escuela, que digo de la escuela de toda la ciudad. Tú eres la única que está desperdiciando la mejor etapa de la vida. La juventud es el tiempo perfecto para conocer del sexo.

-¿Por qué siempre estas pensando en sexo?-

-Porque es lo mejor de la vida, es lo más grandioso- respondió Liliana-. El sexo es algo que te hace sentir diferente, no sé, no hallo mas palabras para describírtelo, lo único que te puedo decir es que te estás perdiendo de las mejores experiencias de la vida.

A Karen siempre le pareció que si Liliana se refugiaba en el sexo era porque era la única manera de enfrentar sus inseguridades, el sentirse sola por la falta de su madre, aunque su abuela le daba todo el cariño que ella necesitaba para ella no era suficiente, para Liliana el sexo era su mejor refugio (refugio que para muchas personas acababa siendo su peor decisión). Según las estadísticas entre la juventud el tener sexo es más por debilidad que por deseo. Una buena pregunta es, ¿Karen era lo suficiente fuerte para seguir diciendo ¡NO!?

-¿Te gustaría saber si realmente Saúl no está contigo solo porque eres virgen?

-Yo estoy segura de que él me ama como persona, está conmigo por mí y no solo por mi virginidad

-Bien- dijo Liliana-. Dices que él te ama ¿verdad?

-Sí- volvió a responder Karen con seguridad.

-Si realmente te ama, se va a casar contigo *virgen* o no, de esa forma tú probarías su amor, si tú lo *haces* y si él se entera que ya no eres virgen y te deja entonces es una prueba de que realmente no te ama... Y si sigue contigo... entonces amiga, déjame decirte que encontraste al hombre perfecto, porque demostraría que te ama por sobre todas las cosas.

Karen se quedo pensando en las palabras de Liliana ¿Y si ella tenía razón? ¿Y si Saúl solo estaba con ella solo por ser virgen? Y si ponía a prueba el amor de Saúl *-pero no-* se contestaba a sí misma el amor no se pone a prueba se demuestra o al menos eso es lo que decía su madre, <<*si eres capaz de pedir, tienes que ser capaz de dar*>>.

Liliana se estacionó a las afueras de la casa de Karen y antes de despedirse le volvió a decir:

-Anda anímate no te vas a arrepentir, en la escuela te está esperando un mangazo de hombre (se refería a Iván).

Karen movió la cabeza en forma negativa.

-Nos vemos el lunes en la escuela- dijo despidiéndose de Liliana.

Karen se recostó sobre su cama y recordaba las palabras de su amiga *¿y si probaba?* ¿Y por qué no? -¡No!- se respondía a sí misma una vez más- Karen se decía a si misma que si algún día iba a hacerlo, lo haría con su hombre amado, con Saúl. Eso era por un lado, pero por el otro estaban sus padres, sus consejos, la educación que había recibido de ellos. Su madre, Susana, siempre se había encargado de inculcarles buenos principios morales. Susana sabía que sus hijas enfrentaban una época muy difícil, en una sociedad perturbada donde el sexo es algo muy importante. Así que Karen había recibido la misma educación que sus hermanas, la misma información sobre las consecuencias de tener sexo antes del matrimonio. Pero desafortunadamente las palabras de Liliana comenzaban a tener frutos indeseados.

~ 24 ~

Dos semanas después de que Sofía regresara de su luna de miel, llena de curiosidad, Karen, le preguntaba:

-¿Y cómo estuvo tu luna de miel?

-Bien- respondió Sofía, mientras empacaba lo último que quedaba de su ropa y cosas personales para llevarlas al nuevo departamento que compartiría con su esposo.

-¿Te divertiste mucho en Acapulco?-

-Demasiado- respondió Sofía, acompañando sus palabras con un gesto lleno de satisfacción

-¿Y cómo estuvo tu noche de bodas?- pregunto Karen después de varios segundos de silencio, buscaba la forma de hacer la pregunta correcta.

-Bien.

-*¿Bien?* ¿Así nada más?- cuestionó Karen-. ¿Eso es todo lo que tienes que decir de tu noche de bodas? Bien.

-¿Pues qué quieres saber? –dijo la hermana, al darse cuenta del gesto de Karen al ver que no le dijo lo que esperaba oír.

-No sé, algo más.

Sofía se sentó al borde la cama, sonriente miro a Karen y con cierta picardía le dijo:- No querrás que te cuente mi intimidad con Martin, ¿verdad?

-No exactamente- dijo Karen-. Lo que quiero saber es ¿qué si valió la pena esperarse a no tener relaciones antes del matrimonio? ¿Que si fue una noche bonita? ¿Qué si él fue lo que tu esperabas?

Antes de responder las preguntas de su hermana, Sofía evocó su noche de bodas y soltó un profundo suspiro, con una mano le acomodó los lentes que tenia de lado, y miró como sus ojos brillaban de curiosidad al ver lo que ella tenía que decir.

-Fue una noche mágica –dijo al fin-. Fue un momento inolvidable. Y sí, si valió la pena el esperarse. No te lo puedo negar en algunas ocasiones estuvimos a punto de caer en la tentación de hacerlo, pero gracias a Dios que superamos esas tentaciones, el que él respetara mi decisión de no tener sexo sino hasta que nos casáramos fue una gran prueba de amor. Y no solo no lo hice por mis propias convicciones, sino por respeto a nuestros padres. Yo lo tomo como una recompensa para ellos en su esfuerzo en darnos lo mejor que han podido, en valorar sus consejos… Y sí Karen, él fue y es lo que yo esperaba…-

-¿Y qué esperabas de él?- la interrumpió Karen

-Bueno, si te soy sincera, me sorprendió.

-¿En qué sentido?

-En todos-expresó Sofía mientras se le iluminaban los ojos al recordar aquel momento-. Cuando llegamos al cuarto del hotel, éste estaba lleno de flores de todo tipo, velas encendidas, y estaban acomodadas de tal forma que estaba escrito mi nombre, en la cama estaba un corazón formado de pétalos de rosas rojas y con pétalos blancos decía, *por fin te voy amar.* Me llenó de caricias llenas de pasión, me alagó con palabras llenas de ternura. Tal vez te parezco cursi o hasta ridícula pero para mí fue algo que no tengo palabras para describírtelo.

La mirada de Karen se perdía en punto muy distante de la realidad y dejaba volar su imaginación mirándose frente a Saúl en su noche de bodas.

Karen era romántica por naturaleza y todo lo que estaba diciendo su hermana para ella no tenía nada de ridículo ni cursi pues en realidad era que esperaba casi lo mismo o un poco más de su joven amado, Saúl.

Karen platicó por el espacio de dos horas más con su hermana y después se dispusieron a cenar con toda la familia, pues eran fieles a su tradición de reunirse todos, para despedir a su padre cuando salía en viajes largos. Era una familia muy unida. Todas tenían la confianza de platicar con sus padres de lo que fuera. Hasta ese momento ya la única soltera era Karen, y ella así como el resto de sus hermanas no se escaparía de las bromas que todos harían hacia su futuro esposo en caso de que ella decidiera casarse algún día. Las bromas de la familia dependían ya sea del físico o de la posición social. Delia la hermana mayor se casó con un arquitecto; y la broma era que no pasaría de ser un albañil (macuarro) aplanacalles. Mirna la segunda en la lista se había casado con un médico cirujano y bromeaban con ella diciéndole que se había casado con un veterinario mataburros. Cristina la tercera en la lista se había casado con un piloto de la Fuerza Aérea Mexicana y bromeaban con ella diciendo que era tan malo y torpe detrás del timón, que se estrellaría con la primera nube que se le atravesara. Sofía la cuarta que recién se había casado le decían *>>Blanca Nieves<<* pues su esposo era bajo de estatura, de ahí el sobrenombre. Y a Karen le hacían burla por Saúl, pues él quería ser escritor y le decían que él no pasaría de escribir rótulos en las calles anunciando algún evento, pues todos daban por hecho de que se casaría con él.

Karen los miraba a todos, eran felices. Y le daba gracias a Dios por la familia que le había tocado, unos padres amorosos y comprensivos, y sus hermanas respetuosas que habían sabido valorar todo el esfuerzo hecho por sus padres, pero faltaba Karen y ella era *diferente,* vaya que sí lo era.

¿A qué se debía? No lo entendía, pero Karen comenzó a mirar con ojos diferentes a Iván, ya no le parecía el >>*hijo de papi*<< prepotente, orgulloso e insolente que a ella siempre le había parecido. Ahora era amigable, atento, cortés y hasta le parecía más atractivo. La amistad entre ellos iba creciendo peligrosamente. No había día en el que no pasaran tiempo juntos ya sea en el gimnasio, en la cafetería, en la biblioteca, en el jardín del colegio. Karen por más que se esforzaba no le encontraba ni la más mínima comparación con Saúl. Bueno, en realidad si las había y siendo sincera consigo misma si las encontraba, pero hasta antes de esos días para ella esas diferencias entre Saúl e Iván no valían la pena, pero para su infortunio esas *diferencias* le comenzaron a llamar la atención. Iván era guapo, forjaba su cuerpo todos los días en el gimnasio para tener una figura atlética. Era popular y uno de los chicos más codiciados por las demás jovencitas de la escuela. Saúl no tenía ninguna de esas cualidades Pero, él tenía algo y ese algo ni Iván ni los otros >>*hijos de papi*<< tenían, ni nunca lo tendrán, y eso lo descubriría Karen más adelante, pero le dolería descubrirlo. Ella vería las grandes diferencias entre Iván y Saúl, entre un hombre y un mequetrefe con cara bonita. Pero para su desgracia sería demasiado tarde.

Liliana esperaba impaciente en su auto a que Karen saliera de su casa. Se disponían a asistir a la fiesta de cumpleaños de Marce una compañera de la clase.

Dentro de casa, Karen salió de su cuarto y se encaminó hacia la salida, su padre se incorporó del sofá para despedirse de ella.

Vestía un vestido color rosa claro, zapatillas de tacón, blancas, una diadema la adornaba el cabello y una estola que le rodeaba la espalda y le colgaba por los brazos, que hacia juego con su vestido.

-Te ves hermosa como una princesa mija- dijo su padre acomodándole los lentes que era casi como una costumbre que los trajera de lado- hasta parece que la del cumpleaños eres tú.

-Gracias papá –respondió Karen sonriendo agradeciéndole el alago a su padre-. Pero no es para tanto.

Una de las cosas o sentimientos que sus padres le habían inculcado y muy bien era el de la humildad (muchas personas se han pasado la vida tratando de ser específicos en este aspecto, de que si la *humildad* es solo obediencia o un sentimiento, pero lo cierto es que mucha gente ni siquiera conoce su significado) Karen se sabía bonita, pero hasta ese momento su belleza para ella era importante pero no era lo primordial.

-Lo bueno que sabemos que podemos confiar en ti- dijo Susana su madre-. Si no fuera así no te dejaría ni salir a la esquina, pues sabemos que allá afuera los hombres te rodean como buitres- concluyó Susana en tono de broma y dándole un beso en la frente.

-Que te diviertas mucho mi amor- señaló su padre acariciándole el rostro en señal de su gran amor hacia Karen. Ya era la única bajo su techo así que toda la atención y enfoque era hacia ella.

La bocina del claxon del auto de Liliana le recordó que la estaba esperando; se despidió de sus padres y abordó el vehículo de su amiga.

-Yo creí que nunca ibas a salir- sonó Liliana con cierto enfado.

-Perdón por la tardanza.

Minutos después llegaron a la mansión de los >>*Iturriaga*<< que estaba ubicada en una de las zonas más exclusivas de la Ciudad de México, solo a unas cuadras de la casa de Iván. Quien por supuesto ya las esperaba en compañía de un amigo. Los padres de Marce no se encontraban en el país, habían tenido que salir por cuestiones de negocios. Así que en la fiesta solo se encontraban los amigos de Marce, todos jóvenes que a la postre le darían rienda suelta a toda clase de libertinaje. Algunos fumaban, otros consumían bebidas embriagantes, por un rincón algunas parejas se dejaban llevar por el momento y se acariciaban atrevidamente.

Karen observaba todo con detenimiento. Aunque formaba parte de ese grupo juvenil y de esa época, no entendía como algunas chicas se dejaban manosear por un tipo que recién habían conocido esa tarde.

Iván y un amigo que lo acompañara les hicieron una proposición a Karen y a Liliana.

-Como que aquí está muy aburrido el asunto ¿Qué no? ¿Por qué no vamos a otro lugar?

-No gracias- respondió Karen como intuyendo el trasfondo de la invitación de Iván-, aquí estamos bien.

-¿Como a que otro lugar?- intervino Liliana.

-Al cine tal vez.

-Estaría súper- dijo Daniel el amigo de Iván.

-No gracias- volvió a decir Karen.

-Ándale vamos- dijo Liliana-. No seas amargada.

Después de varios intentos, por fin la convencieron.

-Está bien, vamos- aceptó Karen mientras observaba como una pareja de jóvenes se dirigía hacia una de las recamaras.

Karen se sentó junto a Iván, justo una fila de asientos detrás de Liliana y Daniel, que minutos después, lejos de mirar la película comenzaron a dejarse llevar por sus deseos. Por su parte Iván se tenía que arriesgar en tomar la iniciativa para con Karen. Dudoso pero a la vez seguro de sí mismo (¿pues quien rechazaría al joven más guapo y popular de la escuela?), con su mano cubrió la de Karen que estaba sobre su rodilla que a su vez tenía las piernas cruzadas. Ella intento quitarla pero Iván la presiono más fuerte, evitando así el movimiento de Karen. Ya estaba el primer paso y tendría que ir por el segundo, hablarle al oído. Karen sintió una especie de cosquilleo que le recorrió la espalda. Era una sensación desconocida para ella.

Los labios de Iván, rosaron suavemente la mejilla de Karen.

-Te ves hermosa- susurró Iván.

Karen no dijo nada.

Los labios de Iván buscaron los de Karen, que intentó huir pero no pudo o más bien no quiso. O no supo que paso, pero el hecho fue que acepto el beso de Iván.

Su primer beso, y nada, no sintió nada. No sintió esas mariposítas revoloteando dentro de su estómago como las que sintiera su hermana Sofía el primer día en que beso al que ahora es su esposo y de las que todo mundo habla.

Tal vez en el segundo, pensó.

La mano de Iván recorrió el pie de Karen hasta detenerse en su rodilla y al ver que Karen no puso objeción alguna siguió adelante.

-Deseo estar contigo- volvió a susurrar Iván.

Karen dijo palabras que ella un día antes ni en la más remota de las ideas diría: *-Sí, yo también.*

-Vamos a otro lugar- sugirió Iván.

-Pero... ¿Y a dónde?

-A otro lugar más privado.

-Pero, ¿y Liliana y tu amigo?

-No te preocupes por ellos, se saben cuidar solos.

Y ahí estaba Karen, ¿mal influenciada por su mejor amiga? ¿Impulsada por sus propios deseos? O ¿Seducida por la mala interpretación de la juventud de disfrutar la vida? No lo sabía, pero ahí estaba, entrando al cuarto del primer hotelucho que encontraron a su paso.

En su primer beso no sintió nada ni en el segundo, ni en los otros tantos que se dieron en el cine. <<*Tal vez en las caricias*>> se decía a sí misma.

Iván le quito la diadema, luego la estola y por último el vestido. Se retiró un poco. La miró semidesnuda y no dijo nada, solo se limitó a acariciarla bruscamente, con desesperación, algo que hizo que Karen *dudara* en hacerlo. Dentro, muy adentro de ella se formó una batalla; el sigue, contra el detente, el *no,* peleaba contra el *sí....* Y sintiéndose incapaz de continuar con su lucha interior se abandonó a las insípidas caricias de Iván.

Los besos que su madre le dijera que los cuidara como unas joyas; se los estaba dando a un tipo que no atinaba a decir una sola palabra.

Ella quería escuchar algo, lo que fuera, pero quería escuchar algo.

Estaba a punto de regalar o de tirar a la *basura* los más grandes tesoros que una mujer puede tener; *su dignidad, su orgullo, su virginidad y lo más importante... los principios morales inculcados por sus padres. <<Solo el hombre que realmente te ama, solo aquel que cree que es capaz de respetarte, de esperarse, de aceptar ir contigo hasta el altar y decir, Sí, acepto, ante los ojos de Dios, es el que merece tomar de ti ese gran tesoro>>*. Todas palabras de su madre.

Pero, no, no estaba con el hombre que realmente la amaba, ni mucho menos ante un altar. Sino que estaba frente a un chico que, desesperado la desnudaba.

Los consejos, las palabras de su madre ¿Dónde estaban en ese momento? Tal vez en el lugar más lejano del universo, en la basura... Y carajo, se dejo llevar por el momento.

¡Tres minutos! Solo tres miserables minutos de mierda duro el acto.

Satisfecho consigo mismo, Iván se recostó al otro lado de la cama.

Karen cerró los ojos, << *¿es todo?*>> pensó. A solo tres mugrosos minutos, y un dolor en su entrepierna, se redujo todo lo que ella había esperado. Y no, no hubo flores, ni velas, ni mucho menos caricias llenas de deseo, ni siquiera escuchó una sola palabra de amor aunque fuera fingida.

Aunque ella no había previsto el tener relaciones en esa noche, pero se había esmerado en verse lo más bonita que pudiera, en cuidar hasta el último de los detalles para con su cuerpo, se había pintado a la perfección las uñas de sus manos, se había puesto la mejor de sus cremas y envuelto con el mas delicioso de sus perfumes. Y nada, ese imbécil con cara bonita que tenia a un lado, no le había dicho nada.

>>Tus besos saben a miel, tu piel es más suave que la seda, el aroma de tu perfume es más delicioso que un millar de rosas juntas, tus ojos son más bellos que los luceros que adornan esta bella noche, tus manos son más cálidas que el Sol en verano<<. Esas palabras eran las que ella deseaba o hubiera deseado escuchar en esa noche o en el momento en que se entregara por primera vez. Pero esas palabras solo las escucharía de Saúl, y sabía que él se las diría sinceramente no solo por cumplir con un compromiso o por tratar de conseguir algo, sino que se las diría de corazón. Pero ¿Y dónde estaba Saúl en ese momento? Tal vez en algún lugar en Punta del Este en Uruguay, allá... lejos... lejos. Envuelto en el miserable estado que nos lleva al olvido, la lejanía.

No sé porque, pero a la mayoría de las personas nos llega ese algo que nos hace reaccionar, que nos hace recapacitar en las cosas o en nuestros actos antes de dar un siguiente paso. A muchos nos llega a tiempo, a otros tarde. Y a Karen, le había llegado a tiempo y no lo quiso captar. Se pudo haber detenido al ver que ese chico ni siquiera sabía cómo besarla, acariciarla o decir algo, pero simplemente no se detuvo. Karen, miró a Iván, recostado, con el torso desnudo y con las manos detrás de su cabeza, miraba hacia el techo y continuaba sin decir nada. Aún mostraba la sonrisa de satisfacción en sus facciones. Aunque él fuera el joven más atractivo, el chico al que envidiaban sus amigos por su cuerpo atlético, aunque él fuera el más codiciado por las chicas de la escuela, a Karen le pareció tan *insignificante*, tan poca cosa. Y lo que más le dolió fue reconocer que por culpa de mujeres como ella, hay hombres como él, incapaces de saber cómo tratar a una mujer, sin dejarlos que adquieran el menor de los conocimientos para cómo seducir a una chica. Sino que por ser atractivos lo único que tenían que hacer era poner su cara bonita para que las chicas cayeran a sus pies. Y ella... desafortunadamente había caído en ese inexplicable círculo que envuelve a los seres humanos. Y no, no se trataba de solo *tres* minutos de contacto íntimo, sino de mucho, mucho más, se trata de un momento, de una decisión que puede o no influenciar por el resto de la vida.

¿Qué rayos hice? O más bien *¿Por qué rayos lo hice?* Se preguntaba. Ni siquiera ella misma se tenía una respuesta. Pero ahí estaba, envuelta en un mar de confusiones. Junto a un tipo que es ese momento para ella era tan insignificante pero que *tres* minutos antes se lo había llevado todo, absolutamente todo, su virginidad, su orgullo, su dignidad.

El singular timbre del teléfono móvil de Iván la saco de sus pensamientos

-¿Sí?- contesto Iván. Del otro lado de la línea sonó la voz de un hombre que por su tono se le oía molesto, Iván miro su reloj de pulsera.

-Está bien allá nos vemos- dijo por último y cerró el aparato.

-¿Quién era?- preguntó Karen.

-Mi padre. Vístete porque nos tenemos que ir- ordenó Iván sin más ni menos.

Iván se acomodó al borde de la cama y alcanzó su camisa.

- Ya me tiene arto mi padre- expresó Iván-. Piensa que puede manejar mi vida y disponer de mi cuando él quiera. Quiere que vayamos a Acapulco a visitar a uno de sus amigos y quiere que conozca a su hija para que me case con ella. Según él, es lo mejor que puedo hacer en la vida, aunque tal vez lo sea y en esta ocasión no se equivoque mi padre y ella sea la mujer ideal.

¡Qué! Pensó Karen. No podía creer lo que acababa de oír de ese tipo, recién acababa de tener relaciones con él, y este ya estaba pensando en la *mujer ideal*. Llena de rabia recogió su ropa del suelo y se dirigió al baño para vestirse. Si Karen hubiera tenido el entendimiento más amplio o hubiese tenido la capacidad de mirar más allá de sus narices, se hubiera dado cuenta que del piso no solo había recogido su diadema, su vestido, su estola, y su ropa interior, si no que junto con su vestimenta iban los consejos de su madre, las platicas con su padre y hermanas, su dignidad y orgullo de mujer. Y que la confianza que sus padres habían depositado en ella, no estaban en la basura sino que ella había permitido que un tipo como Iván pisoteara todo lo que sus padres con esmero le habían inculcado en el corazón, continuaban tiradas en el suelo. Más adelante deseó con el alma, que se hubiera ido esa confianza a la basura, ya que solo una vez hubiese sido tirada, y no pisoteada por mucha gente. Y si se hubiera dada cuenta de *eso* a tiempo se habría evitado muchos problemas en la vida.

Karen se miró a través del espejo, no decía ni pensaba nada, solo se miraba.

-¡Apúrate que se nos hace tarde!- sonó Iván afuera en la recámara

Karen no dijo nada, cerró los ojos y se vistió de prisa.

-Apúrate que todavía te tengo que llevar a tu casa y se me va a hacer tarde para llegar con mi papá.

Karen salió del baño.

-No necesitas llevarme a mi casa, yo puedo tomar un taxi y por mi puedes irte con tu *papi a la mie...*- dijo Karen en forma despreciativa.

-Como quieras– aceptó Iván sin insistir en llevarla a su casa-. Luego te llamo para volvernos a ver-dijo Iván seguro de sí mismo.

-Por mi te puedes ir a la...-- Karen soltó una palabrota. Tomó su bolso y cerró la puerta con furia, pero la molestia no era contra Iván, sino contra sí misma.

Minutos después, se bajó de un taxi, y entró a su casa, la estaba esperando su madre.

-¿Cómo te fue mi amor? preguntó Susana.

Karen se sobre salto al escuchar la voz de su madre pues iba sumida en sus pensamientos.

-Bien- respondió con la voz un poco temblorosa y evitando mirar a su madre a los ojos era obvio que sentía vergüenza-. ¿Y mi papa?

-Ya se fue a dormir estaba un poco cansado.

-Creo que yo también me voy a dormir estoy cansada.

-Está bien mija – dijo Susana y le dio su acostumbrado beso de las buenas noches en la frente.

En realidad Karen no estaba cansada si no que no se sentía capaz de mirar a su madre a los ojos.

Por más que trataba de dormir no podía, no sabía que le dolía mas, si ya no seguir siendo virgen o haberse entregado a un tipo que no valía la pena y que era una vergüenza como hombre y que ella había contribuido a que él fuera o siguiera siendo de esa manera. Pero, ¿existen hombres que valen la pena? *Sí*. Se respondía a sí misma y está a solo unos meses de regresar.

La mañana siguiente Karen se miraba a través del espejo, se preparaba para ir a misa como era su costumbre. Con el maquillaje trataba de ocultar las ojeras que le había producido la noche de insomnio por la que había atravesado. <<Ni modo Karen- decía frente al espejo-, ya nada puedes hacer cometiste el peor error de tu vida. Todo está con que no lo vuelvas a cometer y listo. No vas a pasarte el resto de tus días recriminándote por algo que ya hiciste. No serás ni la primera ni

la última mujer que llegue al altar sin ser *virgen*. Al fin y al cabo como dice Liliana, si Saúl realmente me ama, lo va a entender... Aunque en realidad yo a la verdad no creo que mis hermanas hayan llegado vírgenes al matrimonio>>. Eso se decía Karen a si misma solo para su propia justificación.

-Apúrate mija –sonó su madre interrumpiéndola en su plática consigo misma.

-Bajo en seguida- respondió Karen, dándose los últimos retoques del maquillaje.

Rumbo a la iglesia Karen pensaba un poco en lo que le diría al sacerdote, pues como todo buen católico, se tenía que *confesar* antes de participar de la Eucaristía. Y decidió al fin, que no se confesaría, para que llevarle una carga más a un pobre hombre, que no es más que un pobre ser humano al igual que nosotros. <<Bastante ha de tener con sus propios pecados como para llevarle los míos>>. Por primera vez desde que Karen hiciera su *Primera Comunión,* no se confesó ni tampoco participo de la Eucaristía. La que sí lo hizo fue Liliana, ya acostumbrada a su forma de vivir liberal. *"Disfrutar de la vida",* así le llamaba ella. La palabra "liberal" no cabía en su diccionario personal. Se sentó junto a Karen. <<*Me tienes que contar todo*>> le murmuró al oído. Karen solo le sonrió en forma de enfado. La misa terminó y decidieron irse a casa caminando, solas.

-Ándale cuéntame- insistía Liliana, mientras caminaban por el parque disfrutando de un helado.

-Ni siquiera vale la pena recordarlo- dijo Karen, su voz sonaba con fastidio.

-Pero ¿cómo puedes decir eso?- la interrumpió Liliana-. Si Iván es lo mejor que le puede ocurrir a cualquier chica.

-Yo no sé qué te puede hacer decir eso, o quién te ha contado algo, pero te puedo decir que Iván, como hombre es una vergüenza, si yo fuera él, te aseguro que me aventaría del puente más alto del Periférico.

-¿Tan malo es?

-Me dan ganas de vomitar de solo recordarlo.

Mientras hablaba, a Liliana se le dibujaba una sonrisa llena de malicia, malicia de la cual Karen no se podía percatar. Su plática se vio interrumpida por la abuela de Liliana. Tenían la invitación de asistir a la apertura de un salón de belleza.

-Nos vemos mañana en la escuela amiguis- dijo Liliana despidiéndose de Karen.

-Nos vemos.

Pasaron, dos, tres, cuatro semanas, y Karen trataba de no recordar el *incidente,* como ella lo llamaba... pero ese *incidente*, como ella le dijera, no sería tan fácil de olvidar. Cinco semanas después de que Karen tuviera relaciones con Iván, salieron de vacaciones, se había terminado el semestre. Y Karen no quería ni saber de Iván pero una mañana lo recordaría de la peor manera.

Karen detectó algo diferente en su cuerpo, sintió un poco de ardor al orinar. <<*Tal vez es mal de orín*, pensó, *tomando mas del agua necesaria se me pasará*<<<. Pero con los días se dio cuenta que no era mal de *orín*, pues notó algunas pequeñas manchas en su boca. Y al revisarse en su intimidad, encontró unas pequeñísimas ulceras en sus genitales. <<*Algo anda mal*, murmuró, *¿Qué podrá ser? No soy alérgica a nada*>>.

Karen se comenzó a preocupar. Y así que *"siguiendo"* los sabios consejos de su madre:- *Revísate seguido, si encuentras algo anormal en tu cuerpo no lo tomes a la ligera, si tienes que visitar a un doctor no lo pienses dos veces, hazlo. Si lo haces con tiempo puedes evitar muchos problemas. No digas mañana se me pasará, muchos tipos de cáncer se pueden curar con una visita temprana al doctor.*

Tomó la decisión de que la revisara un doctor. Buscó entre las pocas cosas que había dejado su hermana Sofía y encontró la tarjeta del consultorio de una ginecóloga. Como le tenía mucha confianza a Liliana le contó de sus malestares, y juntas buscaban el consultorio de la doctora, que se ubicaba en la calle Independencia; el cual estaba en un edificio de cuatro pisos que compartía con otros doctores de diferentes especialidades.

-¿Como dices que se llama la doctora?- preguntó Liliana.

-Menchía Soadek- respondió Karen.

-A pa' nombrecito- expresó Liliana levantando una ceja.

-Creo que es rumana o algo así.

-¿En qué piso esta el consultorio?

-En el tercer piso.

-Ahí está- señaló Liliana-. Es el consultorio, 305.

Antes de entrar Liliana miró el letrero del consultorio de al lado.

-Doctor Ismael, especialista, en otorrino... ¿Qué? ¿Qué es eso? Yo creo que ese doctor se dedica a atender marcianos o algo así porque esa especialidad es imposible de pronunciar.

-Es otorrinolaringólogo- la corrigió Karen-. Yo no sé cómo puedes criticar a otras personas y tú no puedes pronunciar otorrino...larin...gólogo- dijo Karen despacio entre risitas para que Liliana pudiera pronunciar la especialidad del doctor.

-Pues por eso no hay muchos doctores de esa especialidad, porque si una de las preguntas en el examen final es pronunciar a la perfección el nombre, lo reprobarían, por eso muchos eligen ser cirujanos.

Karen respiró profundo antes de entrar al consultorio *<<ojala que no sea nada malo>>* le pidió a Dios.

-Tenemos una cita a las 3:15- señaló Liliana dirigiéndose a la recepcionista.

-¿Cuáles son sus nombres?

-La cita es para mí, Karen de la Torre.

-Llena este cuestionario por favor, ahorita te llama la doctora.

Minutos después ambas entraron al consultorio. La doctora estaba recargada sobre su silla rodante. Las miraba por encima de sus espejuelos. Era una mujer de aproximadamente unos treinta años. Una mujer atractiva e interesante. El escritorio era de cristal con los soportes de aluminio. Sobre la mesa estaban un reloj de arena, un teléfono, un portarretratos y una agenda. El resto del consultorio lo componían dos sillones de cuero color negro, un librero de caoba en el cual se podían encontrar todo tipo de libros de medicina. Al fondo del cuarto había una camilla y un biombo. Todo impecablemente limpio.

-¿Quién de las dos es Karen?

-Yo -respondió Karen tímidamente.

-¿Nos puedes dejar a solas?- le pidió la doctora a Liliana.

-Karen es mi amiga y yo quiero estar con ella para saber qué es lo que le sucede y además de eso, me serviría para aprender más.

La actitud de Liliana le dio a entender a la doctora la postura de "mejor amiga".

-¿Le tienes la suficiente confianza como para que te diga en frente de ella si tienes algún problema o no?- le preguntó la doctora a Karen.

-Sí- respondió Karen-. Es mi mejor amiga y le tengo mucha confianza.

Después de explicarle a la doctora los síntomas de Karen, tomaron una muestra de su sangre, y un poco de líquido de una de las lesiones de sus genitales. Después de estudiar bajo el microscopio el liquido y de recibir los resultados de la muestra del laboratorio que estaba ubicado en la planta baja del edificio. La doctora le pregunto a Karen:

-¿Tienes novio?

-No.

La doctora levantó una ceja.

-¿Cuándo fue la última vez que tuviste relaciones sexuales?

-¿Que tiene que ver eso con lo que tiene mi amiga?- interrumpió Liliana.

-Es importante toda la información que podamos adquirir- dijo la doctora mientras revisaba una vez más los resultados-.Tratándose de todo lo que concierne a la actividad sexual de un paciente es importante saber lo más que se pueda.

-Sí, lo sé – gruñó Liliana.

-Pero eso no contesta a mi pregunta-. ¿Han escuchado hablar de la *sífilis*?

-Sí- chilló Liliana-. Pero hasta donde yo sé no solo se transmite por *contacto* sexual.

-Bueno en este caso a Karen, fue como se la transmitieron, por *contacto* sexual.

Karen bajó la mirada un poco avergonzada.

-Fue hace como cinco o seis semanas- respondió-. Había escuchado un poco de esa enfermedad pero a la verdad no tengo mucha información, ¿es peligrosa?

-En este caso no, pero solo porque no decidiste hacerle caso *omiso* a las señales, no es tan complicada.

-¿En algunos casos si lo es?- preguntó Karen.

-En todos los casos lo es si no se atienden a tiempo. Hay personas que por vergüenza o por ignorancia no se atienden a tiempo y termina en una fatalidad. Lo peor de todo es que hay personas que dejan que pase el tiempo, se le curan las heridas (pequeños chancros o espiroquetas), después ya no sienten los síntomas pero aun así siguen siendo portadores de la enfermedad y siguen contagiando a más personas sin ni siquiera saberlo.

-¿Es mortal esta enfermedad?- la interrumpió Karen.

-Si no se trata a tiempo, sí- respondió la doctora.

-La *sífilis* tiene cuatro etapas; la primera en muchos casos, la lesión o chancro es indolora. En tu caso gracias a Dios sí sentiste algo de dolor. Los síntomas aparecen en la boca, en los genitales, o en la parte del cuerpo por el cual se tuvo contacto con el portador. Generalmente los síntomas aparecen entre nueve a noventa días, y si se dejan sin tratamiento se pueden curar por si solas, pero como lo dije hace antes, se puede seguir contagiando a las personas con las que tiene contacto principalmente, *sexual*. Después viene la *<<segunda etapa>>;* Si no se toma un tratamiento a tiempo es más peligrosa. En esta etapa se tienen más síntomas, comienza con una gripe severa, salen salpullidos de color marrón del tamaño de una moneda, ya sea en las palmas de las manos y o de los pies, en la ingle, y en algunos casos en todo el cuerpo. Los síntomas también pueden incluir dolor de garganta, perdida de pelo, dolor de cabeza, dolor de garganta, dolores musculares, ganglios linfáticos agrandados. En esta etapa no se necesita forzosamente tener contacto sexual para contagiarse, sino que basta solo con un *saludo* de mano para que te transmitan la bacteria...

Mientras la doctora hablaba, observaba como Liliana se mordisqueaba las uñas y miraba hacia a afuera a través de la ventana, sin darle importancia a la información que les estaba proveyendo.

-...De la segunda etapa- continuó diciendo la doctora-, se pasa rápido a la *>>cuarta<<* pues si la *>>tercer<<* etapa no se atiende, es muy complicada, se llega a la última etapa que se le conoce como *"Terciaria"* y es la etapa final. Las personas que desarrollan esta etapa, están perdidos literal y metafóricamente hablando. La bacteria daña el corazón, los huesos, las articulaciones, te daña el cerebro, y el sistema nervioso, te puede causar ceguera, te causa enfermedad mental, y el punto final, la muerte.

La doctora Menchía, miró el rostro de Karen, se le miraba asustada de cómo una que al parecer no era tan grave enfermedad, si no se le atiende a tiempo puede causar la muerte.

-¿Está usted segura de que esa cosa se la contagiaron por contacto sexual y no de mano?- preguntó Liliana que hasta ese momento había estado absorta es sus propios pensamientos.

-Absolutamente ¿Por qué lo dudas?

-Porque Iván es un chavo bien sano, es deportista, su papá es uno de los abogados más famosos de México, es *súper limpio*... y además de eso, él uso preservativo...

-No cabe duda hasta donde llega la ignorancia de la juventud- la interrumpió la doctora, sonriendo burlonamente.

-¿Ignorancia?- replicó Liliana, un poco molesta por el comentario de la doctora.

-En este tiempo los jóvenes estamos más informados que en sus tiempos.

-¿En mis tiempos?- espetó la doctora-. ¿Cuántos años tienes? No más de dieciocho apuesto, yo tengo treinta y dos. Entre mis tiempos y en tus tiempos como dices tú, no hay mucha diferencia, bueno- corrigió la doctora- creo que si hay varias diferencias, el libertinaje, la perversión, la promiscuidad y las enfermedades van en aumento, esa es la diferencia.

Liliana arrugó la nariz demostrando que no le había agradado el tono de voz de la doctora.

-Y como dije, *igno-ran-cia,* y en este caso no importa si *Iván-* dijo la doctora recalcando el nombre del joven- uso o no preservativo. Y si usted señorita estuviera tan informada como lo dice, sabría que hay un sin fin de enfermedades de transmisión sexual que se pueden transmitir aun con protección.

Liliana guardó silencio era obvio que no tenía más información que la que se encontraba en su acta de nacimiento.

-Y para tu información quienes más tienden a contagiarse son los jóvenes más guapos y las jovencitas más atractivas, porque a ellos o en este caso a ustedes se les facilita más el conseguir una pareja diferente ¿O me equivoco?... No ¿verdad?- se contestó la doctora a si misma al ver el silencio de las chicas- ¿Has tenido relaciones con alguien más aparte de este chico?- preguntó dirigiéndose a Karen.

-No- contestó Karen-. Esa ha sido la primer y única vez que lo he hecho.

-Pues bien- señaló la doctora-. Si ya que sabes que este chico te contagió de *sífilis,* es tu obligación el de hacérselo saber, con el fin de que no siga contagiando a mas chicas.

-Está bien -aceptó Karen.

-¿Eres alérgica a la penicilina?

-No.

-Bien, hay algunas personas que sí lo son, en tu caso con la sífilis, unas inyecciones, basta. Tienes que seguir mis recomendaciones al pie de la letra para que no tengas ningún problema. Primero y lo más importante abstente de tener relaciones por lo menos en seis meses para que no contagies a nadie, tienes que estar en revisión por lo menos un año para estar seguros de que se erradicó por completo la enfermedad. Al principio del tratamiento tal vez puedas sentir un leve dolor de cabeza o hinchazón en las partes dañadas, así que no te preocupes por esos síntomas.

-Muchas gracias- expresó Karen después de recibir la primera inyección de penicilina.

-De nada y cuídate.

Antes de que las chicas salieran del consultorio la doctora se dirigió a Karen: -Eres una chica muy bonita y además eres una niña aún, tú no tienes la necesidad de andar tirando tus besos a la basura solo por un tipo bonito, el tener sexo contrae grandes responsabilidades. No lo tomes tan a la ligera mira que la vida te trae *sorpresas* inesperadas, tú ya te diste cuenta. Este fue tu *primer aviso*, y gracias a Dios no fue tan grave. El próximo... ¿Quién sabe? Podría ser mortal... Ah y ten cuidado con tus *"amistades"*- Término de hablar la doctora haciéndole una caricia en el rostro.

Liliana hiso un gesto de desagrado al escuchar el último comentario de la doctora Menchía.

-Esa doctora me cayó gorda- expresó Liliana, mientras abordaban su auto- ¿Quién piensa que es? La sabelotodo del sexo...

-La doctora tiene razón- la interrumpió Karen-. No podemos andarnos acostando con cualquier chico. Ya ves Iván, se veía sano y me contagió de sífilis. Yo por mas que lo busco no encuentro un motivo, de cómo fue que me convenció en hacerlo.

Aunque Karen se hiciera esa pregunta mil veces sabía que jamás encontraría la respuesta, pues ella sabía muy bien que ese chico jamás hiso nada para conquistarla.

-Fue un error que cometí- continuó Karen-. Pero me prometí a mi misma que jamás nadie me va a tocar sino es hasta el día de mi noche de bodas.

Palabras y a las palabras se las lleva el viento

-Tampoco es para tanto- señaló Liliana-. La doctora dijo que en unos meses te vas a curar y asunto olvidado.

Karen ya no dijo nada se quedó pensando en las palabras de la doctora: *la vida te trae sorpresas...* Y así es, algunas sorpresas son agradables y otras crueles, algunas dan felicidad y otras tristeza. Y en los siguientes días Karen recibiría una sorpresa que de momento le causaría una gran alegría pero a la vez que le causaría una de las más grandes tristezas de su vida.

Los días pasaron dando comienzo un nuevo semestre en la preparatoria. Iván trataba de abordar a Karen, pero ella fue tajante y lo mando al carajo. Pasó el tiempo y se acercó su cumpleaños número dieciséis; impaciente esperaba a que sonara su teléfono móvil, pero, nunca sonó. Esperaba la llamada de Saúl. Desde que él se fuera para Uruguay no pasaba ni una semana en la que no hablaran por lo menos dos veces. Pero en esta ocasión el teléfono no timbró. << *¿Se habrá olvidado de mi cumpleaños?* -Se preguntaba- *no lo creo*- se contestaba así misma<<.

-Mija, te estamos esperando para cenar- gritó su madre, interrumpiéndole sus pensamientos.

-Ya voy madre- contestó Karen, mientras se incorporaba de la cama, y se arreglaba el cabello.

-¿Qué pasa mija? Te veo un poco triste ¿acaso no estás contenta? toda la familia está reunida para celebrar tu cumpleaños ¿no te da gusto?

-Si madre, me da gusto, pero estoy un poco triste porque Saúl aun no ha llamado.

-Tal vez te llame más al rato. Aún es temprano- señaló Susana tratando de animar a su hija.

-Aquí si es temprano- murmuro Karen-. Pero en Uruguay ya es muy tarde ¿Y si se le olvidó que hoy es mi cumpleaños?

-Quizá le salió una emergencia, o algo por el estilo, mija, por lo poco que conozco a ese muchacho, no creo que se le haya olvidado. Espérate hasta mañana y si no te habla, entonces tú le llamas, a lo mejor paso algo. No puedes hacer conjeturas, no hasta que sepas el por qué no te llamó.

-Tienes razón madre mañana le hablo temprano.

Esa era una de las tantas cosas que la madre de Karen le había inculcado tanto a ella como a sus hermanas; él nunca dejarse llevar por las apariencias, de no hacer cosas buenas que parezcan malas, de no dejar arrastrarse por los chismes. Si alguien, ya sea algunas de sus amigas o amigos le contaba algo de alguien en que ella estaba involucrada no descansaba hasta arreglar el mal entendido. En algunas ocasiones algunas de las personas que ella consideraba sus “amigos” le habían inventado cosas sobre otros jóvenes solo con la intención de que le dejaran de hablar. Karen no era de las personas que se dejaban llevar por los mitotes, a ella le parecen tan *mediocres* las personas que inventan cosas sobre otras personas con tal de que pierdan su amistad con otras, no sabía si ese tipo de personas son mediocres o egoístas, Karen se quedaba con llamarlas... *mediocres*. Otra gran enseñanza de sus padres. Así que no iba a armar conjeturas de donde, hasta ese momento no las había. Y al día siguiente a primer hora le llamaría a Saúl para saber el motivo de porque no llamó esa noche que para ella era muy importante.

Junto con su madre bajó al comedor en donde la esperaba reunida toda la familia incluyendo a sus cuñados y sus sobrinos, llamados, Xavier y Gabriel, ambos hijos de su hermana mayor Delia, David, hijo de Mirna, y su pequeña sobrina Violeta, de apenas ocho meses de edad, que sentó sobre sus piernas. La pequeña Violeta era hija de Cristina. A Karen le gustaba mucho los bebes pero en particular las niñas. Su hermana Cristina, le había dado el privilegio de ponerle el nombre a la pequeña, y había escogido el nombre de >>Violeta<< porque a ella le parecía un nombre bonito, fuerte, y a la vez delicado.

Era una familia en verdad muy unida (la unión familiar es algo que desafortunadamente la sociedad ha ido perdiendo), Susana y Ángel se esforzaban al máximo para que esa unión familiar siguiera aun después de que sus hijas formaran sus propias familia, algo que ellas con gusto seguían haciendo.

Horas después toda la familia se despedía de Karen, felicitándola, y dándole algunos presentes por su cumpleaños. Karen se dispuso a dormir y su madre antes de retirarse le volvió a reiterar:

-No estés triste mija vas a ver que mañana Saúl te va a llamar- Susana había notado que Karen no había disfrutado de la reunión familiar, pues en realidad había extrañado el escuchar la voz de Saúl en un momento tan especial para ella.

Karen solo le contestó con una sonrisa fingida y le deseó felices sueños. Susana se retiró dándole su acostumbrado beso de las buenas noches.

Al siguiente día muy temprano Karen insistía con el teléfono tratándose de comunicar con Saúl, pero nadie levantaba el auricular al otro lado de la línea.

-Nada, nadie contesta- dijo acomodando el móvil sobre la mesa.

-¿Y si esta en el colegio?- señaló Susana mientras servía el desayuno.

-Es domingo- dijo Karen con desgano.

-Es verdad, se me había olvidado.

-Buenos días- saludó Ángel interrumpiéndolas-. Buenos días mi amor, buenos días hija.

-Buenos días pa.

-Que rico -expresó Ángel, al aspirar el exquisito aroma del desayuno que inundaba la cocina-. ¿Quién preparó el desayuno hoy?

-Karen –respondió Susana.

-*Hmmmmmm,* en unos cuantos meses vas a ser una experta cocinera, veo que tu mamá ha hecho un buen trabajo con ustedes, el hombre que se case contigo se va a sacar la lotería.

-¿Porque lo dices?

-¿Cómo por qué mija? Eres muy bonita, eres una gran hija, y ya te estás convirtiendo en una gran cocinera, y mira que en estos tiempos es muy difícil para que un hombre encontrar una mujer que le prepare su propia cena, normalmente las mujeres de hoy día contratan sirvientas. Y lo más importante de todo es que nos respetas, y si puedes respetar a tus padres estoy seguro que vas a respetar a tu esposo.

-Eso dices y opinas de mi solo porque eres mi padre y me quieres, si no....

El repiqueteo del timbre de la puerta la interrumpió.

-Yo abro- dijo Karen, y acomodó el jarrón lleno de jugo sobre la mesa del desayunador y, camino hacia la puerta.

Karen removió el pasador, abrió la puerta y... sus bellos ojos se abrieron cuan grandes eran, se llevó la mano a la boca y en su garganta se ahogó un grito de alegría.

-¡No puede ser!- exclamó Karen con una sonrisa dibujada en su rostro. Y sin pensarlo más se abalanzó en un abrazo al que había llamado a la puerta.

-¡Hola mi niña hermosa!

Era Saúl, que quizá no le había llamado la noche anterior pero ahí estaba en cuerpo presente para desearle feliz cumple años.

Karen no decía nada solo lo abrazaba y daba pequeños saltitos llena de alegría.

-No sabes cómo te extrañé - dijo al fin-. Estaba muy preocupada y triste porque no me llamaste anoche.

-Lo siento- dijo Saúl- según los planes eran que íbamos a llegar el viernes por la noche, pero nos agarró una tormenta en el Aeropuerto Internacional de Uruguay y nos quedamos varados dos días. No había forma de avisarte, no tiene ni una hora que llegamos a la ciudad de México y lo primero que hice es venir a verte a desearte feliz cumpleaños.

-Tú eres mi mejor regalo de cumpleaños- expresó Karen, mientras lo volvía a abrazar-. Y tus padres ¿donde están?

Saúl le contó en pocas palabras que su padre había terminado sus asuntos más pronto de lo que se imaginaron, aunque él se tenía que quedar unos días más en Uruguay, Saúl lo había convencido de que él y su madre, se regresaran a México solos y así que, ahí estaba.

-Toma te traje un regalo.

-Gracias no te hubieras molestado- expresó Karen mientras desenvolvía el paquetito envuelto en papel dorado adornado con un moño color plateado.

Karen miró el obsequio que Saúl le había traído desde Uruguay y no pudo más que decir:- «Gracias es muy bonito». El regalo era un cubo de cristal y en su interior tenía cinco estrellas que alimentadas por fibras ópticas se iluminaban una a una y cada estrella tenía en su interior cada letra del nombre de Karen. Saúl la conocía muy bien y sabía que al *menos* hasta ese momento ella no era materialista. Y la conocía tan bien, que sabía que un collar de diamantes no causaría los mismos sentimientos que el regalo que tenía en sus manos, que modesto pero era un gran detalle. Karen era amante de las estrellas. Para ella no había nada que se comparara con una noche despejada llena de estrellas y una luna redonda y grande.

-Gracias- volvió a repetir Karen-. Pero pasa, llegaste justo a tiempo para desayunar- Karen tomó de la mano a Saúl y lo guió hasta la cocina-. ¡Miren quien está aquí!- dijo Karen sin dejar de sonreír por la alegría de que Saúl ya estuviera de vuelta en México.

-¡Que sorpresa!- dijo Ángel, dejando el periódico sobre la mesa para darle un abrazo de bienvenida a Saúl.

-¡Que gusto que estén de regreso!- terció Susana.

- Y tus padres ¿dónde están?- inquirió Ángel.

-Mi padre se va a quedar una semana más en Uruguay y mi madre va a venir por la tarde a saludarlos, está acomodando todo en la casa que está hecha un desorden- respondió Saúl al mismo tiempo que se acomodaba en una silla, y comenzó a comer-. El desayuno le quedó delicioso señora- señaló Saúl-. Ahora entiendo el porqué don Ángel está muy enamorado de usted, es una gran cocinera.

-Gracias por el cumplido, pero el desayuno lo preparó Karen.

-¿En serio?- comentó Saúl mirando a Karen-. Pues el hombre que se case contigo se va a sacar la lotería.

Las miradas de los jóvenes se cruzaron, en sus ojos había cierta chispa de complicidad.

Después de varios minutos de estarles contando de cómo era el maravilloso país de Uruguay, Saúl, pidió permiso a los padres de Karen para salir a pasear por el parque que estaba ubicado a unas cuadras de su casa. Los padres de Karen no pusieron objeción alguna pues lejos de confiar en Saúl, en quien "confiaban" era en la misma Karen. Ofreciéndole su brazo a Karen como todo un caballero se dispusieron a pasear por el parque disfrutando de un delicioso helado de durazno, el sabor preferido de Karen. Saúl le conto o más bien le describió lo bello que es *Punta del Este,* y que aunque Uruguay es un país relativamente pequeño tiene un sin fin de lugares turísticos. Se sentaron en la misma banca de costumbre que estaba frente de una parada de microbuses. Los dos se divertían de cómo la gente corría para alcanzar el microbús que los llevara a su trabajo, algunas personas incluso iban colgando de las escalerillas del camión con tal de no perder su transporte. Familias enteras bajaban o subían tratando de pasear, ya sea al zoológico de Chapultepec o a algún parque de diversiones. La amistad entre Karen y Saúl en mucho dependía de eso, de disfrutar cada momento que pasaban juntos. Compartieron los helados mutuamente. Se miraron a los ojos.

-No sabes cómo extrañaba mirarme a través de esas dos gemas que Dios te dio como ojos. Tienes los ojos más bellos del mundo.

Los ojos verde jade de Karen brillaron como nunca antes lo habían hecho. Le encantaba escuchar a Saúl hablarle de esa forma.

-Gracias, yo también extrañaba esos ojos soñadores que tienes. A mí también me encantan tus ojos cafés.

Los días pasaron y pronto Saúl se incorporó a la preparatoria. Debido a la amistad de su padre con el subdirector no hubo problema con aceptar las calificaciones que Saúl obtuvo en el colegio al que asistiera en Uruguay. Por supuesto a la única que no le agrado que Saúl regresara antes de tiempo fue a Liliana.

-¡Qué! ¿Ya regresó ese naco?

-¡Así es!- respondió Karen feliz de la vida.

-Tan bien que estábamos- comentó Liliana, en su voz se notaba el descontento que sentía.

Karen no entendía el por qué del desagrado de Liliana hacia Saúl pero no se preocupaba el investigarlo a ciencia cierta. En algunas ocasiones Liliana ya había intentado el que Karen y Saúl perdieran su amistad pero si no lo había conseguido era porque a Saúl le gustaba enfrentar las cosas de frente y si había algún mal entendido él no descansaba hasta aclarar todo y no le importaba si después de aclarar algún chisme algunas personas le dejaban de hablar, pero él se quedaba contento de que nadie le *manchara* su reputación, eso lo había aprendido de su bella Karen. Una de las cosas que más le desagradaba al igual que a Karen era la *mediocridad* de la gente que con sus mentiras o chismes intentaran separar a una persona de la otra.

Todo parecía marchar con normalidad hasta que un día Saúl no le contestó el teléfono celular. Una y otra vez Karen insistía y todo era en vano, y cuando llamaba a su casa, Irma, la madre de Saúl, le contestaba: <<*Está ocupado, le está ayudando a su padre, está haciendo la tarea, que ahorita no tiene tiempo*>>.
<< *¿No tiene tiempo? Pero si el siempre ha tenido tiempo para mi*, murmuraba, *¿qué estará pasando?*>>
Karen no estaba dispuesta a dejar pasar un solo día mas sin saber qué es lo sucedía. Así que al siguiente día lo abordo. Saúl estaba estudiando en la biblioteca, estaba solo, así que era un momento perfecto para preguntar:

-Hola, ¿cómo estás? – Preguntó Karen-. Te he estado llamando y no me contestas ¿sucede algo?

-Hola- contestó Saúl-. No, no pasa nada, he estado muy ocupado estudiando, y no he tenido tiempo.

El chico ni siquiera la miró a los ojos. Karen intuyó de inmediato que algo estaba mal, pues si había algo que más le agradara a Saúl era admirar sus hermosos ojos verdes.

-Tú siempre has tenido tiempo para mí – sonó Karen como en forma de reclamo-, ¿y por qué ahora no?

-¿Realmente quieres hablar?- dijo Saúl en tono seco.

-¿Y por qué no? Tú siempre has dicho que las cosas se arreglan de frente y que hablando se entiende la gente, ¿o no?

Saúl se incorporó y se paró frente a Karen, miró a su alrededor mordisqueó el bolígrafo, se limpió la boca, le acomodó los lentes y tragó saliva. Le dolía hacer esa pregunta. Pero la tenía que hacer: -¿Qué pasó entre tú e Iván en el cumpleaños de Marce Iturriaga?

-¿A qué te refieres?- reaccionó Karen un poco desconcertada por la pregunta de Saúl.

-Tú sabes a lo que me refiero. ¿Qué paso entre ustedes dos? Y no me mientas, quiero saber toda la verdad.

Karen desvió su mirada de los ojos de Saúl. << *¿Se habrá enterado de algo? Y si es así ¿Cómo lo supo?*>> Se preguntaba. Era momento de enfrentar las cosas. *¿Y si le miento? ¿Si le digo que no pasó nada? El me quiere demasiado y me creería todo lo que yo le dijera, pero y si con el tiempo nos llegamos a casar y se da cuenta que ya no soy virgen y, que estuve con otro hombre antes que él, sería mucho más peor si no se lo digo ahora-*. No hay de otra, a enfrentar las consecuencias, como decía su madre; *cada paso nuestro tiene sus consecuencias buenas o malas siempre hay consecuencias.*

Karen lo miro a los ojos. Saúl esperaba ansioso la respuesta de ella.

-No pasó... -Karen se quedó callada, por un momento se vio tentada a mentir, *<<total con el tiempo lo entendería>>.* – Pero no, gran parte de su interior le decía que mintiera, pero su conciencia le gritaba *no,* que no mintiera, Saúl no se lo merecía. Se quitó los lentes, los limpió con el regazo de su blusa, miró a Saúl. Éste la miró inquisitoriamente. Su mirada se perdió entra los enormes estantes de libros. Lo volvió a mirar, bajo su mirada al piso.

Saúl le levanto la cara acariciándole la barbilla. Karen escondió la mirada del chico. Los labios de Saúl temblaban.

-Lo que tú me digas- la voz del chico salió despacio, con tristeza, como si en esas palabras se le fuese la vida-. Lo que tú me digas te creo- con el dedo pulgar acaricio los sensuales labios de la linda chica-. Lo que salga de tu boca lo creeré. No importa lo que diga el mundo. Cada palabra que tú me digas, la creeré.

Era demasiado. Ese chico era mucho más hombre de lo que Karen pensaba. Y no, el no se merecía que le mintiera. Tenía que decir la verdad. Aunque años después se arrepintiera con toda su alma de no haberle mentido. Años después se arrepentiría de no haber dicho una mentira más en su vida. Nerviosa, Karen jugueteaba con sus dedos. El calor de las manos de Saúl, le golpeaba su conciencia. El suave timbre de la voz suplicándole que le mintiera, le machacaba el corazón gritándole que dijera la verdad, por mucho que esta le doliera a ambos. Y no pudiéndole mentir a ese chico dijo con voz entre cortada dijo: -Lo siento, lo que paso esa noche fue un error.

Saúl al escuchar la respuesta de Karen apretó fuertemente los dientes y le dio un golpe a la mesa.

-Entonces, ¿es verdad que tuvieron relaciones sexuales?

Karen sintió como su rostro se ponía rojo de vergüenza.

-Lo siento fue un gran error -volvió a decir Karen.

-¿Lo sientes?- la interrumpió Saúl-. ¿Cómo puedes decir que fue un error si lo hiciste conscientemente? Ese no fue un error fue una...- Saúl apretó aún más los dientes como para que no saliera de su boca una palabrota.

Karen intentó tomarlo por el brazo.

-No me toques- espetó Saúl moviendo bruscamente la mano. En su mirada se podía notar el coraje que sentía en ese momento. Sonrió irónicamente-. ¿Sabes?- continuó hablando-. Yo creí que tú eras diferente a las demás chicas, tú que criticabas el comportamiento de las chicas que se habían metido con él y resultaste igual o peor que ellas. ¿Quién sigue, Carlos, Vladimir, Cristian?

Aunque Karen sabia que la reacción de Saúl era lógica, las palabras del chico no dejaban de dolerle en lo más profundo de su ser. Pero por otra parte, ¿quién era él para reclamarle de esa manera y además de eso insinuarle que se acostaría con los demás chicos? Él no era nadie, no tenía ningún derecho sobre ella, además de eso tanta caballerosidad no podía ser real, tantas atenciones, los *hombre*s así ya no existen. Los chicos de hoy día lo único que quieren es tener sexo y nada más... ¿Por qué Saúl no busco tener sexo con ella?

Después de varios segundos de silencio y haber escuchado todos los reclamos de Saúl, dijo al fin:

-Tú nunca me buscaste como mujer, y ¿sabes qué?... Yo creo que a ti no te gustan las mujeres- Karen trataba de echarle la culpa, de buscar una excusa en donde no la había.

-¡Qué! – Exclamó Saúl por el comentario de Karen-. ¡No lo puedo creer!

Karen cerró los ojos arrepentida de sus palabras.

-Lo siento no quise decir eso.

Demasiado tarde. Esas palabras eran absurdas y estúpidas, pero ya las había dicho.

-No lo puedo creer- volvió a decir Saúl sonriendo tristemente por lo dicho por Karen-.Si yo siempre te respeté, fue porque entre tú y yo había un trato, pero por lo visto se te olvidó- la voz de Saúl sonaba quebrantada, triste-. Según nuestro trato no seriamos novios sino hasta después que cumplieras dieciocho años.

-Perdón no quise decir eso- sonó Karen arrepentida.

-Pero lo piensas que es lo peor. Y si el tipo de hombre que buscas es como Iván, lo siento pero yo no puedo ser como él, yo soy diferente- decía Saúl mientras acomodaba sus libros en la mochila-. Y ojala que él si sea lo suficientemente *hombre*, ya que según tú... yo no lo soy. Nunca entenderé que rayos quieren realmente las mujeres.

-Perdóname en verdad no quise decir eso- suplicaba Karen.

- ya lo dijiste.

-Lo siento Saúl, perdóname. Lo de Iván, fue un error que cometí y...

-Lo siento preciosa... no puedo- señaló Saúl al mismo tiempo que se dirigía a la salida.

-No me dejes- pidió Karen-. El no significa nada para mí, tú para mí lo eres todo...

-No te engañes- la interrumpió Saúl-. Si yo en vedad significara algo para ti, no lo hubieras hecho. Teníamos un trato.

Una lágrima traicionera en contra de la voluntad de Karen comenzó a abandonar su escondite serpenteando la delicada piel de su mejilla.

-No te vayas así por favor- volvió a suplicar Karen.

Saúl la miro a los ojos, movió la cabeza de lado a lado, sonrió desganadamente y se dirigió hacia la puerta. Empujó la pesada puerta de doble hoja, cerró los ojos, apretó los puños.

-¡Saúl!- escuchó detrás de él.

El chico se dio la media vuelta y volvió hacia Karen. Ella lo miró y sonrió dando por entendido que no la dejaría. Saúl se paró frente a Karen, le removió los lentes y los colocó sobre su pelo.

-Los lentes le dan el toque perfecto a tu belleza, pero tapan la hermosura de tus ojos- dijo Saúl mientras colocaba las dos manos sobre las mejillas de Karen y limpiaba con su dedo pulgar la lágrima que salía de sus ojos. Karen cubrió con sus manos las del joven.

Saúl con la voz cargada de ternura dijo:- Ten cuidado mi *niña* hermosa, los caminos de la vida suelen ser duros, suaves, traicioneros, y algunas veces mortales, pero recuerda, esos caminos... solo tú decides si quieres andarlos... no permitas que nadie te obligue a caminarlos.

-Esos caminos- dijo interrumpiéndolo-, esos caminos quisiera caminarlos junto a ti, tomada de tu mano, mi máxima ilusión es pasar el resto de mi vida a tu lado, que seas tú quien se despierte a mi lado y que seas tú quien me bese por las noches y...

-Si me hubieras dicho esas palabras en otro momento sería el hombre más feliz de este mundo pero creo que en este momento ya es muy tarde-. Yo sé que vas a encontrar a un hombre que te haga muy feliz y que te ame como realmente tú te lo mereces- dijo Saúl.

-Tú eres ese hombre.

-No, no lo soy y tú lo sabes. Tú te mereces a un hombre diferente, los verdaderos hombres saben perdonar y yo no puedo.

-Empecemos desde cero- suplicaba la linda chica-. Yo se que cometí un grave error y estoy segura que si nos esforzamos podemos juntos tirar ese triste recuerdo a la basura.

Saúl suspiró profundo

-Dices que lo que hiciste fue error ¿verdad?

-Sí.

-Entonces, no lo vuelvas a cometer- Saúl debió de hacer un gran esfuerzo por deshacer el nudo que tenía en la garganta-. Cuando te encuentres con un buen hombre no vuelvas a cometer el mismo error.

Saúl se acercó un poco más a Karen, tanto que sus labios rosaban los de ella. La miraba con ternura, por un rato se quedo admirando su bello rostro. Una lágrima más serpenteo por la delicada piel de Karen dejando una marca en su alma por su primer desamor. Saúl le limpio la lágrima. Se miraron profundamente. Saúl no soportando más, la beso. Fue un beso tierno y delicado. Era un beso tan esperado por ella o quizá más un poco esperado por él. Desde pasillo llegaba hasta ellos un suave murmullo, música. Para Karen esa música era como si fuesen aquellas mágicas palabras, *el novio puede besar a la novia.*

-¿Alguna vez has probado la miel y la sal al mismo tiempo? -preguntó Saúl sacándola de sus pensamientos.

-No, nunca.

-Pues a eso saben tus besos, un poco salado de tus lágrimas y la miel de tus labios.

Las palabras de Saúl fueron como un golpe en el estomago de Karen, pues eso, eso era lo menos que hubiera querido escuchar del mequetrefe de Iván, que jamás dijo nada, y ahora lo estaba escuchando del joven que se estaba despidiendo de ella para siempre.

-Te quiero tanto- expresó Saúl-. Que lo menos que te puedo desear es, que Dios te bendiga.

Karen lo conocía tan bien que sabía que esa despedida era definitiva.

-Dime antes que te marches...- ¿Quien te dijo lo que pasó entre Iván y yo?

-Una de las principales cosas que me enseño mi padre fue a ser un caballero y como tal, prometí no decirlo, el punto es que pasó y ya, solo dos cosas te digo; que miré una fotografía que se tomaron ese día y que tengas cuidado con los que se dicen ser tus amigos. A veces tus *"amigos"* suelen ser tus peores enemigos.

Saúl tomo su mochila y antes de cruzar el umbral de la puerta, miró a Karen y le sonrió. Pero ella sabía que esa mirada y esa sonrisa estaban llenas de decepción.

Karen, tristemente miro cómo se alejaba aquel joven de escasos dieciocho años, pero que le había mostrado lo que era un verdadero hombre y que se lo había demostrado con hechos y palabras, no como el mozalbete de Iván que intentaba ser hombre. Triste se encaminó hacia el baño en donde la alcanzó Liliana que expectante escondida detrás de un librero no había perdido detalle, y que a su manera trataba de consolarla.

-No te preocupes, aquí en la escuela hay muchos chicos con quienes te puedes consolar, al fin y al cabo como dicen por ahí 'un clavo saca a otro clavo'.

-¿Quien le habrá contado?- preguntaba Karen frente al espejo-. ¿No habrás sido tu?- dijo Karen que había pasado de triste a furiosa.

-¿Yo? ¿Cómo crees? Yo soy tu mejor amiga, además de eso, aquí en la escuela son muy chismosos- decía Liliana tratando de defenderse de las acusaciones de Karen-. Aquí todo se sabe, todo mundo se entera quien salió con quien.

-Si no fuiste tú, entonces fue Iván.

Karen salió del baño y se dirigió a la cafetería en donde por seguro encontraría a Iván. Liliana trató en vano en detenerla, pues sabía que por lo furiosa que estaba podría cometer una tontería.

-¡Espera! ¿A dónde vas?

-A enseñarle a ese tipo como se debe de comportar un hombre- contestó Karen al mismo tiempo que abría de un empellón la puerta de cristal de la cafetería. Iván estaba sentado a la mesa del fondo, lo acompañaba una chica. Karen se dirigió hacia ellos.

-Hola Iván, ¿Cómo estás?- preguntó Karen con cierta burla.

-Bien- respondió Iván con aire triunfo y besando a la chica que lo acompañará

-Disfrutando de la vida.

-¿Le puedes dar un recado a tus padres?

-Claro mi *reina* lo que tú quieras.

-Primero que no me digas mi *reina,* y segundo que si tu padre no puede enseñarle a sus hijos a ser unos verdaderos hombres que no los traiga al mundo.

-¿De qué hablas?

Sin decir más Karen le soltó una bofetada.

-¿Qué te pasa? -preguntó Iván extrañado por la actitud de Karen.

Karen intentó golpearlo una vez más pero este retrocedió evitando el golpe. Karen en realidad estaba furiosa.

-En lugar de que tu padre te mande a estudiar a Harvard te debería de mandar a que tomes unas clases de hombría. Y yo que tu- Karen se dirigió a la chica que acompañaba a Iván-, sin pensarlo dos veces me iba yo corriendo a ver a un doctor porque este aparte de que no sabe comportarse como hombre esta contagiado de *sífilis*.-

-¡Qué!- exclamó la chica asustada mirando a Iván-. ¿Estás enfermo?

Iván no supo que responder solo balbuceaba, pues no solo estaban ellos en la cafetería sino que había varios jóvenes, e Iván sabía que esa noticia de la enfermedad acabaría con su reputación de un joven sano y limpio. Trató de defenderse pero fue inútil, pues sus "amigos" comenzaron a burlarse de él. La chica que lo acompañaba molesta por la noticia le dio un empellón y se alejó de prisa. No fue hasta que por las burlas de los presentes Karen reparó en el acto que había cometido. Y como lo había dicho Liliana, «En la escuela todo se sabe». Y si hasta ese momento no muchos en el colegio se habían enterado de que ella había sostenido relaciones sexuales con Iván, daba por hecho de que de ahí a no más de dos días el colegio entero lo sabría. Le lanzo una mirada fulminante a Iván. Este joven sabía que al principio le afectaría un poco, pero al paso de los días sería mucho más fácil que los jóvenes se olvidaran de que él portara una enfermedad y principalmente con las chicas, pues él sabía que había varias en las lista esperando que él las invitara a cualquier lugar levantando mas su ego y que pronto continuaría su fama de >Don Juan< no importando si ya se había tratado o no la enfermedad. Pero lo de Karen ¿Lo olvidarían tan pronto? Tal vez sí, porque como ella lo sabía y muy bien, que ya es por costumbre o hasta normal que una chica tenga relaciones con su novio. ¿Novio? Ese chico ni siquiera era su novio, pero sí era el más guapo y popular del colegio. Eso era lo peor, pensaría que se había metido con él, por el mismo motivo que lo habían hecho las demás chicas. Avergonzada se alejó de la cafetería. Mientras se alejaba sentía como los demás chicos se burlaban de ella con sus murmuraciones.

-¿Como llegaste a la conclusión de que fue Iván el que le contó a Saúl lo que pasó entre ustedes? –inquirió Liliana mientras abordaban su auto.

-Saúl me dijo que vio una foto mía, porque hasta supo de la forma que iba vestida ese día- respondió Karen al mismo tiempo que se sujetaba el cinturón de seguridad-.Y el único que me tomó una foto fue Iván cuando subíamos por el ascensor, me la tomó con su teléfono móvil.

Karen pasó junto a Liliana el resto de la tarde en un centro comercial pues no quería llegar a su casa, y menos de la forma en que se encontraba, alterada por los acontecimientos de ese día.

En los siguientes días Karen sentía un ambiente diferente en la escuela, o tal vez eran alucinaciones suyas pero sentía que todo el mundo la miraba, o que murmuraban de ella. Aunque en realidad las miradas o las murmuraciones de sus compañeros no valían más que un cacahuate, lo que si le dolía era un tanto la indiferencia de Saúl que cuando lo encontraba de frente no pasaba de: << *¿Cómo estás? Que te vaya bien, que Dios te bendiga*>>. Restregándole en la cara de cómo se debe de comportar un caballero. Karen podía soportarlo *todo* pero no así la indiferencia del que en más de alguna vez lo considerara su *Príncipe Azul.* Karen era romántica, soñadora, emprendedora, inteligente, amorosa, leal (que en ésta vez no lo fue) respetuosa, quizá algunas veces impulsiva y colérica pero sabía reconocer sus errores y pedir perdón, pero tenía un pequeño o más bien, gran defecto, todo dependiendo de cómo se le viera... sentimentalmente era muy *débil.* Algunas personas dicen que ser *débil* sentimentalmente es buena señal, pues es una muestra del gran corazón que se tiene. Karen deseaba en ese momento haber sido más fuerte. En más de dos ocasiones le volvió a pedir perdón a Saúl pero él ya tenía bien tomada su decisión.

-Yo en realidad no tengo nada que perdonarte, como tú lo dijiste "tú y yo nunca fuimos más que amigos". Te sigo guardando el mismo cariño y respeto de siempre. Pero, lo siento, no puedo comenzar o seguir una relación contigo.

Decisión que afectaba en gran manera a Karen que se fue hundiendo en un mar de tristeza. Y que por supuesto su gran amiga no estaba dispuesta a dejar que se siguiera hundiendo.

-Ya me tienes harta con tus lamentaciones y lloriqueos, Saúl no es el último hombre sobre la tierra y no porque hayan terminado se te va acabar el mundo.

-Si tú no entiendes lo que siento es porque nunca te has enamorado- dijo Karen objetando el comentario de su amiga.

-¿Y para que quieres que me enamore? ¿Para andar sufriendo como tú? No gracias yo pasó. Y además de eso yo realmente no entiendo que le ves a ese, ya casi cumple dieciocho años y no es capaz de decidir nada por sí mismo.

-¿A qué te refieres?

-A que todavía obedece a su padre, nunca va a las *parties, o como se diga.* Siempre se la pasa estudiando, si su padre dice no, el también dice no. Ese chico todavía está bajo las faldas de padre.

-Si Saúl es así es porque él tiene a un *hombre* como padre- la interrumpió Karen defendiendo al joven-. Y todo eso que tú críticas, es lo que más me agrada de él.

-Pues tal vez tengas razón- opinó Liliana-, pero mira cómo estás, si él fuera un verdadero hombre te hubiera perdonado. El mismo lo dijo "los verdaderos hombres saben perdonar".

Karen sumida en sus pensamientos no podía diferenciar de entre que si Liliana la quería ayudar o la quería sumir más.

-En el colegio- continuó Liliana- hay docenas de chicos que darían lo que fuera por salir contigo y te aseguro que a todos ellos no les importaría para nada si ya tuviste relaciones sexuales o no o que si sigues siendo virgen, ellos felices de la vida saldrían contigo.

Karen no respondía solo se limitaba a juguetear con el regalo que Saúl le trajera de Uruguay. A pesar de la insistencia de Liliana, Karen se negaba a salir con algún otro chico. A ella siempre le había parecido de muy bajo autoestima el querer olvidar a una persona con otra. Pero sí había algo bien claro, le lastimaba el que Saúl la ignorara. La indiferencia del joven la mataba. Aunque eran pocas las veces que sus miradas se cruzaban, ella podía notar en los ojos del chico la tristeza y la nostalgia. <<Tal vez Saúl es demasiado extremista- se decía a sí misma-. No- se repetía una y otra vez>>. Ella y Saúl eran muy similares en cuanto a los sentimientos, si él la hubiese traicionado ella jamás lo perdonaría. Así que para su punto de vista no, no era demasiado extremista, un poco orgulloso tal vez.

Liliana cada vez que podía insistía con lo mismo:

-Vamos a un party allá hay muchos chicos, vamos a divertirnos.

-No gracias así estoy bien- respondía Karen.

-Me desespera tu tristeza- manifestó Liliana.

-Algún día se me pasará- respondió Karen.

-¿Pero cuándo? -preguntó Liliana con cierto enfado-. ¿Cuándo?

-No lo sé.

-Bien- dijo Liliana-. Cuando se te pase me llamas, ahí tienes el número de mi cell.

-¿Tú también me vas a dejar?

-La verdad amiga no pienso pasarme la vida tratando de consolarte, yo te quiero ayudar y tu no me dejas, así que si no quieres mi ayuda ahí nos vemos- expresaba Liliana mientras tomaba su bolso.

-Tú eres mi única amiga, si me dejas tú ¿qué voy hacer?

-Hay amiga es que si no haces algo te vas a morir de la tristeza.

-¿Sabes qué?- dijo Karen con firmeza.

-Tienes razón, quiero mucho a Saúl, pero como dices tú, él no es el único hombre sobre la tierra, si la regué, ni modo, ya no puedo hacer nada, ya le pedí perdón, y si no quiso seguir conmigo allá él.

-¡Así se habla!- expresó Liliana-. Ahora vamos a divertirnos, hoy es el cumple años de Sharys y lo va a celebrar en grande, así que arréglate y démonos a la fuga.

-Voy a ir contigo pero solo con una condición.

-La que tú quieras.

-Que si no quiero hacer nada no me presiones o me insistas en hacer cualquier cosa.

-Prometido- dijo Liliana con la mano levantada.

-Por eso te aprecio- señaló Karen-. Tú si me has demostrado ser una verdadera amiga.

Y se dieron un abrazo.

Karen cometió el mismo *error* que han cometido, que siguen cometiendo y que cometerán miles de jóvenes, el buscar ayuda o considerar *"amigos"* a las personas equivocadas. La madre de Karen se había esmerado en que sus hijas no solo la vieran como su madre sino también como una amiga, como una confidente. En varias ocasiones Karen se vio tentada a contarle a su madre lo que había sucedido entre ella e Iván y por ende el rompimiento de su amistad con Saúl, pero nunca se atrevió. Su madre la conocía muy bien y sabía que algo no andaba bien. Pues Karen había perdido el brillo de sus ojos.

-Tú sabes que puedes contar conmigo para lo que sea, me puedes contar lo que te pase- decía Susana.

-Gracias madre pero no es nada grave, es uno de esos momentos de tristeza que a veces me llega pero no es nada.

-A mí me puedes contar lo que sea, mija soy una madre moderna a mi no me espanta nada.

-Lo sé madre pero no te preocupes.

¿Cómo reaccionaría su madre?- pensaba Karen; si le contara que ya no era virgen, que ya había tenido relaciones sexuales y que ella no cumpliría con la promesa hecha de que llegaría virgen al altar. No, no se atrevía a contárselo. Por más que fuera una madre moderna como ella lo decía, Karen no creía que lo aceptara tan fácil. Pero ¿por qué Karen ponía sus palabras o pensamientos en su madre? No lo sabía. Pero no es algo exclusivo de ella, si no que la mayoría de los jóvenes de hoy lo hacen. Y así... Karen prefirió el silencio, los "consejos" y amistad de Liliana a los de su madre. Dejando a un lado a la que pudiera ser su

mejor y verdadera amiga, su madre, confió más en su mejor *amiga,* Liliana.

El primer consejo de Liliana fue de cambiarse de colegio alegando que en ese todos los jóvenes eran muy superficiales.

-Siempre es bueno cambiar de aires, es mejor comenzar en donde nadie nos conozca- decía Liliana.

-¿Cambiar de escuela? No es tan fácil- opinaba Karen-. ¿Qué le voy decir a mis padres? No puedo llegar y decirles, papa ya no quiero ir a esa escuela cámbiame a otra. No, no es tan fácil.

-Tu déjamelo a mí- apuntó Liliana.

-Voy a pensar en algo.

-Y a tu abuelita ¿qué le vas a decir?

-Por ella no te preocupes, me cree todo lo que yo le digo, ella piensa que soy la mejor chica del *world.* Soy tan buena actriz que si en HOLLYWOOD vieran mis actuaciones por seguro me darían un *Oscar*.

Karen solo se reía de las palabras de su amiga. Encontró un poco de objeción de parte de su padre pues no estaba muy convencido de que se cambiara de preparatoria. Pero Karen lo convenció argumentando que no había necesidad de pagar tanto dinero por la colegiatura, que ese dinero lo podían ahorrar para comprar una casa nueva que era el deseo de su madre. Delia que era quien aportaba la mayor cantidad de dinero para la mensualidad dijo: - Si ese es tu deseo yo no puedo hacer nada.

Se terminó el semestre. Saúl se graduó de la preparatoria y se inscribió en la Universidad de Pachuca, Hidalgo. Karen lo felicitó.

-Gracias preciosa, y cuídate, recuerda cada paso tiene su consecuencia- dijo Saúl acariciando el bello rostro de su *Niña Hermosa* como él la llamara.

Lo miró marcharse, sintió cierta nostalgia pues de ahí no sabría de él, sino varios años después y volvería a escuchar su nombre en uno de los peores momentos de su vida.

Se inicio un nuevo semestre. Karen y Liliana se acomodaron un sus butacas correspondientes. Aunque era un colegio particular no se podían comparar las mensualidades de este con el anterior. No les costó trabajo encontrar nuevos *"amigos"*. La que menos batalló fue Liliana que comenzó a hacer más amigos que amigas. Karen era un tanto reservada. Se dio cuenta que tanto en la *high class*, así como en las clases medias y bajas, siempre hay grupos o clubes en donde los miembros tienen que cumplir con ciertos requisitos. En algunos clubs los feos no son aceptados, los que sufren de sobre peso, menos; en otros aunque pareciera absurdo o hasta ridículo si una chica quería ser miembro primero tenía que pasar la *prueba* (tener sexo) con el líder, un tipejo que sabía muy bien como manipular a los demás jóvenes. La mayoría de los jóvenes que querían ser parte de estos *clubs,* eran los de más bajo auto estima que querían ser tomados en cuenta. Tiempo atrás a Karen este tipo de grupos le parecían *detestables* pues solo los que se consideraban elegidos podían formar parte. Había reglas, ser como una tumba o sea que de todo lo que se hablara o se hiciera, nada absolutamente nada tenía que salir de ese grupo. Karen en si no tenía que hacer nada para que la aceptaran en cualquier club, pues por su *atractivo físico* se le abrían las puertas fácilmente. El líder la aceptaba, siempre pensando que con algún tiempo de estar con ellos sería una presa fácil para llevársela a la cama. Pero hasta ese momento Karen se valoraba a sí misma. Había cometido el error de hacerlo con Iván, pero eso no significaba que lo tendría que hacer con cualquier tipejo. Pero, todo cambiaría con el paso de los días.

Liliana se divertía a lo grande, en uno de los *parties* que organizara uno de sus nuevos amigos. Mientras que Karen un tanto aburrida observaba como algunos de los jóvenes hacían cualquier tipo de cosas con tal de ser tomados en cuenta por líderes de uno de los clubs. ¿Por qué, porque esa necesidad de querer ser parte de esas personas que en lugar de ayudar, destruyen? Porque se supone que un verdadero amigo, apoya en las buenas decisiones, nos avisa del peligro y nos aleja de esté, un verdadero amigo dice *no,* cuando se trata de convencerlo de apoyarnos cuando vamos a hacer algo que va a perjudicarnos por el resto de nuestra vida. Ese o esos son los verdaderos amigos no como los que Karen estaba escogiendo.

-Ven – dijo Liliana sacando a Karen de sus pensamientos-. Vamos a bailar.

-No gracias así estoy bien- dijo Karen recogiéndose un mechón de pelo detrás de la oreja.

-Vente, no seas amargada- insistía Liliana.

Karen no pudo seguir negándose así que se levantó y se unió al grupo que estaba al centro de la sala.

-Tengo sed- señaló Karen minutos después.

Ven vamos a ver que tienen de tomar -dijo Liliana jalando de la mano a Karen. Se encaminaron hacia el tipo que preparaba las bebidas.

-Dos cocteles de fruta- pidió Liliana al chico-. Pero de los especiales- le guiñó el ojo al chico.

Dos minutos después el chico les puso dos copas enfrente.

-¿Qué es?- inquirió Karen haciendo un gesto desagradable al probar la bebida.

-Es coctel de frutas- respondió Liliana.

-Pero tiene alcohol.

-Sí, pero solo un poquitín, no es la gran cosa.

Karen jamás había probado el alcohol. Era su primera bebida embriagante que ingería, e intentó deshacerse de ella, pero dejándose arrastrar por el gran poder de convencimiento de Liliana terminó por vaciar el vaso lleno de coctel.

-Un poco de alcohol no mata- dijo Liliana sonriendo mientras que pedía otros dos más.

-No ya no quiero- dijo Karen-. Con una es más que suficiente.

-Solo otra más- insistió Liliana-. Te prometo que una más y ya estuvo.

Karen terminó el coctel de un solo sorbo.

-¿Cómo te sientes?

-Bien- contestó Karen.

-¿Aun te duele el recuerdo de Saúl? -preguntó Liliana.

-Un poco.

-¿Te gustaría olvidarlo, aunque sea por unas horas?- sugirió Liliana con cierto tono de malicia en su voz.

-¿Y cómo?- preguntó Karen-. No me digas que con alguno de estos, porque yo por más que busco no encuentro a nadie que valga la pena. Míralos ahorita no saben ni como se llaman.

-Olvídate de los hombres- dijo Liliana y sustrajo una bolsita con pastillas de su pantalón.

-Con una de estas- sugirió Liliana-. No solo te vas a olvidar de Saúl, sino de todo el mundo. Con esta pastilla no existe la palabra *tristeza*.

-¿Es droga?-

-Yo la llamo la pastilla de la *Felicidad.*

-No gracias, yo pasó.

-Solo una- insistió Liliana-. No tienes que tomar muchas solo una y si no te gusta, pues, ya no le haces, y ya.

Karen miró a su alrededor y se dio cuenta de que la mayoría de los chicos incluyendo a algunas chicas, consumían las pastillas que su "mejor amiga le estaba ofreciendo". *Éxtasis.* La droga que más comúnmente se consume entre los jóvenes de hoy día. Y Karen la tenía en sus manos. Y lo que también tenía en sus manos era el poder de decir, *NO* o *SI,* solo ella y nadie más podía decidir por ella misma.

-Solo una- volvió a insistir Liliana.

Segundos, solo segundos separaban a Karen de tomar una o más bien otra de las grandes decisiones que influenciarían en su vida por el resto de sus días. Sin poner más objeción coloco la pastilla en sus labios y la ingirió.

-Eso es- dijo Liliana complacida.

A los pocos minutos Karen comenzó a sentirse diferente, como si flotara, el ambiente le pareció diferente, más allá de lo irreal y comenzó a reírse sin control. Y esa no fue la primera ni la última vez que uso drogas. Sin darse cuenta como, se encaminó en unos pedregosos caminos llenos de alcohol y drogas. Sintiéndose incapaz de controlar el timón, dejo que su barco llamado *vida* navegara a la deriva y que encallase en cualquier puerto. Pero su barco no encalló en un puerto sino en la cama de uno de sus compañeros del colegio. Las drogas era para ella un nuevo *mar* que nunca le había sido ajeno, pero nunca, ni en sus más remotas ideas pensaba algún día navegar por ese oscuro mundo lleno de destrucción y oscuridad.

Ya había transcurrido un poco más de un año desde que llegara a ese colegio, y volvía a salir del cuarto de un hotelucho. Ya era el cuarto chico en su vida. Cada mañana al día siguiente se sentía mal consigo misma. Se sentía usada, como si fuera un objeto al que solo los chicos buscaban para tener sexo, sexo y nada más. Pero aún así no hacía nada por detener el rumbo que su barco estaba tomando. Frente a ella estaban las cataratas que pondrían fin a su viaje, y no hacía nada por girar el timón. Dejó que la corriente del mundo fuera su guía. En muchas ocasiones intentaba enderezar el navío pero no podía, se sentía tan *cobarde e impotente.* Los destellos de lucidez solo sobrevenían cuando la conciencia le acariciaba sus enmarañados sentimientos. En varias ocasiones sentía algo dentro de ella que la impulsaba a salir corriendo donde su madre y contarle todo, todo lo que estaba sucediendo en su vida. Pedirle una y mil veces perdón por *no* ser la hija que sus padres esperaban. Muchos padres piensan que con traer hijos al mundo y darles lo que sea, ya cumplieron con la ley de reproducirse. Piensan que un puñado de billetes y un auto último modelo lo es todo. Karen siempre había criticado a ese tipo de padres que dicen: *"hijo te voy a dar todo lo que yo no pude tener cuando joven, así que diviértete, disfruta de tu juventud, tu madre y yo, nos vamos a recorrer el mundo".* Pero ¿Y ella que hacia? Sus padres siempre se habían esforzado por darle lo mejor, eran unos padres responsables, amorosos. Para ellos, sus hijas eran lo primero, cualquiera de los muchos chicos y chicas que ella conociera darían lo que fuera por tener unos padres como los de ella. Muchos de los jóvenes que se esmeraban y hacían lo que fuera por pertenecer a uno de los *clubs*, era por eso, por la *falta* de atención de sus padres, pero ella tenía toda la atención de los suyos. ¿Y entonces porque no los valoraba? Cuando veía a su madre que bordando la esperaba para cerciorarse de que había llegado con bien era entonces cuando el sentimiento de *culpa* volvía a la carga, pero no se atrevía a acercarse a la que pudiera ser su *verdadera* amiga. Por eso es que se sentía tan cobarde. Sabía que necesitaba ayuda pero no se atrevía a pedirla, sino por el contrario se parapetaba en esa barrera absurda y destructiva llamada, *Silencio.* Todo hubiera sido muy diferente en su vida si hubiese tenido un poquito de *valor* y contarle todo a su madre. Pero como el si *hubiera,* no existe, se tuvo que atener a las consecuencias de su *cobardía* contagiada por sus amigos. Pero los amigos de Karen no le llaman *cobardía,* sino la nueva onda de dejar fuera de su vida a sus padres.

Aconsejada e instruida por sus amigos y amigas, Karen se hiso una diestra en cuestión de la mentira, descubrió una asombrosa cualidad que hasta ese momento ella misma desconocía*, la actuación.* Aprendió a como ocultar sus tristezas, a cómo actuar ante su madre cuando esta le preguntaba si todo estaba bien, si no necesitaba nada, incluso supo manejar bien el tema de Saúl. Cuando sus padres se enteraron que toda relación entre ellos se había roto, era de esperarse que le preguntarían el por qué.

-Las amistades no son eternas- respondió con naturalidad. Se podía decir que hasta fría fue su respuesta. Si otra hubiese sido la circunstancia hubiera llorado como una Magdalena ante su madre y le hubiera pedido unos consejos, pero no podía, sino su madre no hubiera descansado hasta descubrir el por qué se había terminado su amistad.

-En tu casa no cambies, sigue actuando normal para que no sospechen, esa es la clave, así evitaras que comiencen con interrogatorios o te empiecen a vigilar- le dijo Liliana en uno de sus grandes *consejos.*

Durante ese tiempo Karen había cambiado por completo, su actitud ya no era la misma, e incapaz de seleccionar sus amistades dejó que el grupo de personas con las que normalmente se reunía la amoldaran a su manera. Se olvidó de la humildad que una vez tuviera en su corazón, se volvió orgullosa, prepotente, antes, a pesar de que se sabía bonita, nunca había criticado a las demás personas por su aspecto físico. <<La belleza no es para siempre>>, palabras de su madre que siempre había guardado en el baúl de los tesoros de su memoria. <<Acuérdate de lo que le paso a tu prima Gabriela>>. Gabriela era hija de una hermana de Susana, que cuando joven era de hermoso aspecto, incluso llegó a participar en un concurso de belleza, para ser Miss México, siempre se sintió orgullosa de su belleza, se casó con el hombre más atractivo que conociera, el problema comenzó cuando nació su primer hijo, subió unos cuantos kilos; con su segundo hijo subió otros más, y así hasta que no pudo controlar su sobre peso y llego ser una de las personas más gorditas de varias colonias alrededor. Solo le había quedado el recuerdo de, <<yo era la más bonita>>. Pero algo borró esas palabras de la mente de Karen que comenzó a criticar a las personas que no tuvieron la fortuna de ser atractivos físicamente, a los bajitos, a los feos, a los que en ese momento padecían de acné, pero con quien si se pudiera decir no tuvo *compasión* fue con una chica llamada, Fátima. Ésta chica padecía de sobre peso y por lo consiguiente era la burla de casi todo el colegio, pero quienes más la criticaban era el grupo de amigos de Karen, le hacían bromas de muy mal gusto. Karen la humillaba, la hacía sentir la persona más desdichada del mundo. En más de una ocasión se paró frente a ella y decía:- Gracias a Dios que no es un espejo, porque si lo fuera, que miserable seria mi vida- en otras ocasiones cuando Fátima caminaba junto Karen hacia muecas de querer vomitar.

Un día Fátima dejó de asistir a la preparatoria.

-¡Que lastima! Y ahora ¿de quién nos vamos a reír?- expresó Karen, sin saber que esa chica frente un verdadero espejo marcaría una pauta muy importante en su vida. Y la arrancaría una lágrima llena de dolor, pero un dolor que le saldría del alma. En un momento en su vida deseo con toda su alma ser Fátima y no ella, Karen de la Torre

-*La vida da muchas vuelas y en la que sigue nos volveremos a ver*- fueron las últimas palabras que le dijo Fátima a Karen un día antes de que dejara de ir al colegio-. *No siempre se está arriba*. ¿Y sabes? Cuando se cae, duele más. Y un día te va a doler estar en el fango.

Karen solo se mofo de las palabras de esa chica regordeta.

Otro de los sentimientos que floreció en el corazón de Karen fue el del *egoísmo.* Para ella no había nadie más que sí misma, en el único lugar en donde esforzaba por ser la misma era en su casa. <<Cuando un hijo o hija es egoísta con sus padres es algo *detestable* pues ya siendo egoísta con ellos se puede esperar lo peor de este hijo (a)>>, dijo una vez Susana, pues tenían una vecina que era demasiado egoísta con sus padres, primero estaban sus amigos que ellos. Ésta chica se desvivía en preparar o en comprar un regalo si se acercaba el cumpleaños de una de sus amigas y cuando era el de su madre ni siquiera se molestaba en decirle, *feliz cumpleaños.*

-Si así es con sus padres que se puede esperar de ella para con las demás personas- volvía a decir Susana. Por eso es que Karen se esforzaba en no cambiar en su casa, pues sabía que tenía una madre inteligente y que al cambio más mínimo, Susana comenzaría a investigar el por qué de ese cambio. <<*Soy más inteligente que mi madre*- se dijo orgullosa así misma frente al espejo- *en todo este tiempo ella no ha notado ningún cambio en mí*>>. No sabiendo que esa "inteligencia" de la que ella misma presumía la llevaría *dos veces* más con la ginecóloga. Muchos padres por más inteligentes, amorosos y cuidadosos que lo sean les es imposible ayudar a sus hijos, y más si son o se han vuelto como Karen con un corazón *impenetrable* ¿Cómo? ¿Cómo les pueden ayudar los padres a sus hijos si se han vuelto unos excelentes actores, y se sienten que se pueden devorar al mundo a puños?... ¿Cómo?

Se llegaron las vacaciones de verano, las últimas antes de que comenzara el último semestre de la preparatoria. Karen hasta ese momento ya tenía bien "definido" lo que quería ser en la vida, quería ser psicóloga de niños, pues le gustaba mucho ayudarle a sus hermanas en el cuidado de sus sobrinos, había formado un gran vinculo entre ella y su pequeña sobrina Violeta. Quería a todos sus sobrinos por igual pero por ella sentía un especial efecto.

-Me gustaría tener cinco, o ¿por qué no? hasta seis hijos- le expresó en una ocasión a su padre cuando esta le comentara que Sofía estaba esperando su segundo bebe.

-No me quisiera morir hasta no ver un hijo tuyo- dijo Ángel mientas acariciaba el cabello de Karen.

-Tú vas a vivir tanto que no solo vas a ver un hijo mío sino que hasta mis nietos vas a conocer- señaló Karen besando con cariño la frente de su padre-. Tú eres un hombre muy fuerte y sano a sí que vas a conocer tus bisnietos- manifestaba Karen sirviéndole a su padre un café y un pedazo de pastelillo.

-Eso espero, no me daría más gusto en la vida que ver a mis hijas todas casadas con hombres de bien y llenas de hijos. Solo me faltas tú. Cuando te lleve de mi brazo al altar para entregarte al que va a ser tu esposo y vea tu primer hijo, entonces elevaré mi mirada al cielo y le diré a Dios que he cumplido con la tarea que me asignó, de formar una familia y encaminarla por sus caminos.

Estas palabras de su padre, Karen en ese momento no las entendía sino que lo haría años más tarde cuando leyera la *Palabra* de Dios.

Solo en esos momentos cuando platicara con sus padres era que la conciencia le escarbaba los sentimientos para encontrarle y sacarle las palabras: «*Ellos no se merecen lo que les estoy haciendo*».

Pero ese sentimiento de culpa no perduraba más de cuatro días y volvía a entrar a uno de los tantos antros de moda. Aún no cumplía los dieciocho años pero Liliana se las arreglaba para que la dejaran entrar. Ya adentro como todo buen joven, se *divertía* de lo lindo, bueno eso es lo que ella pensaba, que se *divertía,* pero la realidad era que asistía a esos lugares para escaparse de sí misma. Y no era la única que sentía de esa forma pues se daba cuenta que a muchos jóvenes les sucedía lo mismo, ese sentimiento aún no lo podía definir, se confundía, a veces pensaba que era por soledad, en algunas otras por falta de atención, pero al final se respondía: «Tú no estás sola ni mucho menos te falta atención, ¿entonces por qué usas drogas? ¿Por qué te has ido a la cama con varios chicos?», Se preguntaba a sí misma, no sabía *cómo* o *que* responderse ese tipo de preguntas. La respuesta a sus interrogantes se las daría una chica que conocería en los próximos días. Una jovencita que marcaria una diferencia entre ella y las otras chicas del colegio. Al escucharla hablar se daría cuenta del verdadero sentimiento que la agolpaba en el pecho.

Karen se sentó en la butaca de costumbre, junto a la de Liliana. Había algunas caras nuevas. Era el último semestre de la preparatoria. De los jóvenes nuevos, sobre salía una chica, vestía *diferente,* o al menos era como de inmediato la calificaron, de *diferente.* En los primeros días Karen de inmediato notó algo *raro* en esta chica llamada Esmeralda. Era hija de un coronel de la Fuerza Armada de México; no se juntaba con los demás chicos, no compartía las bromas de mal gusto que hacían algunos chicos a los demás, basándose ya sea por su posición social o por su aspecto físico. Siempre se apartaba a leer un libro de portada color negro con letras doradas. Era muy bonita y por lógica muchos chicos se le acercaban tratando de conseguir una cita con ella, pero siempre recibían un ¡NO! Y un no rotundo. Fueron tantos los chicos que recibieron la negativa de esta chica que de inmediato le pusieron un segundo sobre nombre, la *Amargada*. Cuando Esmeralda se enteró de su sobre nombre solo se limitó a reírse. Karen pronto descubrió que era lo *raro* que había en esa chica. Sentadas en un semicírculo a la hora del recreo, Liliana ojeaba una revista de espectáculos, se enfocaban en los *signos* del zodiaco.

-Yo soy Aries- dijo una de las chicas llamada Pilar.

-A ver, ¿qué es lo que me deparan los astros para este mes?

-Vamos a ver- dijo Liliana mientras ojeaba la revista.

-¿Que dice Capricornio?- preguntó otra de las jóvenes llamada Nancy.

Liliana leyó lo que según los horóscopos decían del futuro de cada una de las chicas.

-Y tú, ¿qué signo eres?- le preguntaron a Esmeralda, que hasta ese momento estaba despreocupada leyendo el mismo libro de siempre.

-Gracias por preguntarme-respondió amablemente-. Pero yo no creo en los signos del Zodiaco.

-¿Y por qué no?- inquirió Karen-. Casi todo el mundo cree en los signos.

-Yo soy parte de este mundo- volvió a decir Esmeralda-. Y no creo en ese tipo de *mentiras.*

-¿Mentiras?- espetó pilar-. Si *casi* siempre le atinan a sus predicciones.

-*Casi*, tu lo has dicho- la interrumpió Esmeralda.

-En todo el tiempo que llevo escuchando en la radio, en la televisión y leído en las revistas jamás he comprobado que esos tipos o mujeres le acierten a lo que *predicen.* Yo soy realista vivo y disfruto el día de hoy y lo más importante no me gusta creer en mentiras. Díganme un solo evento que ya sea por desastre natural o creado por hombre que haya sido predicho por una de esas personas que según ellos pueden ver el futuro.

Las chicas se miraron entre sí esperando que alguna respondiera a la petición de Esmeralda. Ninguna dijo nada. Es algo curioso pero casi el cien por ciento de las personas que profesan la fe de la Iglesia Católica también son supersticiosos, creen en la *suerte* que es algo *inexistente,* creen en algo o en alguien que no existe, aunque se ha comprobado que lo de los signos zodiacales es una *gran* mentira hay gente que sigue creyendo en eso, es como si a muchas personas les gustara que les mientan. Hay algunas personas que se gastan una fortuna llamando a las *líneas psíquicas* con la esperanza de que les digan que su suerte va a cambiar el día de mañana, y cosa que no sucede. Es inentendible como una persona puede creer que su vida está siendo dirigida por una estrella o un planeta que es solo material ¿Qué pasaría con aquellas personas que creen que su vida está siendo dirigida por Saturno si este fuera impactado por algún cometa y lo hiciera desaparecer del espacio? Es ridículo el creer que un pedazo de piedra pueda dirigir el futuro de millones de personas. Todo esto es solo un *juego* de la mente, algunas personas les dicen a otras lo que quieren escuchar, ese es uno de los tantos caminos con los que se llega a la superstición. Hasta la fecha no hay nadie que pueda decir, <<yo me saque la lotería porque un psíquico me dijo los números del billete que saldría premiado>>. Y si nunca se ha comprobado que se convierta en realidad lo que los astrólogos dicen ¿Entonces porque la gente sigue creyendo en las mentiras de esos tipos? Algo que ni la misma Karen se podía contestar. Antes era un poco supersticiosa pero desde que su amistad se hiso mas fuerte con Liliana se convirtió en una verdadera supersticiosa. Pero no convencida del todo, escuchaba con atención a Esmeralda que decía. << ¿Cuántos miles de personas han escuchado que su horóscopo dice que hoy es el mejor día de su vida, que hoy su suerte va a cambiar? Y si es así entonces que hay de las docenas de personas que mueren al día siguiente, cuando el signo zodiacal dijo que hoy o mañana sería el mejor día de su vida>>.

-Cada quien puede creer en lo quiera uno ¿qué no?- la interrumpió Nancy.

-Claro, aun en las mentiras- dijo Esmeralda haciendo una mueca de sonrisa.

-tú, ¿por qué no crees en lo que dicen los horóscopos?- la cuestionó Karen, aunque ya había escuchado que los signos zodiacales son una mentira se notaba que quería saber un poco mas pues le intrigaba la forma de comportarse y de hablar de Esmeralda. Cosa que no era muy *adecuada* para con su edad.

-Primero, no creo en cosas absurdas y segundo y lo más importante soy *cristiana*...

-¿Y eso que tiene que ver?- la interrumpió Liliana yo también soy cristiana.

-¿Tú profesas la fe de la Iglesia Católica que no?- preguntó Esmeralda.

-Así es -respondió Liliana.- Ahí también creemos en Jesucristo.

-Una cosa es que ahí te hablen del Señor Jesús y otra cosa es que realmente sean cristianos. Muchas religiones dicen ser cristianas pero la verdad es que enseñan todo lo contrario a lo que enseña Dios en su palabra, la Santa Biblia. Y eso de creer en los horóscopos en una prueba innegable de lo que estoy diciendo, pues ahí a la iglesia que tu asistes no te han dicho que eso del Zodiaco, Dios lo *aborrece,* le da asco, y está ligado al satanismo. Y si realmente fueras cristiana no creerías en esas mentiras pues esa ha sido una de las tantas cosas que Satanás ha inventado para alejar a la gente de Dios.

-Y si Dios aborrece el creer en el Zodiaco- interrumpió Pilar-, ¿Entonces porque no nos lo ha dicho el cura en *misa?*

-¿Qué te pueden decir?- respondió esmeralda-, si ni ellos mismos lo saben.

Cristiana, se repitió Karen a sí misma. Es cristiana, por eso se comportaba de esa manera. En todo el tiempo que llevaba en conocerla nunca la había visto usar pantalón, siempre vestía de falda o vestido largo, ni decir maldición alguna, ni mucho menos salir con al algún chico. Karen la siguió observando aunque ella ya había conocido a otras personas cristianas, ésta chica le parecía un poco diferente pues era raro que ella tuviera pensamientos diferentes. En el colegio, había otros chicos que profesaban la fe cristiana (no la fe Católica aclarando el punto de la verdadera fe en Cristo) actuaban como si no lo fueran, en algunos casos lo negaban diciendo: «Mis padres son los cristianos, yo solo los acompaño«. Otros ni siquiera se atrevían a comentar que ellos o sus padres asistían a una iglesia cristiana. En muchos casos cuando un chico negaba u ocultaba su fe en Cristo, era por la presión de sus "amigos", pero al contrario a los que ocultaban su fe, Esmeralda con la frente en alto hablaba de su Salvador, Jesucristo el Hijo de Dios. Ella no se *avergonzaba* como muchos jóvenes y hombres lo hacen en la actualidad.

-¿Es cierto que en las iglesias cristianas te prohíben muchas cosas y que incluso en algunos casos son hasta amargados? – preguntó Nancy.

Esmeralda sonrió un poco ante la pregunta de la chica.

-En la iglesia a la que yo asisto no me prohíben nada, es Dios que por medio de su palabra me enseña de cómo debo de vivir y comportarme.

-La vida de ustedes los cristianos me parece un poco aburrida- tercio Liliana.

-¿Aburrida?, por el contrario- dijo Esmeralda-. Yo disfruto mucho mi juventud.

-¿Pero como la puedes disfrutar?- interrumpió Pilar-. Si no tienes novio, no vas a los antros, no tomas, no fumas no haces nada ¿No entiendo cómo puedes disfrutar la vida?

-Tú crees que tener novio, tomar y o fumar es disfrutar la vida, pues estás muy equivocada. Yo se que todas ustedes tienen novio y que incluso tienen relaciones sexuales con ellos, yo no las voy a criticar, pero díganme una cosa, ¿qué pasa por su mente cuando ven que su supuesto novio hoy anda con otra chica y ayer ustedes tuvieron sexo con él? ¿Acaso, no se sienten usadas? ¿No se sienten como un objeto que solo sirve para tener sexo? ¿Acaso no se dan cuenta que la gran mayoría de los chicos de hoy solo las buscan por sexo?

-Es la moda de hoy día- dijo Liliana con la misma naturalidad de siempre-, el tener sexo entre las parejas es lo más natural del mundo.

-¿Con cada pareja que tengas? – preguntó Esmeralda.

-¿Y por qué no?- respondió Liliana-. ¡Hay que disfrutar de la vida!

-¿Dejándote usar como un objeto sexual? Yo por más que busco no encuentro otra forma de cómo llamarlo, los chicos solo te ven como objeto sexual. ¿En dónde quedaron las buenas costumbres, la moral, el amor propio, la dignidad, los valores infundados por nuestros padres? ¿En dónde quedaron?

-Ésta mujer, habla como mi abuelita- dijo Liliana con enfado-. Ya me aburrió con su plática de conservadora de la moral.

La plática de las chicas se vio interrumpida por el maestro de matemáticas. Cada quien se acomodó en sus lugares. Aunque para las otras chicas, Esmeralda, sonaba aburrida, exagerada, amargada, e incluso hasta extremista en su forma de pensar sobre de tener sexo con cualquier chico, para Karen, Esmeralda parecía centrada, honesta, y si, se veía que disfrutaba mucho de su juventud, no tenía problemas con nadie, ninguna chica le llegaba reclamando el que le quería quitar el novio, y sobre todo como ella lo decía, si tenía cuidado en escoger a su pareja jamás tendría que sufrir o sentir el terrible sentimiento de sentirse como un *objeto* sexual, como se sentía ella después de tener relaciones sexuales con su novio en turno.

Sentada sobre el sillón, Karen esperaba a que Horacio, su nuevo novio saliera del baño.

-Nos tenemos que ir- dijo Horacio con tono autoritario-. Si mi padre nos encuentra en el depa se me va armar en grande. Ya me ha dicho que no traiga a mis *novias* aquí.

-Ya estoy lista- respondió Karen un poco triste al darse cuenta que Esmeralda tenía razón en cuanto a que si no se sentía como un objeto sexual, pues al parecer no era la única que se veía con ese chico. Había conocido a Horacio dos meses atrás y con tristeza se daba cuenta que la mayoría de los chicos se le acercaban con una sola intención, de tener sexo con ella. Su madre siempre le habló del *sexo sagrado*, el sexo con amor, con deseo, con respeto, el de hacerlo bajo la bendición de Dios, el de estar con un hombre una vez y por siempre. El sexo sagrado, del que le hablaba su madre era el del *matrimonio.* Pero como los otros chicos, Horacio no era la excepción, al principio era amable, cariñoso, algunas veces hasta detallista, pero una vez que tuvieron relaciones, había cambiado, aunque él era muy atractivo (consejo de Liliana: Si lo vas a hacer cuando menos que sea con alguien que esté guapo), ella reconocía que si había aceptado tener relaciones no solo con él sino también con sus antiguos novios, no era por ellos, pues si ella hubiese puesto un poco mas de resistencia ninguno de los chicos la habría convencido de hacerlo, pues ninguno era lo suficientemente capaz de conquistarla ni mucho menos de convencerla de ir a la cama. Así que convencida de que era por ella y no porque los chicos tuvieran un don de conquistadores, tomó una decisión, *no más sexo,* si no era el sexo sagrado, el del matrimonio. <<Por ahí a de estar el hombre diferente que todas buscamos>>, se decía a sí misma. <<Todo es cuestión de poner atención y no volver a regarla como lo hice con Saúl>>. Aunque Liliana y las otras chicas eran un poco liberales, y según ellas se divertían con lo que hacían, en el fondo de sus corazones buscaban lo mismo que Karen, un buen chico, un verdadero hombre, y no *un niño mimado por papi.*

Horacio intentó besar a Karen.

Karen le puso las manos en el pecho y dijo con determinación

-Se acabó, no más besos... hasta nunca.

-Pero ¿por qué?- preguntó Horacio sorprendido por la sorpresiva ruptura de Karen.

-Nunca lo entenderías- dijo Karen- Ha, y púdrete, tú y tus noviecitas.

Tomó su bolso y se marchó. A bordo de un taxi se dijo por decima ves a sí misma, *<<se acabó, ningún chico vale la pena como para tomar el riesgo de contagiarme con una enfermedad más grave o de echarme a perder la vida al salir embarazada de un hijo de papi que no sabe ni cuidarse a sí mismo>>.*

Aunque había tomado la resolución de no volver a tener relaciones con ningún chico si no era bajo la bendición de Dios, no obstante continúo frecuentando los *antros* en compañía de Liliana. Envuelta en el ambiente de la discoteca y sin pensar en las consecuencias de usar drogas se introdujo una píldora de *éxtasis*. Una vez más ese sentimiento que siempre la aquejaba le volvió a remover las entrañas, no entendía el porqué se sentía así, no comprendía porque usaba drogas. Miró a su alrededor y miraba la basura en la que nadaban todos los jóvenes que se encontraban ahí en ese momento. ¿Qué hacia ahí?- se preguntaba- ¿Qué de bueno podía encontrar en el mundo de perdición en el que se comenzaba a sumergir? Miró con detenimiento a un joven que se encontraba en una mesa del fondo, tenía la mirada perdida, la baba le escurría por la barbilla, apenas y podía levantar la mano para saludar a otros chicos. Sintió lastima por él. La miseria acariciaba el cabello del joven y la desgracia le hacía cariños en el rostro. Había tres cosas importantes en la juventud y se tenía que tener las tres para poder pertenecer no solo al grupo de Karen sino para que la gran mayoría de los jóvenes presentes aceptaran a otro, y eran: *tener una excelente posición económica, belleza física y ser inteligente;* si alguien no contaba con estos requisitos entonces era relegado a un grupo inferior. Karen contaba con los tres, era aceptada con facilidad en cualquier grupo, y la gran mayoría de los chicos y chicas la buscaban. ¿Entonces porque se sentía de esa forma? Aparentemente todos los jóvenes se divertían a lo grande, pero en el fondo sabía que la gran mayoría de los presentes se sentían *unos miserables despreciados por la sociedad.* Los políticos, las televisoras, los periodistas, la iglesia, las secretarías de educación, los maestros, todos dicen que los niños y jóvenes son el futuro del país, pero Karen con tristeza y repugnancia veía como esos jóvenes se revolcaban en la porquería que el mundo de perdición les ofrecía. Como a sorbos se engullían las consecuencias de las decisiones que padres, políticos, y personas tomaron hace algunos años. Los chicos tomaban lo que los adultos les habían heredado. Una sociedad llena de basura, drogas y libertinaje. De los jóvenes que ahí estaban presentes saldrían los futuros diputados, gobernadores, periodistas, maestros, doctores y porqué no, quizá hasta en ellos se encontraba el futuro presidente de la República. «*Que porquería nos está ofreciendo este mundo moderno, en el que el respeto por uno mismo, la moral y las buenas costumbres, ya se perdieron, que época tan podrida nos está tocando vivir y todo gracias a aquellos que dicen tener la mente abierta, que no es más que una excusa para darle rienda suelta a perversión y echando a perder lo poco bueno que queda en la juventud>>,* pensaba Karen. Asqueada con todo lo que estaba mirando, tomó su bolso y se marchó. Antes de salir del lugar volteó a mirar al chico que estaba sentado al fondo, éste ya se había recostado sobre la mesa, su cara estaba llena de cerveza y vino, con el resoplido de su nariz removía las cenizas del cigarrillo. Sintió deseos de ayudarlo, pero ¿y a ella quien le ayudaba? Sabia de ante mano que si intentaba ayudar sería inútil, pues el chico jamás aceptaría tal ayuda, pues según él... estaba *disfrutando* la vida.

Entró a su casa. Su madre la estaba esperando. La miró a los ojos, Susana le sonrió como siempre, con amor, con ternura, con esa calidez que siempre la había caracterizado.

-¿Cómo te fue en casa de Liliana?, preguntó Susana.

-Bien, me fue bien- contestó Karen.

Debido a la amistad que tenían con Liliana y con su abuela, se excusaban diciendo que pasaban la noche la una en casa de la otra, pero la realidad era diferente. Karen se sentó en el piso y colocó su cabeza en el regazo de su madre, buscaba ese calor que solo su madre le podía brindar. Susana la conocía muy bien y sabía que algo andaba mal, no sabía qué, pero algo andaba mal.

-¿Qué te sucede mi amor?- preguntó Susana.

-Nada- contestó Karen-. Es solo que quiero estar así con usted.

- Susana le acarició el rostro, la miró a los ojos y le dijo:- Sea lo que sea, tú sabes que puedes confiar en mí, no creo que exista algo en el mundo de lo que yo no te pueda entender, ¿lo sabes preciosa?

-Si madre, lo sé. No te preocupes madre, me pasa nada- dijo Karen-. Simplemente he pasado días difíciles.

-No me mientas- dijo Susana-. Yo te conozco bien y sé que algo te sucede.

Karen no dijo nada solo escondió su rostro lleno de vergüenza en el regazo de Susana, y dejo que en su garganta, se ahogaran aquellos gritos, gritos que desesperadamente los quería expulsar, pero no podía, quería gritarle a su madre que necesitaba ayuda, que su barco de la vida navegaba sin rumbo y que poco a poco se estaba hundiendo en la desgracia, y que un mar lleno de basura estaba a punto de tragársela por completo, pero esos gritos de ayuda, de socorro, de desesperación se ahogaron es su garganta. Los ahogó su orgullo de juventud, su silencio hacia más peso ayudando en su hundimiento. Haciendo un esfuerzo cambió su semblante y se retiró a su recamara.

Los días pasaron y se acercaba el fin del semestre. Después de ahí seguiría la universidad. Karen había intentado ser amiga de Esmeralda, pero Liliana se las arreglaba para que esa amistad no floreciera. Karen entendía y reconocía que era ese tipo de amistades las que le convenían y no como Liliana y los demás jóvenes, pero para poder definitivamente cambiar de amistades había que brincar una barrera y para Karen esa barrera alucinatoria le parecía infranqueable y esa barrera era *deshacerse* de sus "amistades". Y Karen no tenía el valor suficiente para hacerlo, para mandar por un tubo a todos los que estaban contribuyendo a que se fuera hundiendo en ese *mar de perdición* como ella le llamaba. Esmeralda en innumerables ocasiones le ofreció su amistad, pero no solo para Karen sino para la gran mayoría de los jóvenes del colegio, pero ese tipo de amistades no eran muy aceptadas. Así que no, esa chica no entró en el círculo de amigos de Karen, aunque en realidad ella actuaba en contra de sus propios pensamientos, pues se dejaba arrastrar por los demás jóvenes. << *¿Por qué rayos me dejo influenciar por los demás?*>> se preguntó un día, pero no tenía respuesta. Pasaron los días y seguía sin saber el por qué se sentía así, vacía, necesitada de comprensión, atención, amor, aunque ella lo tenía todo esto en su casa; no entendía el por qué lo buscaba en lugares diferentes, no encontraba la respuesta, no hasta ese momento. La respuesta la obtendría días más tarde, cuando Esmeralda tuviera una plática con un profesor de ciencias.

-Buenos días jóvenes- dijo el profesor llamado Arnoldo. Era uno de los maestros más inteligentes de la preparatoria. Bueno eso lo que muchos jóvenes pensaban hasta que lo oyeron platicar con Esmeralda.

-La vez pasada- dijo el profesor-, me pidieron pruebas sobre el por qué yo creo en la Evolución según la teoría de Darwin y no en la Creación según la Biblia. Las pruebas que tengo, no son más que las que les he enseñado. Y esas pruebas son irrefutables. Nadie las puede contradecir. Son pruebas que desbaratan la historia de la Biblia- Esmeralda solo observaba al profesor-. Yo tengo las respuestas a todas las interrogantes que le surgen a todos los qué dicen conocer la Biblia- continuo el profesor, con cierto tono de burla y seguridad de sí mismo o de lo que creía.

-Yo tengo una pregunta- dijo Esmeralda poniéndose de pie.

-Dígame señorita, ¿cuál es su pregunta?

-Según la teoría de Darwin dice que hemos evolucionado a través de millones de años, ¿verdad? Mi pregunta es, ¿por qué en los últimos seis mil años, hemos sufrido una especie como de estancamiento?

-Estamos en una etapa de descanso- respondió el profesor sin dudarlo.

-*¿Descanso?* ¿De qué?- preguntó Esmeralda-. ¿Acaso la evolución también se cansa?

La actitud de burla de la chica hiso que el profesor se molestara un poco.

-Estamos en un momento cumbre- contestó el profesor.

-¿Momento cumbre? ¿Qué es lo que sigue? ¿O a que se refiere con el momento *cumbre*?

El profesor guardó silencio ante la pregunta de Esmeralda.

-Según la teoría de la Evolución es que nosotros los seres humanos evolucionamos del mono ¿No es así?- inquirió esmeralda.

-Así es- respondió el profesor.

-Según ustedes la Ciencia es parte de la Evolución, pero hay algo curioso en esto de la ciencia, porque la misma ciencia ha comprobado que ni una en un millón de posibilidades existe la probabilidad de que descendamos del mono, y eso se comprobó con las pruebas hechas de ADN entre un ser humano y un mono, ¿o no es así profesor?

-Cuando hicieron esas pruebas- dijo el profesor- los avances científicos no estaban como ahora.

-Pues la ciencia de hoy día es muy avanzada y esa ciencia avanzada ha demostrado que el hombre como le dicen ustedes de Neandertal (de donde se supone evolucionamos) no es un hombre sino que es un mono y es un mono ya extinto.

-¿Es usted escéptica?- preguntó el profesor.

-No- respondió Esmeralda-, soy una fiel creyente de Dios.

-¿Entonces usted cree que Dios destruyó a la humanidad en un diluvio?- preguntó el profesor en tono sarcástico.

Esmeralda se dio cuenta que el profesor había cambiado la plática al escuchar de que se había comprobado que el hombre de Neandertal era un mono ya extinto y no un hombre, así que decidió seguir al profesor.

-No solo lo creo sino que lo afirmo- dijo Esmeralda con seguridad.

El profesor trató de contrarrestar la fe de la joven.

-Si en realidad Noé hubiera existido y construido una enorme arca para meter todos los animales que según dice la Biblia ¿por qué las pruebas que se le hicieron a la madera que según pertenecía al Arca no se demostró que tuviera más de dos mil años de antigüedad?

-Las pruebas se hicieron con un método conocido como El Carbono Catorce ¿verdad?

-Así es- respondió el profesor-. Ese método se usa para saber la antigüedad o la edad de las piedras, fósiles, madera, y la tierra.

-Pues hasta ese método demostró que no tiene nada de confiabilidad.

-¿A qué se refiere señorita?

-Primero- dijo Esmeralda sonriendo, se veía que disfrutaba de una plática de esa naturaleza-. Las primeras pruebas que se le realizaron a la madera de los restos que se encontraron en los Montes Ararat resultaron contradecirse a sí mismos, en la primer prueba, según el Carbono Catorce resultó que esa madera no tenía más de mil quinientos años de antigüedad y en la segunda prueba resultó que tenía solo quinientos años de edad, y no más de...

-¿Y cuál fue el error según tú?- la interrumpió el profesor.

-Que los anillos de crecimiento de la madera son causados por la lluvia. Y si en la madera no se encontraron tales anillos es porque antes del diluvio no había llovido. Conforme a la Biblia "solo salía un vapor que hacia crecer la hierba" por eso es que la prueba de carbono no podía ser exacta, y por si fuera poco usaron ese método en un crustáceo y según el método, este animal tenia mas de mil años de muerto. Y lo curioso es que este animal estaba vivo.

El profesor guardó silencio pues sabía y conocía muy bien la prueba que le habían realizado al crustáceo.

-¿Que más pruebas quiere usted del Arca de Noé? El Arca fue encontrada exactamente en donde dice la Biblia, y por si fuera poco las pruebas son irrefutables, los restos del Arca están localizados a más de ciento sesenta metros del nivel del mar. Sería ridículo pensar o creer que son los restos de un barco que se haya estancado por una inundación local. Y si nos ponemos a buscar un mar, el mar más cerca está a más de trescientos kilómetros de distancia, ¿o me equivoco?

-No son pruebas contundentes- espetó el profesor-. ¿Cómo sabremos si en realidad no hubo una gran inundación y no es un barco pirata el que está en los montes Ararat?

-Usted demuéstremelo. Usted es quien no cree que hubo un diluvio y no yo. Usted es quien tiene que demostrarme que yo estoy equivocada. Usted es profesor, "el casi sabio" de la escuela.

Silencio. El profesor se rascó la cabeza, estaba en una encrucijada.

-No hay ningún registro que indique que hubo una gran inundación- continuó Esmeralda-. Pero si hay registros que prueban que la supuesta teoría de Darwin es solo eso una teoría sin fundamentos, y no una Ley.

Ningún país de esa región tiene registrado en su historia que hubo una gran inundación. Al menos no tan grande como para poder llevar por su cauce un gran barco pirata. Lo que pasa que ustedes los que no creen que Dios, existe, se aferran a tan grandes blasfemias. Como no encuentran una excusa aceptable, se aferran a esa basura de la Evolución. Le tengo otra- Esmeralda se jugueteo con su lapicero-. Según ustedes los evolucionistas dicen que primero existieron los dinosaurios y que fueron extintos por un gran cometa o meteorito que se estrelló contra la tierra y que gracias a ese gran choque en conjunto con algunos gases, *caboom,* se formó el mundo y lo que en él hay. Pues déjeme decirle algo- todos los alumnos miraban como la chica hablaba con seguridad mientras que el profesor tartamudeaba y comenzaba a sudar, pues la joven lo estaba dejando en vergüenza-. Hace tiempo los antropólogos descubrieron en Texas, Estados Unidos, huellas de un ser humano junto a los restos de un dinosaurio. Si fuera verdad su teoría de primero dinosaurios y luego humanos, ¿entonces aquí hay un gran error? O más bien, *mentira* diría yo ¿entonces quién miente o yo que creo en Dios, o ustedes que ocultan las cosas, y solo enseñan la Evolución a medias?

-Nosotros no ocultamos las cosas- el profesor sonó irritado-. Nosotros siempre decimos la verdad.

-¿Entonces por qué no nos habla de ese descubrimiento arqueológico? ¿Por qué no les dice a estos chicos que gracias a la Santa Biblia los arqueólogos han encontrados ruinas de ciudades que existieron hace tres o cuatro mil años?

-¿Me está diciendo mentiroso y que oculto cosas?- el profesor sonó irritado.

-Usted califíquese a sí mismo.

-Si en realidad usted fuera cristiana no me faltaría al respeto.

-Yo no le estoy faltando al respeto, simplemente estoy defendiendo mi fe en Cristo en contra de sus mentiras.

-Pues si no le gusta ésta clase o si no quiere hablar con un mentiroso... salga del salón.

La chica tomó sus libros y caminó hacia la salida.

-Le es más fácil darme esta opción que aceptar que Dios existe, más aún peor, no quiere reconocer que su mente está llena de mentiras, y tratar de descubrir y aclarar que eso de la Evolución es solo una treta más de Satanás para que los seres humanos no crean en Cristo.

-¡Salga ya!- gruño el profesor.

La chica lo miró y sintió lástima por él, pues sabía que si no se arrepentía de sus pecados antes de morir, acompañaría a otros que creen en la Evolución a pasar la eternidad en el infierno.

A la hora del receso pasaron a la cafetería. Karen se formo detrás de Esmeralda para tomar su comida. La miró de arriba abajo. Esmeralda vestía un vestido color turquesa. Karen reconocía que esta chica era bonita, pero también reconocía que ella misma era hermosa. De pronto sin proponérselo descubrió el sentimiento que tanto le había carcomía las entrañas. Se sentía *inferior* a ella y no solo a ella sino a muchos otros chicos y chicas. <<Un sentimiento de inferioridad>> << ¿Qué?- Se dijo así misma-.Me siento inferior a ella, pero ¿por qué? Si soy más bonita, soy popular, cualquier chico daría lo que fuera por andar conmigo, ella es aburrida nadie la toma en cuenta, ¿Por qué rayos me siento así?>>. Pero ese sentimiento no se lo provocaba esa chica directamente, sino que ella misma descubriría al siguiente fin de semana lo que realmente le provocaba ese sentimiento.

Liliana le volvía a ofrecer otra pastilla de *éxtasis,* Karen la colocó en la palma de su mano, miró a su alrededor y no se sintió sola, pues la gran mayoría de los chicos presentes y que usaban drogas compartían los mismos sentimientos que ella, se sentían *inferiores* a las demás personas. Pero ¿por qué? se volvía a preguntar, la mayoría de los jóvenes usaban drogas por la misma razón, buscaban en las drogas el refugio y compañía que en sus hogares no encontraban, eran hijos de licenciados, doctores, políticos, artistas, inversionistas, aunque todos aparentemente lo tenían todo, se sentían *vacios.* Les hacía falta el cariño, la comprensión, y atención de sus padres. Pobres chicos se sentían miserables <<*Claro,* pensó para sí, *esa es la razón del por qué la mayoría de los que estamos aquí usamos drogas*>>. Karen había comprobado por sí misma lo que tanto se había dicho: Los jóvenes buscan en la calle lo que en su casa no encuentran y si buscan amistades incorrectas es porque ellos los hacen sentir bien, los aceptan, con su compañía por un momento hacen que ese sentimiento de inferioridad se les olvide. Muchos de esos jóvenes eran prepotentes, abusivos, y en realidad no es porque sean de malos sentimientos, sino que actuaban de esa forma porque se querían hacer notar, por *inseguridad* en sí mismos. Su autoestima estaba tan bajo, que se sentían ignorados por el mundo y por sus padres. Muchos jóvenes se sentían tan poca cosa, tan miserables, que su refugio eran las drogas. *¿Y yo por qué me siento así?-* Se preguntó por enésima vez-. *Yo creo que lo tengo todo, el amor y* *atención de mis padres, lo tengo todo, yo no necesito usar drogas, ¿o sí?* Otros tantos jóvenes usaban drogas por curiosidad o travesura. Pero ella aún no se había dado cuenta que si estaba en ese camino era porque así como muchos, se había dejado arrastrar por la marea que arrastraba a la juventud; una forma errónea de *disfrutar* la juventud, de tener la mente abierta y que si los demás lo hacían ella lo tenía que hacer. Era como si fuera una regla, si lo hace el otro joven, tú lo tienes que hacer. <<*No*- dijo mirándose a través del espejo del tocador-, *tú no vas a caer en el mismo error que los demás, vas a recuperar tu autoestima, tu dignidad como mujer, tu amor propio. A la basura con las drogas, y el sexo de hacerlo solo por hacerlo. Tú vales mucho, mucho como para andarte revolcando en esta porquería de las drogas*>>.

Jugueteo con la píldora y luego la tiró por el excusado.

-¿Qué haces?- gruño Liliana-. Son muy caras como para que las andes tirando.

-Me la diste, es mía, así que puedo hacer con ella lo que quiera ¿qué no?

-Sí pero...

-Esto no es para mí – señaló Karen encaminándose a la salida del antro.

-¿Adónde vas?

-A mi casa.

Tomó un taxi y se marchó a su casa. Como de costumbre la estaba esperando su madre. Se sentó en el sofá a un costado de ella. La abrazó demostrándole el profundo amor que sentía por ella.

-¿Te sucede algo?- preguntó Susana. No es que Karen no le demostrara su amor de hija muy a menudo, sino que en ese momento, tenía un brillo especial en sus bellos ojos.

-Nada madre- contestó Karen-. Estoy muy bien... Madre- dijo cariñosamente-. Yo sé que he cometido muchos errores y le prometo que ya no los voy a volver a cometer.

-¿De qué estás hablando?- preguntó Susana, sin entender de lo que su hija estaba hablando.

-Yo me entiendo sola- respondió Karen.

Le dio un beso en la frente y se retiró a su recamara. Se durmió con el pensamiento y determinación de no volver a usar *drogas* y de recobrar su amor propio y todo lo que había tirado a la basura por envolverse en un mundo oscuro de los vicios.

Pero desafortunadamente esa determinación para su propia desgracia le duraría muy poco.

Se terminó la preparatoria y se llegó el momento de entrar a la universidad. Durante las vacaciones de verano había pasado unas semanas en Seattle, Washington, USA. Con su hermana Delia, que por cuestiones del trabajo de su esposo se habían mudado el invierno pasado. Delia por ser la mayor y la de más experiencia, se sentía en la obligación de hablarle de los peligros que enfrentaría en la universidad. Karen siempre le respondió

-No te preocupes, ya soy mayor de edad, y además de eso ya aprendí a cuidarme sola.

-Pues eso espero.

Delia sabía que la juventud de ahora pensaba que al cumplir con la mayoría de edad ya lo sabían todo, que por el solo hecho de cumplir los dieciocho años, (la edad más peligrosa que puede vivir una persona); ya eran lo suficientemente maduros como para no necesitar de consejos. Estúpido pensamiento de los jóvenes ya que de los dieciocho a los veintiuno es donde es donde más o se les jode la vida o marcan un camino de triunfo. Y es esa edad en donde más se necesitan los consejos de los de más experiencia y principalmente de nuestros familiares, ya que los consejos de ellos es siempre por nuestro bien. Pero son esos consejos los que menos escuchamos.

SEGUNDO AVISO

LOS SERES HUMANOS POR NATURALEZA TENDEMOS A IGNORAR LOS AVISOS QUE NOS ENSEÑAN QUE VAMOS POR MAL CAMINO. POR DESGRACIA ES PARTE DE NUESTRA NATURALEZA SER IMPERFECTOS.

---KAREN DE LA TORRE

Para variar o seguir con lo mismo, Liliana estaba en el mismo salón que Karen. Al principio todo era lo mismo, un sin número de chicos intentaban salir con ella. Karen se daba cuenta que algunos de ellos si tenían buenas intenciones y otros solo querían conseguir lo mismo de siempre, tener *sexo*. Se percató de que en la universidad es diferente a la prepa, los jóvenes eran más maduros y que muchos o más bien los atractivos solo se dedicaban a conquistar a la chicas más guapas (¿que eso no lo habíamos visto en la preparatoria?) y solo lo hacían por vanidad o por sentirse más orgullosos. Muchas chicas caían en las redes de estos jóvenes sin darse cuenta que solo alimentaban su *ego*. Algunas habían llegado a la penosa vergüenza de pelearse entre amigas por un tipejo que al siguiente día las dejaba por otra. A Karen siempre le había parecido que pelearse por un chico era lo más bajo que una mujer podía hacer.

-¿Qué te pasa?- preguntó Liliana al darse cuenta que Karen había rechazado un sin número de invitaciones de los chicos más atractivos y adinerados de la universidad-. No me vallas a salir con que quieres ser monja o estás haciendo votos para convertirte en santa.

-Es solo que estoy cansada de estos *hijos de papi* que piensan que por el solo hecho de ser guapos ya tiene una que caer rendida a sus pies. En realidad no he encontrado ningún chico que por sí mismo valga la pena.

-O sea, Hellooo- dijo Liliana moviendo las manos como si limpiara una ventana-. Despierta. El hombre perfecto no existe. Abre los ojos, no me digas que esperas a tu Príncipe Azul, despiértate, los cuentos de hadas, son solo eso, cuentos.

-Yo se que el hombre perfecto no existe, es solo que quiero encontrar a un buen chico, eso es todo.

-¿El que te haga sentir esas cosquillitas en el estómago, que te mueva el petate? No seas ridícula amiga. Solo estás perdiendo tu tiempo en cursilerías. No te estás volviendo una amargada solo porque no te ha ido bien con algunos, ¿o sí?

Karen solo encogió los hombros en una contestación sin respuesta. Ella sola se entendía.

Todo parecía que nada la haría cambiar de opinión, de que se esperaría hasta encontrar al chico tan esperado, y de que no volvería a tener sexo con ningún otro chico sino era bajo el sexo sagrado, el del matrimonio. Eso era lo que pensaba o lo que se había propuesto, hasta que conoció a Fabián, un chico alto, moreno, de pelo castaño, demasiado atractivo, era hijo de un inversionista. El chico era muy amable, atento, detallista, no era mujeriego, era muy inteligente y tenía en su mente ser un *político honesto,* algo raro ¿qué no? Y que algún día aspiraría a ser el próximo presidente de la República Mexicana. No era el chico perfecto, pero era lo mejor que había conocido en los últimos tiempos. Fabián se dio a la tarea de conquistarla, aparentemente se había quedado prendido de la belleza de Karen, que ya había madurado y ya no era una bella jovencita sino que era una mujer hermosa. Le llevaba rosas, le mandaba poemas, que por supuesto no era de su inspiración, pero al menos lo intentaba. Por su experiencia y por lo poco que conocía a Karen sabía que tenía que ir despacio, sin prisa. Parecía que disfrutaba el conquistar a esa bella chica, y que él ya se había dado cuenta que la presencia su la ponía nerviosa. Y así era, Karen volvió a sentir esas cosquillitas en el vientre, y sentía que volaba a pesar de que ella misma se había atado a una tonelada de plomo para no ser levantada en el torbellino que se le avecinaba. Un día aceptó ser su novia. Fabián había demostrado ser diferente al los demás "hijos de papi", era paciente no pasaba mas allá de lo que ella se lo permitía, la respetaba, la hacía sentir especial con sus halagos.

-Valla- dijo Liliana mientras preparaba su café con leche (se encontraban en la cafetería de la universidad)-. Por fin te quitaste ese Cinturón de Castidad.

-No era para tanto- señaló Karen-. Es simple y sencillamente que entendí que no es sano ni correcto de andar con un chico y otro.

-Como sea- dijo Liliana-. Pero tengo que reconocer que tienes una suerte que no cualquiera la tiene, estás saliendo con el chico más codiciado de la universidad.

En eso, Liliana tenía razón, Fabián por ser uno de los chicos más atractivos del colegio, Karen tenía que batallar con las demás chicas que estaban celosas de ella.

-Yo nunca he entendido- dijo Karen-, ¿por qué son así las demás chicas? Saben, es más, toda la universidad sabe que estoy saliendo con Fabián y aún así coquetean con él.

-Lo que pasa es que son unas ofrecidas- dijo Liliana.

-No sé, es como si se faltara el respeto a uno mismo.

-¿Porque lo dices?

-Yo no me vería a mi misma rebajándome al coquetear con un chico a sabiendas que ya tiene novia, haría yo parecer que soy una fácil.

-Pues ni modo amiga, así es la vida. Y si no te cuidas te lo pueden bajar.

-No lo creo- dijo Karen segura de sí misma-. Tengo una buena relación con él, y además de eso, creo que realmente está enamorado de mí.

-Bueno ahí te dejo, allá viene tu enamorado.

Fabián tomo la silla que Liliana dejo vacía, no sin antes recibir una mirada llena de coqueteo de la chica. Fabián le correspondió la mirada. Liliana también era muy linda. Su coqueteo la hacía resaltar mas.

Todo parecía que realmente ésta vez Karen si había encontrado al chico que buscaba. <<Todo es cuestión de fijarse bien, como lo había dicho en alguna ocasión Esmeralda-. Hay muchos chicos que valen la pena solo es cuestión de valorarlos y no juzgarlos ya sea por su apariencia o por su posición económica, hay que mirarles el corazón>>.

Pasaron los días, las semanas, se acabó el semestre, comenzó uno nuevo, y Karen seguía firme en su propósito de no tener relaciones íntimas con Fabián. Pero a Karen le parecía un suplicio cada momento que pasaba junto a él. <<Es demasiada tentación>>, se decía. Siempre encontraba una excusa para salir huyendo de la irresistible e incontrolable deseo de estar con él. Pero su lucha titánica, y su permanente victoria de la guerra que se había formado dentro de ella entre el *sí* y el *no*, se verían derrotadas por la enorme curiosidad de asomarse una vez más a ese exquisito (y que un tiempo después, para ella así como lo ha sido para muchos sería un) mundo destructivo, el mundo del sexo, la fornicación. Sin poder encontrar una objeción más, se dejo encaminar a sí misma una vez más, por el deseo de tener relaciones. En esta ocasión fue diferente, no se sintió como un objeto sexual, se sintió amada, respetada, o al menos eso era lo que hasta ese momento Fabián le había demostrado, que la amaba y la respetaba. De ese encuentro le siguieron otro y otro y otro hasta que sin querer darse cuenta, el sexo se había convertido en parte fundamental para su relación. En ese momento no sabía si había accedido a tener intimidad con él, ya sea por su forma de conquistarla (ya que este chico había usado sus mejores métodos de convencimiento), o simplemente ella había sucumbido a sus propios deseos y pasiones.

Durante esos meses la relación con sus padres había cambiado un poco, principalmente con su madre, pues en una ocasión, en que llegó a su casa, Susana estaba platicando con una vecina, y ésta le estaba hablando de la Biblia. Susana y Ángel comenzaron asistir a una iglesia cristiana. Karen los acompañó en una ocasión, pero salió muy molesta, pues el pastor encargado de dar el mensaje de la Palabra de Dios, había predicado en contra del pecado y principalmente en contra de la *fornicación.* De ahí en adelante Karen encontraba miles de pretextos para no acompañar a sus padres a la iglesia, en algunas ocasiones decía:

-Si asisto a esa iglesia siento como si estuviera traicionando a la *fe* que ustedes me inculcaron.

-Mija- decía Susana con tranquilidad-. No estamos traicionando a nadie, al contrario, en esta iglesia nos hemos acercado más Dios. Aquí solo seguimos a Cristo el Hijo de Dios y a nadie más. Además de eso nos enseñaron que sin Jesucristo estábamos perdidos y que por nuestros *pecados* íbamos derecho al infierno. Y ahora por la gracia de nuestro Señor Jesucristo vamos a pasar la eternidad allá arriba, en el Paraíso con Dios.

-Esas son patrañas madre, nadie está seguro de salvarse del infierno, ni siquiera *el cura* de la Iglesia Católica está seguro.

-Eso es lo que te he estado dice y dice- señaló Susana-. Si el cura no está seguro de su salvación, ¿cómo lo pueden estar los que asisten a la iglesia? Sin embargo ahora nosotros tenemos la *seguridad* de salvación que es por medio de Cristo y de nadie más.

-No puedo creer que de la noche a la mañana ya sean salvos. Nadie es lo suficientemente *bueno* como para merecerse el cielo.

-En eso tienes razón –replicó Sofía que ya se había unido a la plática y a la iglesia cristiana-. Los que somos salvos no es porque *seamos buenos,* sino que es porque ya fuimos perdonados por nuestro Señor Jesucristo. Si la salvación fuera por nuestras buenas obras o porque seamos buenos, créeme, nadie entraría al paraíso de Dios, ni siquiera los apóstoles que anduvieron con Cristo, ni los profetas que usó Dios en el antiguo testamento, ni siquiera ellos fueron lo suficientemente buenos como para entrar al paraíso. Así como ellos, nosotros tenemos la seguridad de que algún día estaremos frente a frente con el Señor Jesús, y esa seguridad nos la da la FE en el Hijo de Dios.

-No sé- volvió a decir Karen-. Se me hace algo imposible que de un momento a otro se pueda uno *ganar* la salvación.

-No te la *ganas* –objetó Susana-. Dios te la regala, eso es lo que significa gracia, Dios te da lo que no te mereces, Dios te regala la salvación. Lo único que tienes que hacer es, *arrepentirte* de tus pecados, *pedirle* perdón a Dios por ellos, *reconocer* que Cristo murió y que resucitó al tercer día, que está sentado a la diestra del Padre (Dios), *pedirle* que te inscriba en el Libro de la Vida, que lo *recibas* en tu corazón, que dejes que Él *gobierne* tu vida.

-¿Así de fácil?- inquirió Karen.

-Así es- dijo Sofía-. Así de fácil. Solo tienes que tener fe.

-Tal vez otro día- señaló Karen-. Además, yo no soy tan pecadora.

-Quizá no lo seas- terció Susana-. Pero el punto es que para Dios es igual de pecador un asesino como un mentiroso. Para Dios no hay pecados pequeños o grandes, para Él todos somos pecadores.

-Y yo recuerdo que tú has dicho mentiras- le recordó Sofía-. Así que ante Dios ya eres pecadora.

Karen recordó la plática que una vez tuviera con Esmeralda y compañeras de colegio, su hermana y su madre hablaban exactamente igual que ella.

-Aún no- dijo-. Estoy muy joven como para entregarme de lleno a la iglesia.

-¿O estás muy joven? O ¿En verdad no quieres dejar la fe a la iglesia católica? O es que ¿no te quieres arrepentir de tus pecados? –preguntó Sofía como queriendo hacer entender a Karen de que tenía que estar segura el por qué no las acompañaba a la Iglesia.

Karen guardó silencio, pues en realidad reconocía que ya no le importaba mucho el asistir a la Iglesia Católica, pues en los últimos meses en que su madre ya no asistiera ella había ido a misa uno o dos domingos, y ella también reconocía que eso de estar demasiado joven para ir a la Iglesia era un mero pretexto, pues Esmeralda les había puesto el ejemplo. La mera y única realidad era que ella no quería dejar los dos pecados que más la acompañaban, que eran el de *la fornicación y la mentira*. Y eso no era exclusivo de ella, sino que ahora la mayor parte de la gente por eso se detiene en creer en Cristo, porque no quieren dejar su pecado.

Esas pláticas se sucedían una a otra, hasta que se vio y se "sintió" ahogada por parte de su familia.

-Mi intención no es molestarte- le dijo Susana alguna vez-. Lo único que quiero es que así como yo, tú también tengas la seguridad de salvación. Si te hablo de Cristo es porque te quiero y quiero lo mejor para ti.

Pero lo que la madre de Karen no sabía, es que en ese momento el único dios para ella, era Fabián. Llegó a tener el pensamiento erróneo de que a él, no lo perdería como a Saúl.

Es tan difícil encontrar a un buen hombre en estos días, como para dejarlo por no darle esa famosa prueba de amor, dijo al aire.

Y era por eso que Karen en ese momento no entendía ni quería nada con Cristo y la iglesia. Fabián en parte la había influenciado para que tomara esas decisiones y pensamientos. La tenía tan endiosada que no se daba cuenta de las señales que le iban advirtiendo que no era el chico que aparentaba.

-¿Cuándo conoceremos a tus padres y a los míos?- preguntaba Karen recostada en el torso desnudo de Fabián.

-Ya hemos hablado de esto- recalcó Fabián con un gesto de enfado que pasó desapercibido por Karen-. Dejemos pasar un tiempo más, y luego ya vemos.

-¿Pero cuanto?

-No sé- respondió Fabián-. Esperemos que nuestra relación madure un poco más y ya veremos.

-Yo creí que nuestra relación ya era lo suficientemente madura- murmuró Karen con cierta decepción.

-Mi amor, te prometo que cuando mis padres regresen de Paris te los presento- dijo Fabián para tratar de conformar a Karen.

-¿De París?- replicó Karen-.Yo creí que estaban en México.

-Lo siento preciosa- dijo Fabián-. Se me pasó decirte que la semana pasada se fueron de vacaciones.

Karen lo miró con cierta incredulidad y a la vez conforme. <<Cuando un chico o chica no quiere que conozcas a sus padres es porque algo anda mal, esas personas esconden algo y no son de fiar>>, palabras de Susana. *No,* se repetía así misma, *él me ha demostrado ser un buen chico.*

¿Cómo podía ser un buen chico si la incitaba a mentir? *Así somos los jóvenes,* pensaba Karen <<*todos en alguna o muchas ocasiones mentimos*>>. Liliana era la persona perfecta para completar las mentiras de Karen. En varias ocasiones mentían diciendo que iban a retiros espirituales, pero en realidad era que se iban con Fabián y otro amigo a Cuernavaca o a Acapulco. <<Un amigo o amiga que cubren tus mentiras y las comparten- manifestó alguna ocasión Sofía-, esos *no* son tus amigos sino tus enemigos, pues te están ayudando a destruirte, porque las mentiras destruyen>>. Esas palabras en algún tiempo de su vida, Karen las tuvo muy presentes, pero ahora estaban arrumbadas y empolvadas en los huecos del tiempo que la gente llama memorias. Y que no muy lejos de esos días Karen las volvería a escuchar y no precisamente de su hermana.

Karen y Liliana subían por el ascensor hacia el departamento de Fabián, era su cumpleaños y según él a causa de la "ausencia" de sus padres había decidido celebrarlo en su lujoso departamento.

-¡Nos vamos a divertir de lo lindo!- expresó Liliana-. Va a ser una noche fabulosa.

-Yo creo que si -dijo Karen-. Van a estar varios compañeros de la escuela.

Entraron al departamento de Fabián y no había más que otra pareja y otro joven, todos amigos de Fabián. Karen en algún momento los había conocido, la pareja no asistía a la universidad pero eran muy amigos de Fabián; el joven que los acompañaba si asistía a la escuela pero tenía fama de muy mal estudiante y de mujeriego.

-Esta guapísimo- murmuró Liliana refiriéndose al joven llamado Isaí-. Por fin se me va hacer conocerlo de cerca.

-Tú no pierdes el tiempo, ¿verdad?

-¿Y para que perderlo? La vida es muy corta, hay que disfrutarla.

-¿Dónde están los demás?- preguntó Karen.

-Al rato vienen- respondió Fabián después de saludarla con un beso.

Les presentó formalmente a los demás y les sirvió una bebida. A Karen le parecía un poco rara la situación, pues, el departamento no mostraba señales de que ahí iba a ver una fiesta para mucha gente. Fabián le volvió a servir otro trago. Poco a poco el hermetismo cedió su lugar a la confianza y a las bromas. Al cuarto trago Karen se sintió un poco diferente, un poco acalorizada y comenzó a reírse sin parar. Liliana ya había entrado en confianza con Isaí y sentados en un sillón de cuero negro, se dejaba acariciar atrevidamente. Fabián comenzó a hacer lo mismo con ella. Al principio no lo permitió. Pero no por mucho tiempo. Después de otro trago se sintió sin defensas, y se dejó arrastrar por el momento. Sentía que volaba, no podía controlarse a sí misma. De qué se podía preocupar si estaba en el departamento de su novio, estaba en compañía del hombre que supuestamente la quería y respetaba, ¿o nos equivocamos? Se hundió en un mundo de obscuridad y locura. Estaba consciente de lo que estaba haciendo, pero se sentía incapaz de controlarse a sí misma, no lo sabía por qué, pero había una fuerza en su interior que la controlaba por completo. Intento pelear contra esa fuerza pero no pudo. Quería salir corriendo y alejarse de ese lugar, pero pareciera como si una tonelada de cemento la tuviera atada a ese sillón. Un nuevo mareo la volvió a envestir. Sin poder hacer nada, cerró los ojos y se abandonó a la voluntad de Fabián.

Se despertó con un terrible dolor de cabeza. Hizo un esfuerzo para poder mirar su reloj de pulsera, eran las 4:35 A.M.

-¡Rayos!

Intentó incorporarse pero un dolor de cabeza se lo impidió. Se apretó la cabeza con las manos intentando aminorar el dolor. Se incorporó un poco y al mirar a su alrededor sintió vergüenza, asco y una terrible decepción. Tirados en el piso y en los sillones estaban todos semidesnudos. No había necesidad de preguntar lo que había sucedido en ese lugar.

-Fabián- dijo intentando despertarlo. Pero éste no contestaba.

Lo movió para mirar su rostro. Fabián tenía la mirada perdida, y daba señales de que no despertaría en dos o tres días. Liliana y los demás estaban en la misma condición-. *¡Oh no!*- expresó con tristeza al mirar que a un costado de Fabián había en una bolsita unas píldoras de *Éxtasis* y otro tipo de drogas. Sin más, se lavó la cara y se marchó a su casa.

Al siguiente día por la vergüenza, no bajó a desayunar, y cuando estuvo frente a su madre hizo un esfuerzo sobre humano para que su madre no se diera cuenta de la vergüenza que sentía en su corazón, y de lo que pasaba por su mente. El lunes temprano lo primero que hizo fue reclamarle a Fabián.

-¿Qué rayos fue lo que paso el sábado?

-Nada- dijo Fabián con naturalidad.

-¿Como que nada?- Karen sonó molesta

-Nos divertimos como nunca- dijo Fabián con naturalidad.

-¿Por qué demonios me drogaste?

-Todo lo que hicimos, fue bajo tu voluntad.

-¡Eso no es cierto!- le reclamó Karen-. Tú bien sabes que no tomo drogas.

-Lo que hicimos no fue cosa del otro mundo, solo fue sexo en grupo- decía Fabián despreocupado.

Karen sentía como un líquido amargo, producto del coraje, escurría por su garganta. Sentía ganas de vomitar.

-¡Que decepción!- dijo.

-¿Decepción? ¿Por qué? ¿Acaso no te gustó?- dijo Fabián con descaro.

-Eres un hijo de...- Karen se tragó la palabrota que iba a decir-. Yo te quería- continuó-. Yo me quería casar contigo.

Fabián sonrió con cinismo.

-¿Casarte conmigo? Ese iba a ser el mejor negocio de tu vida.

-¿Qué rayos estás diciendo?

-Que como sabes- señaló Fabián-, que mi padre es millonario, si te casabas conmigo tu situación económica estaría resuelta para toda la vida.

Karen al escuchar las palabras de Fabián sintió un golpe en el estómago y sentía como si las tripas se le quisieran salir. No podía concebir como de repente Fabián demostraba su verdadera personalidad y sentimientos.

-¡A mí me interesabas tú!- ladró Karen furiosa-. No el mugroso dinero de tu papá. Yo te quería a ti, por ti, no por nada más. Pero ahora veo que hubiera sido el error más grande de mi vida.

-Bien- dijo Fabián con el mismo cinismo-. Ya que te enteraste de cómo soy en realidad, te voy a decir la verdad: Eres muy hermosa, me costaste mi trabajo, pero te conquisté, le gané a dos o tres que andaban tras de ti, no me vas a negar que soy muy buen actor, estuve a punto de rendirme, pero creo que valiste la pena.

Karen veía como aquel *"hombre"* si así se le pudiera llamar, le estaba destruyendo sus ilusiones, sus sueños de formar una familia con un buen hombre.

-Además de eso- continuó Fabián-. Creo que merezco algo mejor.

Karen lo miraba con desprecio.

-No sé- decía Fabián con aires de grandeza-. Quizá alguien de la realeza francesa, o de la alcurnia española.

-Que poco hombre eres, yo te creí más hombre, tuviste que drogarme para poder lograr tus porquerías y bajezas. No te mereces lo que yo te di.

-¿De qué hablas? Si ni siquiera eras virgen como para que digas que eres la mejor del planeta.

Las palabras de Fabián eran como bofeteadas para Karen.

-Tal vez no soy la mejor de la universidad, pero tengo dignidad, amor propio, orgullo, y tú no eres ni media palabra de un hombre. Eres una cucaracha.

Fabián sonrió con el mismo cinismo.

-¿Dignidad tú? No me hagas reír, una mujer que tiene dignidad, no se acuesta con su novio, no hasta después del matrimonio. Bien que disfrutabas de nuestros viajes a Cuernavaca, de todos mis regalos, que por cierto eran muy costosos.

-¿Qué estas tratando de decir que me estabas comprando?

-Más o menos. Me saliste cara.

Karen le dio una bofetada. Con todo el rencor que sentía en ese momento.

-¡Infeliz a mí no me comparas con una prostituta!- y soltó otra bofetada pero Fabián le detuvo la mano.

-Claro que no te comparo con una prostituta, en muchos casos ellas son mejores que tú, es verdad muchas de ellas están en ese camino por tipos como yo, pero muchas están por necesidad. Algunas se prostituyen por llevarles un pedazo de pan a sus hijos, hijos de padres como yo que son unos cobardes y los abandonan, pero tú ¿por qué tenías relaciones sexuales conmigo y aceptabas mis regalos?

Furiosa, le escupió el rostro.

-Púdrete, cobarde de porquería.

Fabián se limpio el rostro y sonrió con sorna

Karen ya no dijo nada, comprendió que por más que le reclamara, por más que le buscara se había dejado embaucar como una adolecente. Le daban ganas de golpearlo, de arrastrarlo por toda la universidad, pero simple y sencillamente reconoció que él no la había forzado a tener relaciones, (excepto por el fin de semana anterior). Y si ella estaba ahí en ese momento tan desagradable era culpa suya y de nadie más.

-Yo sé -dijo Fabián por último-, Yo se que ahora te doy asco como hombre, y que te decepcioné, pero ¿qué le vamos a hacer?

Karen sintió como una lágrima quería salir de lo más profundo de su ser. Las lágrimas son traicioneras pues cuando menos quieres que salgan, abandonan su escondite. Esa lágrima no iba a ser por la decepción que le provoco ese tipejo, sino por el coraje consigo misma. Se alejó del lugar, pues ese tipo no valía la pena ni siquiera para escucharlo. Jamás se había sentido tan humillada, tan pisoteada, jamás había sentido su moral por los suelos como en ese momento.

Se hundió en una etapa de tristeza. Su madre se había dado cuenta, y por más que intentaba ayudarla, Karen no se dejaba, pues una vez más se había parapetado en esa estúpida barrera del silencio. Aunque a veces Karen no lo aceptara sabía que pedía esa ayuda en gritos silenciosos. <<Al rato se me pasará>>, le contestaba a su madre, cuando ésta le preguntaba cuál era el problema. Con su padre pasaba lo mismo. Ya le había perdido toda confianza. No la confianza de padre, si no que ella misma se había encerrado en un circulo en el que no podía confiar en nadie. << *¿Qué dirían mis padres?,* Solía decir frente al espejo, *Si les contara todo lo malo que he hecho en la vida, pondrían el grito en cielo, y más ahora que casi se vuelven unos santurrones, desde que van a la Iglesia cristiana*<<. Pero lo que Karen sabía pero no quería reconocer era que tenía unos padres que la entenderían y que con ese amor que por nada se quebrantaría, la ayudarían y la aconsejarían. Pero ella se empeñaba en echarles la culpa a sus padres de su propio hermetismo y falta de coraje y valor para hablar con ellos.

Eso es algo común en los jóvenes, culpan a los demás de sus propios errores para justificarse a sí mismos cuando descubren que han entrado en un laberinto sin salida y ese mismo laberinto Karen ya llevaba la mitad recorrido. La ayuda estaba en la cocina preparando la cena, solo era cuestión de doblegar su orgullo y pedirla, pero no, prefirió tragarse su miserable orgullo, que buscar a sus padres.

Cinco semanas después Karen se paraba frente al edificio en donde se ubicaba el consultorio de la doctora, Menchía Soadek, la ginecóloga. Suspiró profundo, levantó los ojos al cielo y una vez más le pidió a Dios que no tuviera ninguna enfermedad. Al menos no mortal. Solo cuando necesitaba de Dios era cuando lo buscaba, eso lo sabía. Entró al consultorio, llenó el formulario obligatorio, y unos minutos después estaba frente a la doctora.

-Hola- saludo la doctora-. Toma asiento por favor.

-Gracias.

-Bien- dijo la doctora-, ¿qué es lo que te trae por acá? ¿Una revisión de rutina?

-No- dijo Karen.

En pocas palabras le explicó el motivo de su visita. Tenía cierto temor de que la hubieran contagiado con alguna enfermedad de transmisión sexual. Con la cara roja de la vergüenza le confesó a la doctora que no recordaba por completo lo que había sucedido en el cumpleaños de Fabián, no sabía a ciencia cierta si solo había tenido contacto sexual solo con él o también con alguno de los otros chicos. Así que para prevenir o estar segura de que no tenía nada, fue para con ella.

Le hicieron los exámenes correspondientes, y tres días después recibía los resultados.

-Pues no- dijo la doctora-. Todos los resultados salieron negativos.

-Gracias a Dios- expresó Karen-. Temía que tuviera alguna enfermedad.

-Dime, ¿si no tenias ningún síntoma, por qué me viniste a visitar?

-Recuerdo muy bien que la primera vez que la visite, usted dijo que era de buena conciencia el revisarse a menudo, y principalmente si se ha tenido relaciones sexuales con uno o dos hombres diferentes- dijo Karen con cierta vergüenza, al reconocer que desde la última visita de ella para con la doctora, había tenido relaciones cuando menos con más de cinco chicos diferentes.

La doctora la miró de arriba abajo, paseó su mirada por la ventana, tardó unos tres o cuatro segundos escudriñando el cielo opacado por el esmog y luego dijo: -¿Qué esperas Karen, que en un momento inesperado alguien te contagie con alguna enfermedad mortal como el *SIDA* o alguna enfermedad no mortal, pero que sí puedes tenerla por el resto de tu vida? ¿Conoces los otros tipos de enfermedades de transmisión sexual?

-Sí- contestó Karen.

-Recuerdo que la vez primera que viniste, te acompañó una de tus amigas, ¿dónde está?

-De vacaciones, en Barcelona, España.

-Yo sé- dijo la doctora-. Que nadie más que tú decide sus amistades, pero con todo respeto, esa chica no es una buena persona.

Karen solo encogió los hombros.

-Yo no entiendo porque la juventud no se valora un poco más.

-¿A qué se refiere?- inquirió Karen.

-¿Sabes que no se necesita más de un solo contacto íntimo, para que te contagien de una enfermedad? ¿Sabes cuantas chicas llegan aquí contagiadas? Bastantes. Algunas jovencitas, otras un poco más maduras, y es una tristeza que la vida de ellas se ha destrozado de la noche a la mañana. Pero cada quien encuentra lo que busca.

-¿Está usted diciendo que las personas que se contagian con una enfermedad se lo merecen?

-No- respondió la doctora-. Yo no dije eso, lo que quiero decir es que si alguna persona ya sea chico o chica anda con una y otra pareja ese es el riesgo que corren, es como si lo buscaran. En el momento que se tiene relaciones sexuales con alguien, no solo es con esa persona, sino con todas las personas que estuvieron antes con esta persona. Y mucha gente ya sea por vergüenza o por machismo nunca se revisa y en gran parte ese es el problema, que si alguien tiene una enfermedad, y no lo sabe, luego anda regando esa enfermedad por todos lados. Si tan solo no se hubieran perdido ya el respeto, el amor propio, las buenas costumbres y los principios morales hubiera menos enfermedades de transmisión sexual.

-¿Por qué la gente adulta dice que ya se perdieron todas esas cosas? En realidad no lo entiendo- manifestó Karen mientras limpiaba sus lentes con un pañuelo.

-¿Qué piensas o sientes cuando ves que hoy tuviste relaciones sexuales con un chico y mañana se pelean y dos días después él está teniendo relaciones con otra chica?

Karen no contestó nada una vez más.

-A eso es a lo que me refiero, de que hace algunos años las mujeres y los chicos se valoraban más, no quiero decir que por tener relaciones sexuales con alguien ya no valgas como persona, sino que lo que te quiero dar a entender es que no puedes andar tirando a la basura tus besos ni tu cuerpo, valora más tus besos y carisias. ¿Por qué no te esperas a que llegue a tu vida un buen hombre, que te haga feliz, que sea con él con el único con el compartas el resto de tu vida?

Karen sonrió pues esas palabras la había escuchado infinidad de veces de parte de su madre y sus hermanas.

-Es tan difícil encontrar un buen chico en éste tiempo- dijo Karen.

- ¿Tú crees?

-Sí. Yo sé que no soy una palomita blanca, pero creo que nunca le hecho daño a nadie - eso decía Karen sin recordar que en cierta forma había traicionado a Saúl y que en la preparatoria le había hecho la vida imposible a muchos jóvenes criticándolos por su apariencia física. Aunque eso de tomar de bajada a los demás es cuestión de costumbre de todos los jóvenes. Pero Karen no era así-. Los buenos hombres se han ido extinguiendo poco a poco. Yo creo que encontrar un buen chico en este tiempo es como encontrar una aguja en un pajar.

-Yo no opino lo mismo que tú- objetó la doctora-. En el mundo hay chicos buenos y malos, lo que pasa es que a los chicos que quieren hacer las cosas bien, la juventud de ahora los tiene por aburridos, por tontos, por cursis, quizá hasta por retrasados mentales. A las chicas de hoy día les gustan los chicos que se divierten en discotecas, que fuman, que toman, que usen drogas. Prefieren andar con el más popular del colegio sin importar si éste anda con dos o tres chicas a la vez. Es tan poco el amor propio que se tienen algunas jovencitas que no les importa pelearse por un tipo bonito que las puede cambiar de la noche a la mañana por otra. Esa es otra forma de valorarse a sí mismos, de no rebajarse a rogarle o quitarle el novio a otra chica.

-¿Cómo puedo realmente descubrir que un chico es una buena persona?

-¿Realmente no lo sabes?

Karen respondió encogiéndose de hombros.

-Realmente nunca llegas a conocer a tu pareja si no es hasta después del matrimonio. Ahí es donde realmente se conocen el uno al otro. Cuando eres o son novios, todas las personas tratan de demostrar lo que no son y eso en parte se entiende pues si realmente te muestras como eres yo creo que jamás se conquistaría a la otra persona. Para ti como mujer sería más fácil conocer a un chico.

-No lo creo.

-¿Por qué no lo intentas?

-¿Cómo?

-Tal vez pienses que mi forma de pensar es un poco anticuada pero quizá te funcione. Eres muy hermosa y no creo que te falten los pretendientes así que ahí puedes tener una oportunidad de conocer a un chico con buenas intenciones. No accedas a tener relaciones con nadie, no hasta después del matrimonio. Cualquier chico que se te acerque si no tiene buenas intenciones para contigo lo primero que va a querer hacer, es tener sexo contigo. No aceptes y observa cómo actúa. Si este chico se molesta contigo entonces es una señal de que solo quiere estar contigo por el sexo, si este chico no quiere que conozcas a su familia, si este chico no quiere nada serio contigo, y has descubierto que te está mintiendo entonces ¿qué mas señales quieres para darte cuenta que no es un buen chico? Nadie es perfecto. Los hombres o mujeres perfectas no existen. Pero hacer eso te ayudará bastante, créeme.

-El sexo es algo normal entre los jóvenes de hoy- dijo Karen interrumpiendo a la doctora.

-Sí tú crees que el sexo es algo normal entre los jóvenes de hoy entonces después no te estés quejando de que no hay buenos chicos o de que alguien te contagió con una enfermedad venérea como el SIDA, o que te embarazaste y que el padre no quiere responderte. La misma respuesta que tú me diste me la han dado varias chicas, y yo les digo lo mismo que a ti, no quisiera verte nunca llorar tu desgracia. ¿Acaso la gente no se da cuenta que la basura que estamos creando hoy, nuestros hijos el día de mañana se la van a tragar?

-¿A qué se refiere?

-Que toda esta basura de las drogas, y el alcohol, está echando a perder a la juventud, y que por desgracia el sexo se está convirtiendo en algo primordial en una relación antes del matrimonio. Por sexo se han destruido familias, por querer tener sexo los sacerdotes católicos han abusado sexualmente de pequeños inocentes, por sexo se mata la gente, por tener sexo en libertad se está destruyendo nuestra sociedad con enfermedades, por sexo hay lugares de prostitución, a toda esa basura es a la que me refiero. Estamos echando a perder nuestro mundo y lo peor es que no lo queremos reconocer – la doctora guardó silencio, Karen solo la observaba-. Yo tengo una hija adolecente- continuó la doctora-. Aunque mi esposo y yo la estamos educando de la mejor manera posible, siempre voy a tener el temor de que el *mundo* me la eche a perder, y no es porque no confiemos en nuestra hija sino que el mundo cada vez está más podrido y tus amistades pueden ser tus peores amigos, pero nosotros confiamos en Dios. En nuestras oraciones le pedimos que nos la cuide- Karen sentía en las palabras de la doctora cierto coraje.

-Disculpe doctora, ¿y por qué a todo lo demás le llama, el *mundo*?

-La Santa Biblia así le llama, a todo lo que está fuera de la palabra de Dios, es el mundo.

-¿Es usted cristiana?

-Sí.

Ahora Karen entendía de por qué la doctora se expresaba de esa manera, su madre desde que se había convertido a Cristo hablaba casi de la misma manera.

-Gracias a Dios yo asisto a una iglesia en donde se predica en contra del pecado.

-¿Que no todas las iglesias predican en contra del *pecado*?

-No- respondió la doctora-. Desafortunadamente no. En algunas iglesias cristianas se tolera el pecado, se permite a parejas que vivan en unión libre. Vivir en unión libre es vivir en fornicación. Esa es una de las cosas que más condena Dios, la fornicación. Por la falta de valor de algunos que se dicen ser "Pastores" no predican en contra del pecado en sus iglesias y eso ha venido a desencadenar o a permitir que muchos jóvenes brinquen con facilidad las reglas mismas que Dios ha puesto. Las iglesias que permiten el pecado, Dios, las abandona, las castiga y por último, si no las desintegra, las deja a merced de Satanás. Parece que muchos pastores aun no se han querido dar cuenta que Dios no tolera el pecado en su casa de oración, no aprenden de las Iglesias que el Señor Jesucristo describe en el libro de Apocalipsis.

Karen se removió los lentes, mostró cierto enfado, pero fue imperceptible para la doctora. En ese momento a ella no le importaba que los jóvenes que se decían ser "cristianos" se salieran de las iglesias y se fueran al "mundo" (como lo llaman los cristianos) y se les jodiera la vida. Ella no era cristiana así que ¿a ella qué rayos le importaba? Sentía como si la doctora la culpara a ella de lo que sucedía en la actualidad con la juventud cristiana. No en ese momento, pero años más tarde entendería que todos los adultos tuvieron, tienen y tendrán en gran parte culpa de que la juventud se vaya perdiendo en las drogas, el alcohol y la delincuencia, y que muchos adultos, tuvieron y tienen la misma actitud que ella, no les importa un carajo el futuro de la juventud, simplemente viven su vida sin importarles si más adelante sus decisiones afectarán a alguien, a eso se le llama, *egoísmo*. Pero y a ella ¿qué? En ese momento vivía la vida y si el mundo seguía girando o se detenía, a ella ¿qué?

Con sutileza, Karen, corto la plática con la doctora, le dio las gracias, y se marchó. Caminó a su casa, pensaba un poco lo que le había dicho la doctora. Iba tan distraída que no se dio cuenta que venía de frente una mujer de apariencia humilde, con cuatro pequeñitos. Karen golpeó a una de las niñas con su bolso en el rostro y de inmediato la niñita comenzó a llorar.

-Perdón- dijo Karen un poco apenada-. Perdón, no me fijé por donde caminaba.

Rápido comenzó a acariciar el rostro de la pequeña para calmarle el dolor.

-No se preocupe señorita- dijo la mujer-, fue un accidente.

-¿Cómo te llamas? -le preguntó Karen a la pequeña.

-Karen- respondió la pequeñita.

Karen sonrió con ternura.

-¿Sabes? Tienes un nombre hermoso, si algún día Dios me da la bendición de tener una hija, le voy a poner tu nombre -Karen le limpió las lágrimas, le dio un beso en la frente y le dijo a la mujer:-Tiene unos hijos hermosos, cuídelos.

Los niños le sonrieron. A pesar de su condición social, de tener la ropita parchada, que no era de su medida y los zapatos rotos, iban bien peinados, y con la carita limpia. Se veían contentos.

La mujer tomó de la mano a la pequeñita y siguió su camino seguida de sus demás hijos. Justo antes de que dieran vuelta en la esquina Karen los alcanzo corriendo.

-¡Señora, espere!- gritó Karen.

-Dígame señorita, ¿qué se le ofrece?

-¿Me permite comprarles un helado?

-No señorita, como cree, no se moleste- señaló la mujer.

-No es ninguna molestia- objetó Karen-, por favor, déjeme invitarles un helado a sus hijos. Déjeme recompensar con algo el dolor que le cause a su hija con el golpe- la voz de Karen casi sonaba suplicante.

Ante la insistencia de Karen, la mujer permitió que les comprara el helado a sus hijos. No entendía por qué, pero esa pequeñita que llevaba su mismo nombre la había llenado de ternura. Karen sintió algo maravilloso en su corazón cuando miró como los pequeños devoraban el helado. Hizo un esfuerzo por no llorar. Estaba emocionada.

-¿Puedo pedir otro?- Dijo otro de los niños llamado Roberto, pero de cariño le decían Betín.

-Ya no Betín- dijo la mujer-. No abusen de la bondad de esta señorita.

-No se preocupe- la interrumpió Karen-. No están abusando. Pidan los que quieran- le dijo a los niños.

-¿Por qué lo hace señorita si no nos conoce?

Karen no respondió, solo se limitó a limpiarle la boca a la pequeña Karen, y a sonreír. Ni ella misma sabía el por qué les había invitado el helado. Si era sincera consigo misma, solo uso el pretexto de aliviarle el dolor con el helado.

-Gracias por el helado- dijo la mujer minutos mas tarde-. Pero nos tenemos que ir, si no se hace tarde.

-¿A dónde van?

-A la Iglesia- respondió la mujer.

-Pero si hoy es jueves- espetó Karen-. Hoy no hay "misa".

-*¿Misa?* No señorita, nosotros somos cristianos- aclaró la mujer mientras se colocaba su rebozo-. ¿No quisiera acompañarnos?

-No, gracias- dijo Karen-. Tengo cosas que hacer.

-Bueno -dijo la mujer-. Vamos a *orar* por usted.

-Gracias- Karen la miró con ternura-. Le puedo pedir un favor.

-Sí señorita, el que guste.

-Dígale a Dios... es más, suplíquele a Dios que jamás me abandone.

-No señorita- dijo la mujer-, Dios jamás nos abandona... nosotros somos quienes nos soltamos de su mano y tomamos nuestro propio camino pensando que podemos andar solos. Pero la verdad, es que ningún camino nos lleva a ningún lugar bueno... No, si nosotros escogemos ese camino. Los caminos de Dios son perfectos. Nosotros somos quienes abandonamos a Dios- la mujer suplicó-. Ande señorita, vaya con nosotros a la iglesia. Dios la está esperando con los brazos abiertos.

Karen lo pensó por unos segundos. Si hubiese sabido que ese día -ella no aseguraba que algo diferente hubiera pasado-, el haber ido con aquella mujer a la iglesia, su vida fuera diferente a como lo fue en algunos años más tarde, no lo hubiese pensado dos veces en ir con ellos, pero no lo sabía, así que su respuesta fue:- Quizá otro día, hoy tengo cosas *importantes* que hacer.

Karen se despidió de la familia y continúo su marcha. Mientras llegaba a su casa, recordó lo feliz que se veían los pequeños comiendo el helado, no se necesitó de mucho para verles feliz, solo se necesitó unos pesos y un corazón dispuesto a compartir de las muchas bendiciones que ella tenía. Por el aspecto de la familia y la avidez de cómo comieron el helado se notó que no comían helado muy a menudo o tal vez era la primera vez que lo probaban.

En casa le esperaba una sorpresa.

-¡Felicidades!- dijo Susana.

-¿Por qué?- preguntó Karen-. ¿Acaso es mi cumpleaños y se me olvidó?

-Toma – dijo su madre extendiéndole un sobre -. Te llegó esta carta.

Con avidez abrió el sobre. El bello rostro de Karen se iluminó al ver el contenido de la carta.

-¡Me aceptaron!- dijo mientras abrazaba a su madre.

Semanas antes Karen había solicitado el obtener una beca estudiantil en una prestigiosa Universidad de Barcelona, España. Al principio sus padres se opusieron a que solicitara la beca. Pero ante la insistencia de Karen de irse a estudiar al extranjero, no les quedó más remedio que aceptar.

-Barcelona está muy lejos- comento Delia al otro lado de la línea desde Seattle cuando le conto que la habían aceptado-. Está del otro lado del Charco.

-Lo sé- dijo Karen-, Pero tú sabes que siempre he querido estudiar en esa universidad.

-Pero no te tienes que ir de México para encontrar una buena universidad, en el país hay excelentes colegios.

-Sí, lo sé-dijo Karen-. Pero con esto haría dos cosas, estudio y conozco Europa.

-Bueno- volvió a decir Delia-. Si eso es lo que quieres hacer allá tú, solamente te pido que te cuides.

La hermana mayor de Karen no era la única que se oponía a que se fuera a estudiar a Europa, pero nadie pudo hacerla cambiar de opinión. En realidad sí quería conocer Europa y de igual forma quería estudiar pero el verdadero motivo de irse del país era que no quería encontrarse con Fabián y sus amigos de aquella noche, pues descubrió que aquella pareja que estuvo en la noche del cumpleaños de Fabián, conocían al esposo de Sofía su hermana. Aunque esta pareja no sabía nada sobre ella, no quería tomar riesgos, pues sería vergonzoso para su familia que se supiera lo acontecido. Así que había decidido poner tierra de por medio para que se olvidara lo pasado. Karen estaba consciente de que salir huyendo no era la respuesta o la solución al rumbo que había tomado su vida, pero en ese momento era lo único que se le ocurría hacer.

-¡Barcelona! – exclamó Liliana feliz al enterarse-. ¡Yo me voy contigo!

-¿Estás loca? ¿Si te vas conmigo quien se va a quedar con tu abuela?

-Por ella no te preocupes, ni creas que te vas a deshacer de mi tan fácil.

-¿Pero tú que vas a hacer allá? No vas a poder estudiar.

-¿Te digo la verdad?, no me gusta estudiar. Si asisto al colegio es para que mi abuela no me de lata y además de eso según el testamento de mi abuelo es que tengo que terminar la universidad, si no, no recibo la herencia.

-¿O sea que solo por la herencia es que estudias?

-Claro, ¿tú que creías? ¿Qué realmente me gustaba estudiar? Préstame la copia de la carta que te mandaron.

-¿Para que la quieres?

Liliana le explicó de que allá le diría de qué viviría si se iba con ella para Barcelona. Liliana tenía una prima lejana y fue con ella con quien se había hospedado en el verano en sus vacaciones.

Comenzaron los preparativos para el viaje de Karen. Y se llegó el día en que se marcharía rumbo a un nuevo mundo para ella. Un mundo que después deseó con toda su alma jamás… jamás haber conocido.

-Te vamos a extrañar mucho – expresó Ángel-. Si nosotros no podemos ir a España prométenos que tú vas a venir en las vacaciones.

-Se los prometo- dijo Karen, al mismo tiempo que los abrazaba.

-Bueno pues apúrate porque si no se nos va hacer tarde y vas a perder el avión- terció Susana que estaba a punto de llorar por la partida de su hija.

Mientras subían las maletas al auto, Ángel recordó algo y le dijo a Karen:

-El sábado pasado el padre de Saúl me invitó a un partido de futbol a Pachuca. Saúl nos consiguió boletos de primera fila.

Karen al volver a escuchar el nombre de Saúl no pudo evitar que un sentimiento lleno de nostalgia y cariño envolviera su corazón. Muy en el fondo de su ser estaban dormidos el arrepentimiento, un gran cariño y un poco de rencor hacia Saúl por no haberla perdonado por el error cometido. Pero esos sentimientos ya el tiempo se había encargado de purificarlos y sanarlos, pero aún así Karen no podía sacarlos de su baúl de los recuerdos.

-¿Y cómo está? ¿Ya mero termina sus estudios?- preguntó Karen con los ojos iluminados por el recuerdo evocado hacia Saúl. El sol se reflejó en sus lindos ojos.

-Está bien- respondió Ángel-. Y sí, ya mero termina sus estudios. Este es su último año de Universidad. Quiere ser abogado como su padre.

-Si lo vuelves a ver me lo saludas- le pidió Karen a su padre.

-Te mandó un recado, le platiqué que te vas a ir a Europa a estudiar. Te mandó decir *que te cuides, que estudies mucho, que te desea lo mejor del mundo, y que Dios te bendiga. Y principalmente que recuerdes, que solo tú tienes el poder de decidir que caminos quieres recorrer en tu vida. Que no dejes que nadie decida por ti.*

Karen se mordió los labios, le buscó, le dio vueltas a lo que quería preguntar. No se atrevía, pero algo en su interior la empujaba a hacer esa pregunta. Deshizo el nudo que se había formado en su garganta y preguntó:

-¿Ya se casó?

-No, aún no se ha casado, le prometió a su padre que no se casaría, no hasta después de graduarse.

Karen sonrió dulcemente.

-Nos vamos- los interrumpió Mirna-. Se nos va hacer tarde.

En el aeropuerto los estaba esperando Liliana.

-Cuídate- dijo Susana-. Le voy a pedir en mis oraciones a Dios que te cuide y te proteja.

-Gracias madre.

Se despidió de todos. Se paró a la entrada del pasillo que conducía al avión. Dudó un poco en subirse al avión. Si se quedaba en México, sabía que si cambiaba un poco su forma de pensar y ella tomaba el timón del barco de su vida y lo controlaba ella misma y no sus amigos y conocidos, podía encontrar a un buen hombre con quien casarse, amoroso, tierno, que siempre estuviera al pendiente de ella, detallista, tener cuatro o cinco hijos, ser feliz, tener su casa propia. Pero si se subía a ese avión que la llevaría a un país que no conocía, una cultura diferente, ¿Qué podía encontrar allá? ¿Qué le deparaba el Viejo Continente?

Sin encontrar una respuesta, se subió al enorme avión.

-¡Aquí vamos!- dijo Liliana feliz de estar a punto de vivir en Europa y no solo de vacaciones, el cual siempre había sido su sueño-. ¡Aquí vamos Europa!

Karen se acomodó en su asiento, pero sentía como si en su interior había algo que le gritaba que no fuera, que allá en España no le deparaba nada bueno, pero jamás escuchó esos gritos.

El avión tomó vuelo rumbo a la Madre Patria.

Rumbo al departamento de Nicole, (la prima de Liliana) admiraban la bella ciudad de Barcelona. Habían arribado por la noche, las luces de sus grandes bulevares, y sus enormes avenidas le daban a la ciudad un encanto cautivador. Una vez en el apartamento de Nicole Liliana las presentó. Nicole era nieta de un primo hermano de la abuela de Liliana. Trabajaba como modelo y aunque no era una modelo internacional era muy solicitada en las pasarelas de Barcelona, había modelado ropa de las marcas "más" famosas de toda Barcelona. En este trabajo había mucha competencia, y como no tenía amigos importantes era por eso que no había logrado su sueño de ser una modelo internacional, aunque era muy bonita, sin esos "amigos" no le servía de mucho. Siempre había querido hacer las cosas bien, pero desafortunadamente en su camino se había encontrado con personas corruptas, y que le pedían *algo* a cambio por ayudarla, y ese algo, por lo regular era tener sexo.

-¿En serio? -dijo Karen con incredulidad-. Yo creí que para ser modelo solo se tenía que ser bonita.

-Pues no es así, si no tienes conectes o amigos influyentes, no progresas- aclaro Nicole-. O necesitas tener demasiada suerte. Así es esto, ¿qué le podemos hacer? Tal vez algún día encuentre a alguien que me valore como modelo y me ayude y no tenga que vender mi cuerpo solo por la fama.

Se comenzó a formar una buena amistad entre las tres. Asistían con Nicole a las pasarelas. Karen conoció a los diseñadores de alta costura, se comenzó a envolver en ese fascinante y exclusivo mundo de la moda y los desfiles.

Se llegó el día de entrar a la universidad, donde conoció a chicos de diferentes partes del mundo, árabes, franceses, belgas, alemanes, italianos, americanos, y en particular a un joven turco llamado Ăsafe, con el cual comenzó a salir, se veía que era un buen tipo, de buena familia y de buenas costumbres, era muy inteligente, hablaba tres idiomas. Era demasiado atractivo, parecía uno de esos tipos que anuncia ropa interior de Armani.

-¿Que más le puedes pedir a la vida?- preguntó Liliana al conocerlo.

Karen le contestó con su acostumbrada respuesta, sonriendo y encogiendo los hombros.

-Solo espero que sea un buen hombre- dijo Nicole-. Es tan difícil encontrar a un buen hombre en estos días.

-Yo tengo una idea de cómo saber si es un buen hombre o si solo quiere conseguir "algo" de mí- dijo Karen-. No es que el hecho de querer tener sexo conmigo lo convierta en un mal hombre, sino que de esta forma sabré si realmente quiere algo más que solo sexo, me refiero a que si quiere algo serio.

Karen por primera vez en la vida decidió escuchar uno de los consejos de la doctora Menchía, la ginecóloga.

Como era de suponerse en una de las tantas citas que tuvieron, Ăsafe le insinuó tener relaciones sexuales. Karen no accedió.

-¿Por qué?- preguntó Ăsafe-. Si el tener sexo es lo más normal en relaciones entre las parejas de hoy día.

Karen le pidió más tiempo alegando que aún no estaba lista, que la entendiera, que no la presionara, que si ella lo iba a hacer seria por su propia voluntad y no por presión. Que el tener relaciones era cosa de dos y no solo de uno.

-Está bien –refunfuñó Ăsafe.

-¿Qué le vamos a hacer?

Semanas después volvían a platicar de lo mismo, Karen aún no había accedido a las peticiones del joven turco. Ăsafe había gastado todas sus ideas de cómo convencer a Karen pero no lo había conseguido. Karen no sabía de dónde sacaba fuerzas pero siempre salía corriendo cuando se sentía acorralada por Ăsafe. Y sí que hacía un gran esfuerzo por no caer en las tentativas del joven. Pero hasta ese momento había logrado superar sus propias concupiscencias.

-¿No entiendo por qué no quieres tener relaciones conmigo?- preguntó Ăsafe-. Si es lo más natural del mundo.

-No entiendo- dijo Karen-. ¿Por qué todo el mundo dice que tener relaciones antes del matrimonio es lo *más natural del mundo?*

-No lo sé- opinó Ăsafe rascándose la frente-. Eso es lo más natural, yo creo que es para ver si en la intimidad se es compatible o no.

A Karen le pareció absurda la respuesta del joven, o más que absurda, su respuesta fue producto de lo que la gente le vende a los demás, ideas falsas para no reconocer la falta de valor por sí mismos, porque no solo aquel joven si no la gran mayoría nunca se han detenido a pensar en que si el tener relaciones antes del matrimonio era lo *más natural del mundo,* o simplemente era un pretexto para no reconocer que los *valores* morales se han ido yendo por el excusado poco a poco. Pues Karen por si misma ya había experimentado lo que se sentía, de que hoy un chico le hacia la misma propuesta, de tener relaciones antes del matrimonio, para ver si eran compatibles, y mañana éste mismo chico ya andaba con otra chica. Y ése era otro de los motivos el por qué aún no había accedido a tener relaciones, no quería volverse a sentir *usada* por un tipo que solo quería comprobar, que si eran compatibles en el sexo se casaría con ella.

-¿Sabes? Últimamente mucha gente se suicida, entonces porque no hacemos lo mismo, ¿Por qué no nos suicidamos? Lo hace mucha gente, eso también debería ser normal, ¿Qué no?

-Eso es diferente- dijo Ăsafe poniendo cara como de haber escuchado la peor estupidez de su vida

-¿Por qué es diferente, si lo hace mucha gente?

-¿Entonces estás dispuesta a esperarte hasta el matrimonio?- Inquirió Ăsafe.

-Así es- aseveró Karen-. Si tú crees que me quieres lo suficiente como lo dices, y si quieres formar una familia conmigo entonces me entenderás y comprenderás.

Ăsafe suspiró profundo, sonrió con enfado y dijo: -No, yo no creo en el matrimonio, no me gustan los hijos, ni mucho menos puedo desperdiciar mi tiempo con una chica como tú, que aún cree en la moral y las buenas costumbres. Tú eres una gran mujer, eres maravillosa, divertida, elegante, hermosa, yo creo que cualquier hombre daría lo que fuera por casarse contigo... Si yo fuera diferente valoraría la forma en la que piensas, y no es que yo no te valore, si no que...- Ăsafe guardó silencio y le tomó las manos-. Te lo vuelvo a repetir, no creo en el amor, no creo en el matrimonio y no creo en la *moral,* esa palabra desde hace mucho tiempo en Europa, si no es que en todo el mundo, *la tiramos a la basura...* Y si no hay ninguna forma de cómo convencerte de tener *relaciones*, entonces me marcho. Para mí el sexo es más importante que los sentimientos mismos- la besó en la frente y se fue, así sin más.

Karen, llena de sorpresa abrió sus bellos ojos cuan grandes eran. Gracias al objetivo que se había trazado, había descubierto dos cosas, una, que si había funcionado el sistema de la doctora, de no acceder en tener relaciones sexuales con su pareja, pues así descubriría si en realidad la querían a ella en su plenitud, como persona, como mujer incluyendo a su deslumbrante belleza, o si solo la querían por tener sexo. La acción de ese joven la había dejado desconcertada, pues en efecto, (y que incluía la segunda cosa que había descubierto) se dio cuenta que en parte ese joven solo la quería por su intimidad, y que también era *honesto,* que le había confesado en lo que creía y en lo que no. Hacía mucho tiempo que no encontraba a un chico tan honesto. Sintió ganas de seguirlo y detenerlo, pero la detuvieron las mismas palabras del joven, de que nunca se casaría, y de que mucho menos creía en el amor, y de que no le gustaban los bebes.

-Ni modo Karen- dijo en un susurro-, *¿qué puedes hacer?*

-¡Qué!- dijo Liliana al enterarse de que Karen y el joven turco habían roto su relación-. Yo creí que tú y el Ăsafe, se iban a casar.

-Sí, yo también- dijo Karen por enésima vez-. Yo también creí que me iba a casar con él, pero ya ni modo.

Nicole expresó lo mismo que Liliana y le confirmó su amistad. Siguieron asistiendo con ella a los desfiles de moda. Karen no batalló en superar la ruptura con el joven turco.

Por su parte, Liliana se comenzaba a preocupar porque el dinero se le comenzaba a escasear. El último cheque que recibiera de su abuela, lo acompañaba una carta en donde le explicaba que estaban en la banca rota. Que su madre, ya no le iba a mandar más dinero desde Italia y que con el poco capital con el que contaban, lo iba a invertir en un negocio que le diera para sobrevivir, y ya que gracias a Dios había obtenido la beca en la universidad; no batallaría por el dinero para sus estudios y que recordara que mientras ella no se graduara y tuviera una carrera no obtendría la herencia que le había dejado su abuelo.

Karen la había reprendido por haber engañado a su abuela falsificando la carta que ella había obtenido de la universidad.

-De alguna manera la tenía que convencer- se defendió Liliana-. Al final de cuentas de alguna manera todos mentimos.

-¿Y ahora de qué vas a vivir?

-No sé- contestó Liliana-. Ya saldrá algo por ahí.

Y en efecto como dijo Liliana por ahí le salió algo. En una de las tantas fiestas a las que acompañaron a Nicole, conocieron a Rachel Peccile, una mujer italiana de unos cuarenta años de edad, que, aunque era una mujer madura, aún conservaba su belleza física. La mujer estaba sentada en un banco junto a la pequeña barra, se incorporó y se dirigió hacia ellas.

-Por la Santa Madona- dijo Rachel al presentarse con ellas-. Que niñas tan hermosas, ¿de dónde son?

-De México- respondió Karen.

-Latinas eh, que bien, ¿y a que se dedican?

-Estudiamos- respondió Liliana.

Rachel les invitó un refresco. Conversaron un poco y ya más en confianza les preguntó.

-¿No les gustaría trabajar en sus ratos libres?

-¿Haciendo?- pregunto Liliana.

Rachel se acercó un poco más a ellas y bajo la voz.

-Yo trabajo en una agencia de *acompañantes.*

-¿De qué?- preguntó Karen al no entender a lo que se dedicaba la agencia.

-Es una agencia en donde nos dedicamos a "adornarles" las fiestas, las convenciones o lo que sea a los tipos ricos.

-Sigo sin entender- murmuró Karen.

-Es fácil- dijo Rachel-. Con nosotros trabajan chicas hermosas, y cuando una persona quiere a alguna acompañante, pues nos llaman, le mandamos a una chica y listo.

-¿Es una red de prostitución?- inquirió Karen.

Rachel sonrió ante la pregunta de Karen, le tomó a su bebida y explicó:

-No, no es prostitución. Lo que nuestros clientes quieren es solo presumir la belleza física de su acompañante. Mira, para que me entiendas muchos tipos ricos usan a las chicas de la agencia solo por presumir con otros hombres, presumen que la mujer que los acompaña es su nueva conquista, eso no es prostitución. La prostitución es cuando vendes tu cuerpo por favores sexuales, con esta agencia solo vendes tu presencia, no tu cuerpo. Entre nuestros clientes se encuentran, políticos, doctores, artistas, futbolistas, inversionistas. Les voy a contar un secreto, en muchas ocasiones cuando algunos famosos salen con una chica hermosa, y dicen a los periodistas que no es del medio, y no quieren dar información de ésta chica, es porque la contrataron en nuestra agencia.

-¿En serio?- comentó Liliana-. Esa no me la sabía.

-¿Que dicen? ¿Le entran a la agencia? Es un trabajo muy fácil y divertido.

-¿Y cuanto pagan?- preguntó Liliana.

-Todo depende, si es solo por una tarde o noche, hasta seiscientos euros, o hasta más.

-¿Tanto?- dijo Karen.

-Así es- asevero Rachel-. Tanto.

-Yo paso- dijo Karen después de pensarlo unos minutos.

-Yo sí- terció Liliana-. Yo si le entro.

-Anímate- le dijo Rachel a Karen-. Te va a ir muy bien, las chicas latinas son muy solicitadas en este negocio. Tienes uno de los rostros más hermosos que he visto en los últimos años, esos lentes te dan un toque intelectual aparte de que acentúan tu belleza. Tú conseguirías muchos clientes, pues cualquier tipo querrá presumir tu belleza.

Rachel y Liliana insistieron para que Karen aceptara trabajar en la agencia, pero desistieron al mirar que estaba firme en su posición. Liliana se puso de acuerdo con la mujer. No había contrato, solo tendría que esperar a que la llamaran, le darían instrucciones de cómo ir vestida, y la dirección del lugar.

Tres días después Liliana tendría su primer trabajo. Hasta ese momento y como lo había dicho Rachel, solo tendría que acompañar al hijo de un famoso empresario a una reunión de trabajo, fingir que era su nueva conquista y hablar maravillas de él. A ese trabajo le siguieron uno y otro, lo que en gran parte le ayudaba era como lo había dicho la mujer, que era latina. Gracias a las mediocridades de algunos tipos ricos que pagan por la presencia de una mujer, pronto su problema económico había quedado resuelto.

Karen por su parte seguía entusiasmada por los estudios, le agradaba mucho conocer a gente de todas partes del mundo. Barcelona por ser una de las ciudades más avanzadas de España y parte de Europa, atraía a miles de turistas que a la postre muchos de esos se quedaban a vivir. Liliana cada vez que podía la trataba de convencer de que trabajara en la agencia.

-Es muy divertido- decía Liliana-. Lo único que tienes que hacer es tomar del brazo al que estas acompañando, y a veces fingir que estás saliendo con él, además conoces a mucha gente importante.

Y así era, Liliana ya había conocido a personas de todos los ámbitos, artistas, cantantes, pintores, y hasta príncipes árabes. En una de esas tantas insistencias y encontrándose Karen aburrida, aceptó acompañar a Liliana en uno de sus trabajos.

-Solamente hoy- dijo Karen-. No creas que comparto muy bien este trabajo.

-Como tú digas- señaló Liliana-. Pero yo te aseguro que te va a gustar.

Rachel reaccionó muy contenta al escuchar que Karen había aceptado trabajar como *acompañante*. En su primer trabajo, Karen acompañó a un hombre inglés llamado Charley. Había sido invitado a festejar el cumpleaños de uno de los hijos del productor de cine más importante del país. La fiesta se celebró en una mansión a las afueras de la ciudad, a unos cuantos metros del maravilloso y famoso Mar Mediterráneo. Karen por fin conoció una de las mansiones mas nombradas de Barcelona. En dicha mansión, en más de una ocasión la familia real había pasado sus vacaciones de verano. En la fiesta se encontraba la crema y nata de la sociedad barcelonés. En efecto, como lo había dicho Rachel, Karen de inmediato por su belleza atrajo la mirada de los hombres y mujeres presentes, los hombres por su belleza y algunas mujeres por envidia.

-Esto es fabuloso- dijo Liliana que también había sido contratada por un joven madrileño-. De lo que te estabas perdiendo, disfrútalo.

Karen le respondió con una sonrisa de complicidad. No dejaba de admirar o de recriminar la forma tan... insólita de desperdiciar el dinero, no entendía el por qué el ser humano tenía o tiene la necesidad de demostrarle a los demás de que tiene poder económico. ¿Por qué gastar miles de euros en una fiesta, si al final de cuentas cuando la gente se retira de todos modos la gente se va criticando, gente que asiste a las fiesta casi por obligación y no por gusto, de quedar bien con el productor, de quedar bien con la realeza, con los políticos, con artistas? Realmente no lo entendía. La fiesta no solo duro un día sino todo el fin de semana. Lo cual por lógica, merecía un triple pago.

-¡Guao!- dijo Karen al ver su primer pago por su compañía.

-Dos mil quinientos euros por un fin de semana.

-Te lo dije- la interrumpió Liliana-. Pagan muy bien, me he enterado que hay prostitutas que cobran hasta tres mil euros en una noche.

-¿Prostituta?- replicó Karen con cierta inocencia-. Nosotras no somos prostitutas, ¿o sí?

-¡Claro que no!- dijo Liliana-. Somos *acompañantes*. Ya oíste a Rachel, una prostituta es aquella mujer que vende su cuerpo o hace favores sexuales por dinero.

Siempre ha sido muy complejo el comportamiento del ser humano, Karen no entendía por qué el hombre inglés había pagado tanto dinero solo por su compañía y que fingiera que era su conquista del momento. <<Que simple y vana es la mentalidad del hombre>>, dijo en más de una ocasión. Aunque ella había dicho que solo lo haría una vez, atendió los siguientes llamados de Rachel, que por lógica se llevaba una buena comisión. Pronto se vio envuelta entre la más alta sociedad y sus vanidades de presunción. No faltó quien le propusiera que fueran más allá de solo disfrutar de su compañía. Karen no se molestaba por las propuestas pues de ante mano sabía que eso sucedería, estaba preparada para negarse sin hacer que se molestara el cliente.

Estaba tan metida en su nuevo trabajo que descuidó la universidad, y un día recibió una carta en donde le anunciaban que por sus constantes faltas automáticamente le habían suspendido la beca. Aunque Karen le suplicó al director y prometió que no faltaría más, no consiguió que la aceptaran de nuevo.

-Somos una universidad seria- dijo el director-. Si usted no valora a las personas que hacen un esfuerzo por proporcionarle una beca, estoy seguro que otro joven si los va a valorar, lo sentimos mucho.

-¿Qué remedio?- refunfuñó Karen.

Triste por lo acontecido se marchó a su casa.

-¿Y ahora que vas a hacer?- preguntó Nicole cuando se enteró de la suspensión de Karen.

-No lo sé- respondió Karen al mismo tiempo que se recargaba en el sofá y cerraba los ojos-. Soy una tonta, ésta era una de las mejores oportunidades de mi vida y la desperdicié.

-Yo a la verdad nunca estuve de acuerdo en que trabajaran como *"acompañantes"* en esa agencia. Y sin que te molestes te voy a decir algo, en esos trabajos casi siempre acaban *prostituyéndose.*

Karen la miró de reojo.

-¿Pero yo que les puedo decir?- continuó Nicole -. Ustedes ya están grandecitas como para saber lo que hacen, pudiendo encontrar un trabajo más decente, buscan el dinero fácil.

Nicole terminó de hablar, tomó su bolso y se marchó a una sesión de fotografías. Karen sabía que tenía razón. Nicole siempre había dado muestras de que era muy diferente a Liliana, siempre las andaba aconsejando, era una buena chica.

Para que todo se le juntara a Karen días después recibió la noticia de que sus padres pasarían dos semanas de vacaciones con ella ya que por sus "estudios" estaba muy ocupada y no había podido ir a México como lo había prometido. Por parte de Nicole no hubo ningún inconveniente en que los padres de Karen pasaran unos días hospedados en su departamento. Apretados pero todos cupieron en el modesto apartamento.

Durante la estancia de sus padres en Barcelona, Susana no dejaba pasar ni un solo momento en el que no les hablara de Jesucristo, el Hijo de Dios, de que se arrepintieran de sus pecados y de que le pidieran perdón por ellos, y de que lo aceptaran como su Señor y Salvador; pero Karen siempre respondió lo mismo.

-Ustedes me enseñaron a creer en la fe de la Iglesia Católica, y yo no voy a traicionar mi fe.

Susana le explicó de una y mil maneras de que conforme a la Santa Biblia por su fe a quien traicionaba era al Señor Jesucristo, pues ella, Karen, creía más en otras personas que en el mismo Jesucristo y que solo Él y nadie más podían ser los mediadores para con Dios, que ni aún María la madre de Jesús, por ningún motivo podía mediar entre los seres humanos para con Dios. Le dijo también que si ellos le habían enseñado la fe hacia la Iglesia Católica había sido porque a ellos también sus padres se las habían inculcado, pero ahora que se habían dado cuenta de que solo hay un solo mediador, Jesucristo, le querían enseñar le fe en Él. A pesar de la insistencia de Susana y de Ángel, Karen se mantuvo firme en no creer en Cristo. Bueno, Karen si creía en Cristo, siempre había creído en Él, pero el problema es que no creía en el Cristo del que habla la santa Biblia, sino que creía en un Cristo muy diferente, ella creía en un Cristo que la Iglesia Católica predicaba, un Cristo imperfecto, un Cristo muerto, y no vivo, un Cristo incapaz de salvar a una persona por sí mismo, ya que ocupaba ayuda de piedras y de animales. Ese es el Cristo que predica la Iglesia Católica, y no el verdadero Hijo de Dios, un Cristo perfecto que puede salvar del infierno a una persona con solo tener fe en Él, y no necesita que un pobre y miserable ser humano le ayude con sus supuestas buenas obras para salvarse. Aunque Karen sabía que eso de la fe en la Iglesia Católica no era más que un pretexto absurdo para no creer lo que Dios dice en su Santa Palabra. Pero ese pretexto le había funcionado infinidad de veces. Al menos eso pensaba, en que le funcionaba. Pero lo que ella no sabía era que esos pretextos la estaban llevando por caminos oscuros y escabrosos, caminos de muerte, y que algún día, sola, desesperada, triste, y perdida en ese insondable océano lleno de amargura, deseo jamás haber caminado.

Los padres de Karen sabían que el convencerla de su pecado era tarea del Espíritu Santo y no de ellos. Pero, gracias a Dios su palabra algunas veces cae en tierra fértil, y hay quienes si la aceptan, pues la que si creyó fue Nicole. Reconoció que era *pecadora,* se arrepintió, le pidió perdón a Dios por su pecado, y confesó a Jesucristo como su Señor y Salvador para Vida Eterna. *Nicole había sido salvada del infierno*.

Esas dos semanas fueron para Karen un tiempo maravilloso, convivio más de cerca con sus padres que no se cansaban de demostrarle su amor, su confianza, y principalmente le dejaron claro que podía contar con ellos, fuera lo que fuera, pasara lo que pasara, que siempre en ellos iba a encontrar unos amigos incondicionales y sin reservas.

Se llegó el tiempo de que regresaran a la ciudad de México, primero irían a Madrid a visitar a los familiares de Ángel y después se regresarían a México. Karen los despidió en el aeropuerto. Los miró abrazados, era como si el amor entre sus padres floreciera día con día. Karen amaba mucho a su padre, lo respetaba y lo admiraba. Siempre les había demostrado que era un gran hombre, un excelente padre, y un mejor marido, siempre al pendiente de todo, de que nada les faltara, por más que le buscara nunca, jamás encontraría una sola queja en contra de él, no es que fuera el hombre perfecto, sino que les había demostrado ser un verdadero hombre. Ángel con ternura besó la frente de Karen.

-Te espero en México siendo una gran psicóloga de niños- dijo Ángel.

Karen le besó la mano en señal de amor y respeto, pero lo que Karen no sabía, era que, esa sería la última vez que vería a su padre con vida... No, no lo sabía, porque si lo hubiera sabido, se hubiera trepado sin pensarlo dos veces a ese avión, y hubiera dado la vida por pasar los últimos días junto a su a padre. Pero desgraciadamente no lo sabía.

Ya con un poco más de tiempo, las tres, Karen Nicole y Liliana se dedicaron a explorar la bella ciudad de Barcelona, visitaron *El Barrio Gótico, la Plaza de Sant Jaume*, en donde se pueden apreciar los restos de la Muralla de Defensa de la época en que Roma dominaba a España, así como la puerta de "La Placa Nova". En la plaza central se encuentran los palacios de Generalitat y el del Ayuntamiento. Visitaron Las Ramblas, un gran boulevard de dos kilómetros de largo ubicado entre la Plaza Cataluña y el puerto, en donde se encuentra a todo tipo de gente y de diferentes clases sociales. En este boulevard se pueden apreciar a los artistas de la calle, pintores, teatros ambulantes, florerías, bares, la *Academia de Ciencias*, el *Palacio de la Virreina*, el *Mercado de La Boquería*, La Placa Reial, que fue sede de la burguesía hasta 1900, y no podían faltar por supuesto, sus grandes tiendas de lujo. Barcelona es una de las ciudades más avanzadas en toda Europa. Su construcción basada en la arquitectura moderna y barroca hace que se le vea como un fenómeno en el urbanismo europeo. Aparte de ser la ciudad más cosmopolita y activa económicamente hablando, es una de las ciudades más visitadas por turistas, siempre ha demostrado ser una de las ciudades más futuristas de España. Por su belleza sin igual la llaman la Rosa de Fuego. Pero... siempre de todo lo bueno sale algo malo, Barcelona por ser uno de los lugares más turísticos del Mediterráneo acarrea todo tipo de gentes, por llamarlo de algún modo es el centro del mundo turísticamente hablando, las personas que la visitan dejan su forma de vivir, de pensar, de ser, y le inculcan a los jóvenes barceloneses su estilo de vida un poco *diferente*. Desafortunadamente el conocimiento acarrea mas malicia, y donde hay malicia hay mas pecado, y en donde hay pecado no hay respeto por si mismos ni por los

demás. Jóvenes vestidos según ellos a la moda, caminan por las calles semidesnudos, ellos le llamen moda, pero Karen le tenía el verdadero nombre a su forma de vestir, es sentirse *inferiores* a los demás, el sentirse ignorados por la sociedad.
Por su forma de vestir lo único que quieren es llamar la atención, de decir, sin voz, de gritarle en silencio, a la gente "decente y normal" que ahí están, que existen. La *inferioridad*, un sentimiento que Karen había acariciado en algún tiempo, por eso los entendía.

No todo es perfecto, siempre sale algo malo.

El tiempo siguió su cansado caminar y Karen siguió atendiendo los llamados de Rachel. <<*No todo es tan malo*>>, se había dicho en más de una ocasión. Incluso se divertía con hacerle creer a la gente que ella era la nueva conquista del tipo al que acompañara. En una ocasión la contrataron para asistir a una fiesta particular. Era en el departamento de un joven barcelonés, hijo de un político. Esa noche no pasó nada. Tampoco en la segunda vez no hubo ningún problema, pero en la tercera vez que el joven contrató la compañía de Karen, terminó teniendo relaciones con él. A esa le siguieron una y otra. Ahí es donde consiste la imperfección de ser humano, y la imperfección pues se demuestra cuando tomamos decisiones erróneas. Después de que Karen rompiera su relación con Ăsafe, el joven turco, Karen había rechazado un sin número de pretendientes, que sin duda entre ellos encontraría a un buen chico, pero no, estaba ahí, sosteniendo relaciones con un tipo que la contrataba por su compañía, para salir a cenar o a una discoteca, para presumirla.

-¿Eso no es prostituirse?- preguntó Nicole mientras preparaba el desayuno.

¡No!, se respondía Karen para sus adentros, *prostituirse es cobrar dinero por tus favores sexuales, a mi me pagan por acompañar a los clientes. Si yo decido tener relaciones con alguien es por mi propia decisión no porque obtenga algún beneficio económico. Así que no, eso que hago no es prostitución.*

-Disculpa que seguido te diga lo mismo, yo siempre he respetado el trabajo de ustedes, yo se que esas agencias de "compañía" son muy populares en estos tiempos- decía Nicole haciendo un ademan de entre comillas cuando decía la palabra *compañía-*. También se que el verdadero trasfondo de las agencias es la prostitución. Ustedes no tienen necesidad de trabajar en eso, no quisiera ser ave de mal agüero pero, si les comienza a gustar el dinero fácil, no me sorprendería que después por su gusto se prostituyan.

Liliana hacia el mismo gesto de enfado cada vez que escuchaba hablar a su prima. Pero Karen daba destellos repentinos de lucidez y de estar de acuerdo con ella. ¿Pero y entonces porque no hacía nada? Todo parecía que seguiría con el mismo rumbo, pero no. El siguiente fin de semana fue contratada por el mismo tipo, asistirían a la celebración del cumpleaños de otro joven. En el departamento había unas cuantas parejas, todo parecía indicar que sería una fiesta "privada".

<<*Hmmmmmmm, ya sé para donde va esto-* pensó Karen al darse cuenta que comenzaron a servir vino y uno de los jóvenes sacó una bolsita llena de pastillas-. *Ya sé a dónde va éste camino, y no lo pienso recorrer una vez más, si la juventud quiere seguir echando a perder este mundo yo no voy a ayudar. Así que, Karen, levántate y márchate* >>. Tomó su bolso y salió del apartamento. El joven la intentó detener pero Karen ya estaba firme en su decisión de dejar esa vida que solo la llevaría por caminos obscuros llenos de drogas, y dentro de sí misma reconocía que tenía miedo de volver a recorrerlos. El lunes siguiente le notificó la noticia a Rachel y como no había contrato de por medio, no había nada que la obligara a seguir en la agencia.

-Te felicito-le dijo Nicole a Karen al enterarse de que ya no trabajaría mas como acompañante-. ¿Y ahora de que vas a trabajar?

-No lo sé -respondió Karen-. Ya se me ocurrirá algo.

-¿Y porque no le intentas en el modelaje? Tú eres muy bonita, creo que te iría muy bien.

Karen se quedó pensándolo unos segundos, recordó que en algunas veces que acompañara a Nicole algunos productores de televisión le habían hecho algunas propuestas para hacer comerciales de televisión.

-¿Y por qué no?- dijo-. Lo voy a intentar.

Terminaron de desayunar, Karen se dispuso a lavar los utensilios, cuando de repente Nicole sintió ganas de vomitar. La chica corrió hacia el baño.

-¿Qué te pasa?- le preguntó Karen cuando salió del baño-. ¿Quieres que te lleve para con el doctor?

-No es nada grave- susurró Nicole.

-¿Cómo no va a ser nada grave?- insistió Karen-. Si te mareaste y vomitaste.

-No te preocupes- volvió a decir Nicole-. Me pasa de vez en cuando, ya me he revisado con un doctor y no es nada grave, pero gracias de todos modos.

Karen al ver que su amiga no accedió a visitar al doctor, ya no insistió más. Al siguiente fin de semana Karen acompañó a Nicole a un desfile de modas, en donde recibió una oferta de hacer un comercial de cosméticos.

-¿Ya ves? te lo dije- comentó Nicole contenta de que Karen recibiera tan pronto una oferta de trabajo-. Yo creo que te va a ir bien.

-¿Si verdad?- Karen estaba contenta-. ¡Ojala que me vaya bien!

Días después Karen se presentaba en la oficina del productor televisivo que le ofreciera hacer el comercial. Pero no todo iba a ser tan fácil, pues a las primeras de cambio el hombre llamado Esteban sacó a relucir sus verdaderas intenciones (el productor era un tipo pasado de peso, y lucía una enorme papada, y cuando respiraba parecía que roncaba), le insinuó a Karen que si ella era un poco "amable" con él, la convertiría en una actriz o una modelo muy cotizada. Karen de inmediato intuyó la palabra "amable" se levantó del sillón, miró al tipo y con una mirada glacial le gritó.

-Yo no necesito de fama, ni de ser amable con un tipo mediocre como usted. Así que tome su comercial y trágueselo.

-Tú te lo pierdes- dijo el tipo sin inmutarse -. Allá afuera hay muchas chicas que están dispuestas a lo que sea con tal de hacer un comercial.

-Tipos como usted me dan asco, se aprovechan de que tienen un poco de poder y abusan de las personas que quieren progresar en la vida.

-¿Qué quieres que haga?- dijo el tipo-. Así es la vida.

-¿Así es la vida? O ¿tipos como usted han hecho que este mundo se vaya descomponiendo cada vez más?

Sin decir más Karen abandonó la oficina azotando la puerta, y como lo había dicho el tipo aquel, afuera había cuatro chicas esperando para entrevistarse con ese hombre, y que por seguro, alguna de ellas sería "amable" con él para conseguir el contrato del comercial.

-Lo siento- dijo Nicole al enterarse de las verdaderas intenciones del productor-. Pero no es el único por ahí tiene que haber un productor honesto.

-Yo con tal de salir en la televisión sí me hubiera acostado con ese regordete- dijo Liliana desde el fondo de la sala-. Lo he hecho muchas veces de a gratis, hacerlo por cinco minutos de fama, bien hubiera valido la pena

Nicole le mandó una mirada asesina.

Pero Karen lejos de encontrarse con un productor honesto, se volvió a encontrar con otro productor mediocre que queriendo utilizar su poder quiso sobrepasarse para con ella. Así que tomó una decisión, decidió tomar un curso de cosmetología, así mismo como estilista. Todo fue más diferente, en la academia en donde tomó las clases no había tipos con mentalidad reprobada queriendo abusar de su poder para querer acostarse con ella. El curso fue intenso, pasaba la mayor parte del día en la academia. Pero todo su esfuerzo se vio coronado con la obtención de un lugar en uno de los salones de belleza más prestigiados de Barcelona, *La beauté Est Éternelle*. Karen nunca estuvo de acuerdo en que *la belleza fuera eterna*, pero qué más daba, lo más importante era que ahí se maquillaban a las modelos más famosas del momento, a las actrices más solicitadas del cinc español, y era el lugar más preferido de la crema y nata barcelonés. Por ser nueva casi no tenía clientes preferenciales así que en su tiempo libre se dedicaba a observar el trabajo de sus compañeras, así de esa forma podía obtener más experiencia. Solo atendía a clientas apresuradas, o aquellas que llegaban tarde a la cita. Se esmeraba en su trabajo y lo hacía con tanto fervor que a las pocas clientas que atendía las dejaba satisfechas y la comenzaron a recomendar, y al paso de los meses ya tenía una buena clientela. Liliana que por lo regular no tenía nada que hacer acompañaba a Karen al salón, y al ver todo el glamur, que ahí se juntaba no pudo evitar exclamar.

-¡Guao! Estas chicas sí que lo tienen todo, fama, dinero, suerte. Estas chicas sí que le hacen honor a la *Ley de la Atracción.*

-¿La ley de qué?- preguntó Karen sin entender de lo que hablaba su amiga.

-La ley de la atracción- repitió Liliana-. Dicen que si tienes una mente positiva, que si te levantas todas las mañanas con una mente positiva, que si todo lo deseas con ganas, que si todo lo tienes en mente, tarde o temprano lo obtendrás.

-¿En serio?- dijo Karen-. No lo sabía.

-Eso lo han revelado en libros, ya no es un secreto- explico Liliana-. Hay escritores que se han dedicado a revelar todos esos elementos que hacen o componen *la Ley de la Atracción*. Todos los famosos, los hombres más ricos del mundo, todo su éxito lo basan a la ley de la atracción.

Y no solo en esa filosofía barata Karen se dejó envolver, sino en muchas otras. Cada clienta traía una filosofía diferente, algunas creían en la suerte, en la Superstición, en el Karma, en la Numerología, en el

Destino y en muchas otras. Sus clientas hablaban con tanta seguridad de lo que creían que Karen acabó convencida de que todas esas filosofías forman parte en la vida y tienen por fuerza que ser los caminos que tenemos los seres humanos que recorrer. De que todo ya está escrito, de que nadie por más que se esfuerce puede cambiar el rumbo de su vida ¿Por qué? Porque ya todo está escrito. La gente con mente pequeña le llama, destino. Adolfo Hitler, dijo alguna vez- *entre más grande sea la mentira, más gente la creerá*-.Y eso fue lo que le pasó a Karen, lo escuchó de tanta gente que creyó que su destino ya estaba trazado. Aunque todas esas filosofías se contradecían con la supuesta *Ley de la Atracción*, de una o de otra forma se las arregló para que en su mente se acomodaran como si una no pudiera existir sin la otra. Pero pronto los sucesos de la misma vida le demostrarían que todas esas filosofías carecían de fundamentos, y que no eran más que pensamientos de individuos que no son capaces de reconocer que tenemos que pagar las consecuencias de sus propios actos, no porque sea un castigo por nuestros pecados pasados, sino porque no se detienen a pensar que lo que sembramos es lo que cosechamos. Y Karen se convencería de que creer en esas filosofías no era más que tener la mente débil.

En unos de esos días Karen recibió una llamada telefónica en la que le avisaban que Nicole estaba hospitalizada. Nicole estaba en una sesión de fotográfica cuando sintió un mareo y cayó al piso sin sentido. Karen despojándose de su bata de trabajo, de inmediato se dirigió al hospital.

-¿Qué le pasó a mi amiga?- le preguntó al doctor, llamado Alejandro, encargado de atender a Nicole.

-Presenta un cuadro severo de descompensación alimenticia- respondió el doctor después de presentarse.

-¿Y es grave?

-Si no se atiende con tiempo sí. Puede ser grave o hasta mortal.

Karen hizo una mueca de preocupación al escuchar al doctor.

-¿Qué es exactamente lo que tiene?- Karen esperó la peor de las respuestas.

-Anorexia.

-¿Anorexia?- replicó la chica-. No sabía que la anorexia fuese mortal.

-¿Conoce usted esa enfermedad?-

-Más o menos- respondió Karen.

-Acompáñeme a mi consultorio- indicó el doctor-. Allá le explico un poco mas de esta enfermedad- ambos entraron al consultorio. Karen tomó asiento, el doctor se sentó frente a ella y luego dijo:

-La anorexia es una enfermedad que está atacando a nuestra juventud, principalmente a las jovencitas de entre 17 y 22 años de edad, en muchos casos las *modelos* son quienes principalmente padecen de esta enfermedad, como le sucede a su amiga.

-¿Y se cura con medicina o algo así?- preguntó Karen demostrando el poco conocimiento que tenía acerca de la anorexia.

-Con vitaminas, comer bien y terapia- respondió el doctor-. Pero principalmente con cariño hacia la persona enferma. Muchas jovencitas no quieren reconocer que la anorexia es una *enfermedad mental*. Su amiga va a requerir su apoyo emocional. Pues en eso consiste la enfermedad, en lo emocional, en mi punto de vista es mas mental que físico, pues la gran mayoría de las enfermas, sino es que todas, cuando se miran al espejo se ven gordas, cuando en realidad no lo son. Lamentablemente si no se recibe atención pronto, pasa de ser mental a físico.

-Pero si Nicole tiene un cuerpo bonito, hasta me da envidia- lo interrumpió Karen.

-A eso es a lo que me refiero- dijo el doctor-. Nicole es muy bonita pero te aseguro que cuando se ve al espejo, se mira gorda y tal vez fea, por eso te digo que esa enfermedad es más psicológica que física. Y eso desafortunadamente en gran parte lo han creado los diseñadores de moda, pues casi siempre en sus desfiles salen modelos extremadamente delgadas, que para mi gusto no se miran bien. Algunas causan hasta tristeza de lo huesudas que están. Todo eso lo capta la mente de las jovencitas, como ven que su modelo preferida está muy flaca ellas también quieren estarlo, no importa si arriesgan su propia vida, como le sucede a Nicole. Ella ya presenta los síntomas de *anemia.* Aunque al final de cuentas todo es personal, no importa lo que haga la modelo o actriz por estar delgada, si tú no quieres hacer lo mismo simple y sencillamente no lo haces. Pero desafortunadamente creo que Nicole sigue la epidemia de las demás chicas, de estar delgada a fuerzas.

-*¿Anemia?* Pero si Nicole come muy bien.

-Ese no es el problema, el hecho de que coma bien no significa que no pueda ser anoréxica o anémica. El problema consiste en lo que hace después de comer, algo que nos ayudó fue que su amiga reconoció que es anoréxica. Nos dijo que después de comer casi siempre usaba laxantes, o que ella misma se provocaba el vomitar. No importa si ella comía bien o no, lo que importa era lo que hacía después de comer. En muchos casos el amor de padres nos siega de la realidad, muchos padres se dan cuenta de los síntomas pero todo lo excusan con que *son cambios de la juventud,* pero esa es una gran tontería porque muchos padres pueden evitar que sus hijos sean anoréxicos.

-¿Y cuáles son los síntomas? ¿Son fáciles de detectarlos?

-Si pones atención, sí. Por ejemplo, si una persona come compulsivamente y de inmediato se dirige al baño a vomitar, si sigue regímenes estrictos de dietas, o si siempre se anda quejando de que se ve gorda aunque este delgada, esos son solo algunos síntomas. Pero hay un sin fin de síntomas que pueden presentar los enfermos. Pero para poder ayudarlos se requiere que el enfermo tenga el valor de reconocer que necesita ayuda. Muchas veces si el paciente no lo quiere reconocer es por vergüenza o por cobardía, pero gracias a Dios que Nicole reconoce que necesita de esa ayuda. Así que usted como su amiga tiene la responsabilidad de ayudarla. ¿Tiene algún familiar aparte de usted?

-Una prima, ya viene en camino. Nicole es huérfana, sus padres fallecieron cuando ella tenía cinco años de edad.

Minutos después Karen platicaba con Nicole, y como lo había dicho el doctor, ella reconocía que estaba enferma y que *necesitaba ayuda*. Ese es el principal antídoto para muchas enfermedades curables, pues desafortunadamente mucha gente no reconoce que necesita ayuda haciendo que se empeore la enfermedad. Karen y Liliana estaban dispuestas a hacer lo que fuera necesario para que su amiga saliera adelante con su vida. Nicole de entre las tres era la más alegre, la más positiva, siempre les estaba inyectando el amor por la vida, pero a ella como todo ser humano tenía sus propios defectos, pero nunca quitó de su corazón el ayudar a las personas necesitadas aun a pesar de que ella misma necesitaba esa ayuda. Por eso es que nunca, ni Liliana, ni Karen se dieron cuenta de que estaba enferma de *anorexia*.

-¿Yo pensé que eras de complexión delgada?- comentó Karen.

-No- respondió Nicole-. Yo era un poco más llenita, pero desafortunadamente en el modelaje si no eres flaca no eres muy bien aceptada.

-¿Y por eso decidiste tomar el camino de la anorexia?

-Al principio no- respondió Nicole mientras se acomodaba en la cama del hospital, hasta casi estar sentada-. Primero bajé de peso con un poco de dieta y bastante ejercicio, pero con el tiempo y lo bastante ajetreado del trabajo, ya no me quedaba tiempo para ir al gimnasio o cuando menos salir a la calle a correr un poco.... –Nicole guardó silencio-. Y pues desafortunadamente sin más opción tomé el camino que muchas otras modelos han tomado. Siempre me ha gustado comer bien, pero no podía seguir comiendo como antes, ¿pero qué podía hacer? Así que después de comer me provocaba vomito, al principio no había problema, pero con el paso del tiempo ya no lo pude controlar, de modo que siempre después de comer automáticamente comenzaba a vomitar. Yo sabía que necesitaba ayuda pero no lo quería aceptar, pero ahora que vine a parar al hospital, reconozco y acepto que estoy enferma y que necesito de ayuda. Es muy bonita la vida como para desperdiciarla muriendo por una estupidez de algo que yo misma me estoy provocando.

Karen no podía creer que muchas modelos padezcan de anorexia. Qué triste ha de ser para algunas personas sacrificar muchas cosas con tal de obtener algo de fama, como la vida misma. Pues en los días en los que Nicole fuera hospitalizada, una modelo internacional había muerto por las consecuencias de la anorexia. Las mujeres más hermosas del mundo son las que adornan las pasarelas en los desfiles de moda. Pero su fama no es gratis, pues muy en el fondo de su corazón, quisieran salir de la miseria que la majestuosa gloria les ofrece, dinero, fama, lujos, y que muchas quisieran cambiar por una vida normal. Pero todo es personal como dijera el doctor, todo es una decisión que cada persona puede tomar. Muchas modelos saben y están consientes que padecen de anorexia o bulimia, pero si no quieren pedir ayuda, ya sea por falta de valor o porque simple y sencillamente cambian su propia vida por un poco de fama. No es que fuera la fama algo malo, lo malo es, a cambio de qué se obtiene.

-La belleza física, y la fama son solo vanidad y algo pasajero- dijo Nicole mientras tomaba una pastilla-. Y ¿te confieso algo? Yo no cambio mi vida por la fama.

Liliana y Karen apoyaban en todo lo necesario a Nicole. En la gran mayoría de los casos de anorexia se necesita de ser internada en un hospital, pero en el caso de Nicole no se necesitó de internarla pues ella reconocía que estaba enferma, pero tenían que estar muy pendientes de que no recayera pues una recaída podía resultar en peores consecuencias. Nicole con una gran fuerza de voluntad comenzó a salir adelante. Eso aunado al apoyo emocional de sus amigas pudo hacer que ella se restableciera. Con los días tomo una decisión, la decisión más grande y difícil de su vida, decidió ya no ser modelo, renunció a toda la gloria que el mundo vano le podía ofrecer. Y no cambió de opinión a pesar de que en los últimos días recibiera una oferta tanto tiempo esperada, una gira por las ciudades más importantes para los diseñadores de la alta costura: Milán, parís, Nueva York, y ahí mismo en Barcelona entre otras ciudades amantes de la alta Costura. El pensar que pudo haber muerto por algo tan absurdo como la obsesión de verse delgada, hizo que apreciara más la vida. Con sus ahorros puso una *boutique* en el centro de la ciudad. Sus amigas modelos la intentaron persuadir de que continuara con lo del modelaje y más aún después de haber recibido la oferta de la gira, pero ya había tomado una decisión que por nada ni nadie la cambiaria.

-Lástima que te llegó tarde el resultado de la *Ley de la Atracción*- comentó Karen mientras servía el desayuno.

Nicole soltó una carcajada.

-¿De qué hablas? ¿No me digas que tú también crees en esa filosofía barata?

-¿Y por qué no?- dijo Karen-. Todo demuestra que esa forma de pensar es más que una filosofía. Es una verdad innegable.

-No entiendo porque la gente no vive la realidad- dijo Nicole después de beber de su café-. La filosofía *de la Ley de la Atracción,* es solo una filosofía barata que la gente ha comprado a precio de oro. Se ha escrito mucho sobre eso, ésta idea la pintan como la única forma de obtener las cosas, como algo omnipotente, como si allá afuera existiera un secreto que fue por siglos oculto y que ahora está al alcance de todos-. ¡Despierta amiga!- decía Nicole-. Esa Ley de la Atracción, es solo un juego de palabras bien formuladas para que la mente del ser humano las pueda aceptar como la única y verdadera realidad de obtener las cosas sin más esfuerzo que el poder del deseo. Esa supuesta Ley es pura *lógica*, y al cerebro humano le gusta más la lógica que la realidad o la verdad misma. Yo soy un claro ejemplo de que esa dicha *Ley de la Atracción* carece de hechos reales, yo siempre trabajé duro para ser una modelo profesional, pero nunca lo logré, siempre deseé fama, éxito, dinero, lujos, pero nunca llegaron, y los deseaba con toda el alma. ¿Acaso no cumplí con todas las reglas de la Ley de la Atracción? O ¿tal vez mi energía positiva no le agradó a la ley de la atracción?- dijo Nicole en forma de burla-. Dime quien no ha tenido que trabajar duro para poder tener lo que ahora tiene, dime de alguien que ha obtenido lo que tiene por el simple hecho de desearlo... Nadie... Ni siquiera Donald Trump, Bill Gates, o Jorge Bergara lo han obtenido solo por desearlo. Aún ellos han tenido que trabajar duro para tener lo que tienen. ¿Acaso no te das cuenta que muchos escritores usan las mismas circunstancias de la vida y que solo le ponen palabras elocuentes para que digas, *guao,* sí que existe tal secreto? Eso mismo usan los astrólogos para engañarte con ese cuento de que las estrellas o los planetas dirigen tu vida.

Karen no respondió, pues se dio cuenta de que su amiga tenía la razón, pues no existe alguna persona en el mundo que pueda levantar la mano y diga que lo que tiene lo obtuvo gracias a solo desearlo como lo aseguran las personas que han escrito sobre ese gran secreto de *la Ley de la Atracción,* las personas más famosas del mundo, los hombres más ricos de este planeta han tenido que trabajar duro para obtener lo que tienen y ser lo que son, a excepto de aquellos que han heredado una fortuna, y si obtuvieron esa herencia era porque se la merecían o simplemente les correspondía. En pocas palabras Nicole le explicó que en la gran mayoría de esas filosofías hay textos bíblicos como, *con la vara que mides serás medido, lo que siembras es lo que cosechas, diente por diente*, eso es algo que mucha gente no sabe, e igualmente lo que la gente ignora es que los grandes filósofos de la historia dejan a Dios fuera de sus escritos simplemente porque la Santa Biblia no apoya a la filosofía. En cuanto a lo de los astrólogos Karen no reconoció nada, pero lo haría más adelante.

-¿Y tú como sabes todo eso?

-Cuando estuve en el hospital una señora me regaló una Santa Biblia-respondió Nicole.

Siguieron platicando y como Karen era de mente abierta no batalló para sacar de entre su biblioteca personal ese gran "secreto" de la Ley de la Atracción que no son más que palabras bien dirigidas al subconsciente del ser humano para convencerlo que hay ciertas fuerzas que nos llevan todo a nuestros pies.

Viendo que Nicole no daba señas de una recaída, decidieron divertirse un poco asistiendo a una invitación hecha por una compañera de trabajo de Karen. La compañera de Karen se iba a casar. En la fiesta Karen conoció a un joven barcelonés que trabajaba como fotógrafo en una revista de espectáculos, se llamaba Marlián Antúnez, según lo que le dijo a Karen, su padre era ingeniero y su madre contadora pública, y que aunque su madre no tenía necesidad de trabajar lo hacía solo por no aburrirse. Era un joven apuesto, deportista, alegre, un buen mozo, como dicen los españoles. Karen pronto se sintió atraída por aquel joven. Sin muchas objeciones Karen aceptó salir con él. Sin tardarse mucho se dio cuenta que era un hombre de mundo, en sus frecuentes salidas, el joven se dedicaba a seducirla con galanterías, Karen tenía un pequeño defecto (así lo llamaba ella) de inmediato dejaba al descubierto sus gustos y sus debilidades, así que Marlián no batalló en nada para descubrir la forma de cómo conquistarla. Como era lógico se presentó la ocasión en la que llegó el momento de decir *no* a tener relaciones intimas. Marlián, en su vida había enfrentado situaciones como esa, así que con toda galantería dijo:

-Yo soy un caballero y los caballeros respetamos lo que las damas decidan- no mostró ningún enfado o enojo. Fue algo que le agradó bastante a Karen. Marlián no volvió a insistir-. El día que decidas hacerlo será el día perfecto- dijo comprobando que era un "caballero".

Pero al parecer no todo era miel sobre hojuelas. Su amiga, la que la invitara a su boda le advirtió que según las *malas lenguas* decían que ese joven era un donjuán, un conquistador, un holgazán pues a pesar de tener veinticinco años seguía viviendo de sus padres pues era un mantenido, de que nunca había trabajado, y que solo se dedicaba a conquistar a las mujeres más bonitas que conocía en las fiestas, principalmente ricas para que también contribuyeran a su manutención.

-Son puras mentiras y envidias- dijo Marlián en respuesta a los comentarios de las compañeras de Karen-. Como tú eres una de las más bonitas del salón te tienen envidia, además de eso dos que tres de ellas han querido salir conmigo, pero como no les he hecho caso, por eso hablan, de pura envidia- finalizó Marlián defendiendo su reputación.

Como prueba de que sí trabajaba como fotógrafo, en una ocasión la llevó hasta donde las instalaciones de la revista comprobando con sus compañeros que sí era fotógrafo, quitando así una duda del corazón de Karen.

-¿Y qué tal su familia?- comentó Nicole-. Que te lleve para con ellos, si en verdad tiene buenas intenciones, no tendrá ningún inconveniente en presentarte a sus padres.

-Yo no tengo ningún inconveniente en presentarte a mi familia- respondía Marlián a la petición de Karen-. Pero te voy a ser sincero, mis padres son un poco especiales, ellos quieren que la chica que yo les presente sea con la que me voy a casar. Tú sabes, son un poco chapados a la antigua.

-¿Tú crees que yo no soy esa chica?- preguntó Karen dudando del supuesto amor que el joven tenía hacia ella.

-Claro que lo eres- expresó Marlián dándole un beso.

-A lo que me refiero es que nos conozcamos un poco más, de que tanto tú y yo estemos seguros que somos el uno para el otro.

-¿Y cómo saberlo?

-No lo sé- respondió Marlián-. Dejémoselo al tiempo. Además de eso, no tienes de que preocuparte, yo siempre te he respetado, y entre nosotros no va a pasar nada que tu no quieras que pase.

Convencida de que Marlián era un buen chico, y que los comentarios de sus compañeras del salón no eran más que el producto de la envidia, decidió confiar completamente en el.

Para los días en que Karen había aceptado salir con Marlián, ya había rechazado en diferentes ocasiones a un joven llamado Ariel. El joven era propietario de la cafetería que se ubicaba en frente del salón de belleza en donde trabajaba Karen. Aparte de ser el propietario de café, estudiaba en la Facultad de Medicina, quería ser cirujano plástico.

-Si yo fuera tú- le había comentado en más de una ocasión Nicole a Karen-. Sin dudarlo preferiría salir con Ariel que con Marlián.

-Pues sí. Pero da la casualidad que soy yo quien decide con quien salir y no tú. Además en el corazón no se manda. Además Marlián esta guapísimo.

-Eso sí- replicó Nicole-. Cada quien su corazón. Y por lo demás, no se me hace tan guapo como dices, Ariel es más atractivo. Cuestión de gustos, creo yo.

Ariel había demostrado en más de una ocasión las buenas intenciones para con Karen, incluso en una de esas tardes que Karen tomaba el café en su tiempo de descanso, los padres de Ariel lo visitaron en el café, y se las presento como una muy *buena amiga* con deseos de que algún día ese sentimiento pasara de la amistad al amor, pero Karen ni siquiera su amigo lo consideraba. <<Es un conocido>>, respondía cuando le preguntaban por él. Por el contrario a Marlián lo presentaba como su futuro esposo. <<Ten cuidado con el corazón-manifestó Nicole- el corazón es más engañoso de lo que crees, lo dice Dios en su Santa Palabra>>.

-Hasta parece que estoy escuchando a tu madre o a mi abuela- expreso Liliana al ver que se alejaba Nicole-. Desde que va a la iglesia cristiana no hace otra cosa que hablar de la Santa Biblia y de Jesucristo, hasta se está volviendo una santurrona. No me extrañaría que un día nos llegue profetizando, o con una areola sobre su cabeza o peor aún, con alas de ángel.

Karen no pudo evitar sonreír un poco al escuchar el comentario de su amiga.

Nicole tenía ya varios meses asistiendo a una iglesia cristiana. Cuando estableció su boutique, contrato tres empleadas, entre ellas a una chica (cristiana) llamada, Silvia, que obedeciendo el mandato del Señor Jesucristo, les Hablo del Santo Evangelio a Nicole y a sus otras dos compañeras. Nicole al escucharla y al haber leído un poco la Biblia, recordó que la madre de Karen en su visita a Barcelona le había hablado de Cristo, así que sin dudarlo decidió asistir a la iglesia con Silvia. Samia la otra chica también creyó en el Evangelio de Cristo, pero la otra chica llamada, Teresa, no creía en el Santo Evangelio. Decía que la historia de Cristo era la historia de amor más hermosa que jamás había escuchado. No podía creer que Dios había dejado el cielo para convertirse en hombre y morir en la cruz sacrificándose a sí mismo por una humanidad tan podrida y pervertida que no tiene remedio. La historia más hermosa jamás contada por varios hombres, según ella. Teresa andaba en la onda chic, en la onda gótica, en donde nadie existe más que ella misma. Ella era su propio dios.

En la iglesia, Nicole conoció a un joven llamado Aron, que trabajaba en la policía local de la ciudad de Barcelona. Aarón de inmediato les presento a sus padres, iniciaron una relación y a los pocos meses fijaron la fecha de la boda. Karen se puso feliz por el rumbo que había tomado la vida de su amiga Nicole. <<Te felicito- dijo Karen- se ve que es un buen chico, y se ve que te quiere mucho>>. <<Espero ser una buena esposa>>, expreso Nicole.

Por su parte, Karen seguía batallando por no ceder a sus propias concupiscencias, por no ceder a los deseos de la carne, pero no lo conseguiría seguir avante por mucho tiempo. Pues sin poder resistirse más, le dio rienda suelta a su pasión. Y sin poner más trabas comenzó a tener relaciones íntimas con Marlián. En un tiempo salía huyendo como gatita asustada, pero ahora enfrentaba su vida y su relación como una leona. Y así como en sus anteriores relaciones, el sexo se volvió fundamental para los dos.

Total, algún día me voy a casar con él, se decía así misma, *¿qué puedo perder?*

Pronto se acerco la fecha de la boda de Nicole, todos andaban de arriba para abajo con los preparativos de la boda. Debido a la ubicación de la boutique y del cuartel de la policía, Nicole y su esposo habían decidido comprar un departamento en el Noreste de la ciudad rumbo a la frontera con Francia, así que en común acuerdo Liliana y Karen por una pequeña cantidad le rentarían el departamento a Nicole. Cuando asistieron a la boda de Nicole, la relación entre Marlián y Karen no podía estar mejor. Hacía mucho tiempo que Karen no se sentía tan segura al lado de un hombre. Marlián le había demostrado que la quería, aunque seguía sin presentarle a sus padres, y al resto de la familia. <<Con quien me voy a casar es con él- decía Karen- no con sus padres, algún día los conoceré>>. Nicole se iría de luna de miel por el inigualable y cautivante Mar Mediterráneo.

-¡Dos meses!- exclamo Liliana- Dos meses por el Mediterráneo, ustedes sí que se quieren desquitar de nunca haber tomado unas vacaciones.

-Creo que nos lo merecemos- dijo Nicole feliz de la vida- hemos trabajado mucho y hemos ahorrado para ese viaje.

Todo salió bien para Nicole, se caso por el Civil y bajo la bendición de Dios en la iglesia cristiana. Toda la congregación de la iglesia a la que asistía Nicole estuvo presente. Fue una ceremonia sencilla, pero el cariño y el respeto que Nicole se había ganado de los hermanos de la Iglesia, hicieron que pareciera una ceremonia de lo más grande. Después de la comida, despidieron a Nicole y a su esposo en el puerto. Su luna de miel la pasarían a bordo de un crucero.

Dos semanas después de la boda, Nicole se comunicaba con Karen, muy contenta le platicaba los lugares que ya había visitado y los que visitaría. Karen en verdad apreciaba a Nicole, y se alegraba de que la estuviera pasando bien, y qué bueno que la vida le había mostrado los caminos correctos y ella había decidido caminarlos. Pero lo que Karen no entendía, no hasta ese momento, era y es, que nosotros mismos escogemos los caminos que recorremos en nuestra vida, que de nadie más depende, que nosotros decidimos, entre el *sí* y el *no*, entre *seguir* y *detenernos,* entre el hacer el *bien* y hacer el *mal,* de entre *respetar* la vida de un inocente o *quitársela.* Y Karen comprobaría en esos días que es absurdo creer, que una estrella o un planeta pueden guiar nuestros caminos.

Karen se despertó como de costumbre, escuchando las noticias. Ponía atención especial a los horóscopos, el hombre encargado de leer las cartas y las estrellas, vestía una túnica de colores con lentejuelas, más que atuendo majestuoso parecía el vestido que un payaso borracho usaría jamás. De acuerdo con el signo zodiacal de Karen, *sería un mes de buena suerte, que todo le saldría bien, que tomaría decisiones que al principio le costaría trabajo tomarlas pero al final serian las mejores decisiones de su vida, que no tuviera miedo en tomarlas.* <<Parece que va a ser un buen mes>>, dijo Karen después de tomarle a su humeante café con leche que tomaba todas las mañanas. *Si no hay café con leche no hay trabajo*. Solía decir. Así que con el pensamiento de que según las *estrellas,* todo le saldría bien ese mes, salió para su trabajo.

Pasaba más del medio día, cuando Karen sintió un mareo.

-¿Estás bien?- le pregunto Sandy una de las compañeras de trabajo.

-Sí -respondió Karen sentándose en el sillón-, solo fue un mareo, ya se me pasara.

-¿Es la primera vez que te pasa?- volvió a preguntar Sandy.

-Sí.

En realidad Karen, había mentido, pues no era la primera vez que sufría un mareo, días antes ya había descubierto unos cambios en su sistema corporal; mareos, vomito, su periodo estaba retrasado. Así que sin dudarlo pasó a la farmacia de la esquina compro algo y se dirigió al departamento. Presentía cual era el resultado, pero se negaba a aceptarlo. << ¡Rayos!>>, exclamo Karen. La prueba de embarazo que se había realizado había salido positiva. En su bello rostro se dibujo una sonrisa mesclada entre alegría y tristeza. Suspiro profundo.

Esto no me lo esperaba, pensó, *un embarazo.*

Pero no había mucho de qué preocuparse, Karen tenía a su lado a alguien que le había demostrado ser un verdadero hombre, al menos eso era lo que hasta ese momento Marlián le había demostrado, ¿o nos equivocamos?

Al siguiente día muy temprano Karen llego hasta el departamento de Marlián. Exhalo aire antes de hacer sonar el timbre.

No tienes de que preocuparte, -murmuro tratando de darse ánimos, *todo va a salir bien te va a responder como el hombre que es.*

Después de unos saludos, y sin más rodeos Karen le soltó la noticia.

-¡Que! – exclamo Marlián. Sin decir más se sentó sobre el sofá, se tallo la cara, y todo contrario a los pronósticos de Karen dijo en forma de reclamo:- ¿Por qué rayos no te cuidaste?

-Sí me cuide- respondió Karen un poco triste por la reacción de Marlián.

-¿Sabes lo que significa un hijo en estos momentos? Un hijo no deseado ¿Acaso esto no lo platicamos una infinidad de veces?

-Sí -dijo Karen- yo se que habíamos platicado de que me cuidara de no tener hijos, no hasta después de casarnos ¿Pero qué podemos hacer? Ya estoy embarazada.

-Yo no tenía en mis planes el tener un hijo en estos momentos.

-Yo tampoco – le segundo Karen- pero ya nada podemos hacer, ya es demasiado tarde.

-No tan tarde ¿Cuántas semanas tienes de embarazo?

-No se- respondió Karen- cuatro más o menos... Eso creo.

Las facciones de Marlián se tornaron frías y con esa misma frialdad dijo:

-¿Por qué no te deshaces del bebe?

-¡Que!- dijo Karen con la incredulidad reflejada en su rostro- ¿Cómo me pides eso?

-¿Y por qué no? La mayoría de las jóvenes de hoy día se practican un aborto. Un aborto es lo más natural cuando no se quiere tener a un bebe. Piensa en esto, somos jóvenes, tenemos toda la vida por delante, después podemos tener todos los hijos que quieras, pero no ahora. Un hijo no planeado, casi nunca es bienvenido... Un hijo trae consigo muchas responsabilidades y compromisos, ni tú ni yo estamos preparados para ser padres.

Karen no podía salir de su asombro, esperaba todo menos eso.

-Para ser padres no creo que se esté preparado. Además tu y yo nos amamos, si le echamos ganas juntos podemos salir adelante, este bebe no tiene porque ser un impedimento para lograr lo que habíamos planeado, juntos podemos salir adelante en todo- decía Karen tratando de convencerlo de que cambiara de opinión

Marlián movía la cabeza en forma negativa, era obvio que el embarazo de Karen no estaba en sus planes. Ella insistía en que juntos saldrían adelante, aunque ella no conocía a los padres de él, estaba segura que la aceptarían, no encontraba un motivo el porqué se opusieran al matrimonio de ellos, ¿o sí? Y más si se amaban. Pero lo que Karen no sabía era que su amado Marlián tenía un motivo para no casarse con ella, y un motivo según él muy poderoso. Y ante la insistencia de ella, a él no le quedo más remedio que gritarle en su cara el porqué no se podía casar con ella. Se acerco a Karen, le beso la frente, las manos de ella cubrieron las del joven.

-Eres una gran chica, eres lo mejor que me ha pasado en la vida, contigo he pasado momentos que con nadie he pasado jamás...

-¿Pero?- lo interrumpió Karen.

-No me puedo casar con una mujer como tú.

-¿Cómo yo?- Karen sintió un frio recorrerle la espalda, no le había gustado el tono de Marlián-. ¿Qué tengo de malo?

Antes de hablar Marlián se retiro de Karen, miro hacia el televisor que daba el resumen del partido entre Barcelona y el Real Madrid, luego miro a la cocina, se mordió los labios, suspiro profundo y sin más ni menos dijo al fin.

-No me puedo casar con una prostituta, o con alguien que se prostituyo.

-¡Que!- exclamo Karen- ¿Qué rayos estás diciendo?- Karen sintió que el coraje inundaba su rostro.

-Lo que oyes- respondió Marlián bajando su mirada al piso- un amigo mío sabe a lo que te dedicabas antes de que trabajaras en el salón de belleza, y como tu comprenderás no me puedo casar contigo, te imaginas que dirían mis amigos si me casara contigo, quizá te metiste con alguno de ellos.

Sin aguantarse más Karen le soltó una bofetada, el golpe fue tan fuerte que le abrió el labio inferior.

-¡Como puedes decirme eso!, ¿quién crees que soy?- ladro Karen furiosa.

-No sé quien seas ahora, pero si se lo que fuiste antes.

-Yo nunca me prostituí, es cierto que trabaje en una agencia de acompañantes, pero nunca me prostituí- decía Karen rabiosa aclarando lo de su antiguo trabajo, ya no había porque ocultarlo. Nunca lo había negado, porque nunca se lo habían preguntado.

-Eso lo dirás para defenderte, pero la realidad es que sí trabajaste para una de esas agencias, y lo más seguro es que te hayas prostituido. Lo siento Karen, tienes que comprenderme, vivir contigo sería el peor error de mi vida, viviría lleno de inseguridad, pensando que me podrías engañar o abandonar en cualquier momento.

Karen se sentó sobre el sillón, los ojos se le humedecieron, estaba llena de coraje, coraje en contra de Marlián y de ella misma.

-¿Y porque no pensabas así hasta antes de hoy?- dijo con un nudo en la garganta.

-Porque si decidías irte con otro tipo, no había nada que nos atara, además de eso solo estaba pasando el momento, y disfrutaba de tu compañía.

-Entonces las palabras de amor, todas tus promesas, solo eran para mantenerme contenta, ¿verdad?

-Vamos Karen ¿no me digas que tú crees en el amor? Además, las palabras no costaron nada, me saliste barata.

-¿Que quieres decir con que te salí *barata*?- la chica sintió que la abofeteaban.

Marlián no respondió solo hiso un movimiento de brazos. No hicieron falta más palabras para que Karen entendiera que según el pensamiento de Marlián era que la estaba comprando, como lo hacen con las prostitutas. La mirada de Karen se lleno de coraje, rencor y odio. En ese momento si ella hubiera tenido la posibilidad de desaparecerlo de la tierra, sin pensarlo dos veces lo hubiera hecho. Quería gritarle las peores palabras y maldiciones que Karen tenía en su repertorio, pero ella, por sus propias experiencias y las ajenas, sabía que cuando un tipo piensa como lo estaba haciendo Marlián, no valía la pena ni gastar saliva en palabras, pues por mas que le dijera o le reclamara el no iba a cambiar de opinión o de su forma de pensar. Era triste pero estaba descubriendo por si misma lo que algunas de sus compañeras y amigas le habían dicho de él, que era un patán, un mujeriego, que nunca había tomado a una chica enserio. Era otra cucaracha con pantalones que no valía la pena.

Con la tristeza, y la decepción reflejadas en su rostro se dirigió hacia la puerta. Antes de salir dijo:

-Yo creí que eras mas hombre, me das lastima, que decepción, no vales nada. Púdrete, poco hombre.

Marlián le respondió con una sonrisa llena de ironía. Karen abandono el conjunto de apartamentos literalmente arrastrando los pies. Se sentía humillada, pisoteada, era la segunda vez en su vida que la trataban como una prostituta. Llego al departamento, se dejo caer sobre el sofá inclino su cabeza hacia atrás, cerró los ojos y trato de poner su mente en blanco. ¿Y ahora qué? Ya estaba embarazada, sola sin el apoyo del hombre que le prometiera mil cosas. Estaba sola en el departamento, solo la acompañaba la zozobra, la angustia de enfrentar eso sola. Estaba ante una de las peores encrucijadas de su vida. << ¿Dios mío ahora que voy a hacer?>>, le preguntaba al silencio, quien le respondía con su peor respuesta, la soledad. Esta por demás el decir que ese bebe tampoco estaba en sus planes.

Pasaron unos días y no sabía qué hacer, esperaba que Marlián cambiara de opinión en cuanto a su postura. Esperaba que reaccionara, que llegara a donde ella y le dijera que le cumpliría, que se casaría con ella, que formarían una familia. Pero contrario a los deseos de Karen, se entero por parte de una de sus compañeras de trabajo que ya estaba saliendo con otra chica, que de hecho salía con las dos al mismo tiempo, y que si no se lo habían dicho era porque guardaban su distancia en cuanto a la relación de ellos. Karen en más de una ocasión lo había dejado bien claro. <<Odio decir estas palabras, pero te lo dije>> dijo

Nadia la compañera de Karen. << ¿Qué voy a hacer?>> se preguntaba una y otra vez. Desafortunadamente por el tipo de persona melancólico de Karen, en ocasiones podía ser fuerte o débil, y en ese momento, se sentía débil. Jamás pensó que se encontraría en esa encrucijada, se encontraba en momentos de tomar una decisión que cambiaria el resto de su vida. Solo había dos caminos que tomar; uno, tomar el valor suficiente de tener a su bebe, criarlo como madre soltera y enfrentar con valor las consecuencias de sus propias de decisiones, pero para eso se requiere de eso, de *valor.* El otro camino que podía tomar era (y en un principio se vería como el más fácil), *el de abortar.*

-Estás loca- dijo Karen al escuchar que para Liliana era el camino más fácil- yo nunca haría algo así.

-Piénsalo- dijo Liliana- ese tipo no te apoyó, sino que salió huyendo como una gallina. Estás sola, sin apoyo, ese bebe te va a arruinar la vida. Ser madre soltera en estos tiempos es muy difícil, ningún chico se acercaría a ti muy fácil, y eso no es lo peor.

-¿Qué es lo peor?

-Tus padres- respondió Liliana-, ellos confiaron en ti, ¿qué le vas a decir? Los vas a decepcionar. En tu familia serias la única que tendrías hijos sin haber contraído matrimonio.

Karen no decía nada, solo escuchaba a su "amiga". Pensaba en lo que decía acerca de que sus padres se decepcionarían de ella. Escondió su rostro entre sus manos, pensaba en lo que haría.

-Eres joven y muy bonita- decía Liliana- al rato te encuentras a un buen chico que se case contigo, y entonces sí, a tener los hijos que quieras.

Karen se mordía los labios, era obvio que en su interior había una lucha, el camino difícil que consistía en criar a su bebe como madre soltera, que requería mucho valor, o el de abortar que era el camino más fácil que solo requería un poco, un poco de *cobardía,* para no tener el valor de reconocer que los seres humanos siempre pagamos las consecuencias de nuestras propias decisiones. <<Si tomas buenas decisiones, tendrás buenas consecuencias, si tomas malas decisiones, por lógica tendrás malas consecuencias. Los malos caminos nunca nos llevan a buenos finales>>, palabras de la doctora Menchía Soadek, revueltas con los últimos consejos de Saúl. Agobiada por las circunstancias no sabía qué hacer, estaba sola, triste porque Marlián había resultado un cobarde, pensando que sería la vergüenza de su familia si desidia ser madre soltera. Estos pensamientos aunados a su mal estado de ánimo, tomó una decisión... Escogió el camino más fácil... el de abortar.

Según ella estaba tomando la mejor decisión. Acompañada de su "amiga" (de la cual se debió de haber deshecho desde hacía mucho tiempo), se paro frente a la clínica en la cual se practicaría el aborto. Antes de entrar, se tomó el estomago, suspiro profundo, bajo su mirada, en la cual se notaba la tristeza que sentía en el corazón. Por un momento lo dudó, pero pudo más la decisión que había tomado un día antes. <<Es ahora o nunca>>, dijo Liliana.

Desafortunadamente en la ciudad de Barcelona, España, se practican los abortos más terribles que se pueda imaginar el ser humano, más que clínicas con licencias para practicar un aborto, se les debería llamar, *Agencias con Licencia para Matar*. Desafortunadamente desde que se aprobaron las leyes para abortar (asesinar con licencia o permiso del gobierno) en los últimos años han muerto más bebes inocentes que en la *Segunda Guerra Mundial.* A Adolfo Hitler se le ha catalogado como a uno de los hombres más crueles de la historia, mato a miles de judíos inocentes, jóvenes, ancianos, ancianas y, bebes. Este hombre no respeto el derecho a la vida, eso fue hace más de cincuenta años, pero en esta época tampoco se respeta ese derecho, ya no está Hitler que quemó a los bebes en las calderas, pero existen las clínicas a las que el gobierno les ha dado licencia para matar, sin sufrir las consecuencias de pagar un crimen. Si Hitler estuviese vivo tal vez sería más inocente que los gobiernos que pasan leyes a favor del aborto. Si Hitler estuviera vivo, con la frente en alto señalaría a esos políticos que no tienen temor a Dios y apoyan el aborto, señalaría a los doctores y enfermeras que lo practican, y les diría, que tienen la conciencia más podrida y retorcida que él.

Barcelona siempre ha sido una ciudad vanguardista, siempre ha estado a la cabeza de las ciudades europeas más importantes... Pero desafortunadamente en cuestiones del aborto no podía quedarse atrás. A esta ciudad recurren mujeres de todo el continente europeo a practicarse un aborto, ha habido algunos casos en que se le han practicado un aborto a mujeres de hasta *siete meses de gestación*. Practicarse un aborto a esa etapa de embarazo, es sin duda un cruel y sanguinario asesinato. No es muy honroso que una ciudad vaya a la cabeza en este tipo de cosas, ¿pero qué se puede hacer? Son leyes humanistas que aprueban gentes que no tiene temor a Dios. Estas clínicas que practican el aborto tienen una *ASQUEROSA* forma de ganarse un dinero. Estos doctores que practican el aborto solo por dinero, y no por un requerimiento especial, nunca se han puesto a pensar que si sus madres hubieran decidido abortarlos tal vez los hubieran tirado por un excusado, y no estarán respirando este aire que Dios crea día con día. Tristemente cada vez hay más países que aprueban leyes a favor del aborto, por ejemplo en México vale más un huevo de tortuga que un bebe. Se castiga rigurosamente a quienes se coman un huevo o a una tortuga, pero a los bebes inocentes que no se pueden defender se les considera tan invaluables. Tristemente para mucha gente, vale más un huevo que un feto. Qué triste. De Estados Unidos ya ni se diga, hay Estados en los que se practica la ley capital, o la pena de muerte por matar a otra persona, pero –eso SI- está permitido matar a un bebe inocente. (Yo como escritor me pregunto, ¿quién es peor, Hitler que mato a miles de inocentes o los doctores que practican el aborto sin piedad y que de igual forma matan miles de inocentes al día?)

Karen entro a un cuarto frio. El rostro del doctor y el de las enfermeras cambiaron sus facciones, parecían unos monstruos, con pinzas, buitres carroñeros que esperaban a que todo acabara solo para llevarse unos *miserables Euros* a su bolsa.

Una hora después, *una miserable hora después*, Karen se había deshecho de su *estorbo*, así lo había considerado ella, un estorbo. Le estorbaba la bendición que Dios la había dado. Abordaron un taxi, durante el trayecto permaneció callada, su mirada se perdía en el horizonte, así sin más ni menos, había dejado que unas personas sin prejuicios destrozarán en su interior a una inocente criatura, y que la metieran en un frasco que después sería enviado a un laboratorio para ser estudiado. Si Karen hubiera podido escuchar que su bebe a gritos desesperados pedía que lo dejaran vivir, que él o ella, no tenían la culpa de haber sido procreados por un padre cobarde que no quiso reconocerlo, y por una madre que no tuvo el valor para responsabilizarse del producto de sus propias decisiones. Si Karen hubiera podido haber escuchado esos gritos que fueron acallados por el frio terrible de unas pinzas mortales, no hubiera permitido que dentro de sí destrozaran a su bebe, pero así como ella y otras tantas miles de mujeres que se han practicado un aborto, jamás escucho los gritos desesperados de su bebe porque lo dejaran vivir. ¡Madre, déjame vivir! Nunca escucho esos gritos, por eso decidido seguir adelante. Así de fácil se había deshecho de su problema. Vaya ironía de la vida, hay miles de parejas alrededor del mundo que darían lo que fuera por tener un hijo y no pueden, parejas se hacen estudios, tratamientos, cirugías, por ignorancia incluso han llegado a practicarse una limpia recurriendo a la brujería con tal de tener un hijo. Y a Karen presumiblemente le había estorbado el *regalo* que Dios le había mandado.

Entraron al departamento.

Karen le pidió a Liliana que la dejara sola. Se enrosco en su cama, bajo las sabanas comenzó a sollozar, no quería pensar en nada, pero le era imposible. Las puntiagudas lancetas de la culpabilidad comenzaron a rosarle los sentimientos. Pareciera como si de repente todas aquellas enseñanzas de parte de sus padres, el respeto a la vida, el amor a la vida, las recordara tarde, demasiado tarde. Ella no le dio a su bebe el mismo derecho que ella había recibido, *el derecho a la vida.*

Pidió unos días de descanso en su trabajo, no tenía ganas de hacer nada. Por más que se esforzaba no podía alejar de su pensamiento, el haber abortado. En más de una ocasión se había arrepentido de haberlo hecho, pero ya era demasiado *tarde*. Para tratar de olvidarse de que ella consintió que personas sin prejuicios mataran a su bebe, trataba de mantenerse ocupada, en su trabajo, en lo que pudiera con tal de no pensar en lo que había hecho.

Pero el sentimiento de culpa era demasiado grande y pesado como para deshacerse de él de la noche a la mañana, necesitaba de un amigo, una amiga que realmente la escuchara, no como Liliana que era muy superficial y fría. En algunas ocasiones sintió impulsos de llamarles a sus padres para confesarles lo que había hecho, pero llegaba a una conclusión, era demasiado cobarde como para hablar con ellos. Solo le quedaba Nicole pero aun faltaban varios días para que ella regresara de su luna de miel. *<<Ariel, tal vez el me pueda escuchar, en varias ocasiones me dijo que yo podía contar con él, fuera para lo que fuera>>.* Poco a poco intento hacer mas amistad con Ariel, pero se encontró con un problema, Ariel, ya no la trataba como antes, se portaba esquivo, aunque él era el dueño de la cafetería, de vez en cuando servía las mesas y cuando atendía a Karen la trataba con la misma caballerosidad de siempre, pero ya no platicaba con ella, es mas ni siquiera intentaba hacerle la plática. Karen no entendía el porqué, y no quería quedarse con la duda.

-¿Qué sucede, acaso ya perdí tu amistad?

-No Karen, no has perdido mi amistad- respondió Ariel.

-¿Entonces qué sucede, porque ya no me tratas como antes?

-Si digo que no has perdido mi amistad es porque nunca la quisiste aceptar, jamás la tomaste, yo solo soy un *conocido* para ti, no un amigo-

decía Ariel con el tono de voz un poco triste-. Además de eso y te lo digo con todo respeto, me decepcionaste como mujer, como ser humano.

-¿Por qué lo dices?- pregunto Karen sorprendida por lo dicho por el joven.

Ariel se sentó frente a ella, el chico siempre se había caracterizado por su honestidad y de hablar según sus sentimientos.

-Mira- dijo tomándola suavemente de las manos-, es tu vida, tu puedes hacer con ella un papalote, pero creo que no tenias el derecho de cortarle la vida a un inocente, ya supe... - Ariel guardo un poco de silencio- yo no te quiero criticar ni juzgar, pero creo que ni tú, ni nadie tiene el derecho de quitarle la vida a un bebe... se que te practicaste un aborto.

Karen bajo la mirada, era obvio que se sentía avergonzada al enterarse de que Ariel ya sabía lo que había hecho.

-¿Cómo te enteraste?- pregunto sin atreverse a mirar al joven a los ojos.

-De cómo me entere es lo de menos- respondió Ariel- lo triste es que lo hiciste, eso es lo que importa, eso es lo decepcionante.

Karen se quedo sin palabras, lo único que le podía reclamar, era que el siempre le había dicho que podía contar con él, pasara lo que pasara, pero al parecer no era así. Con la cara roja de la vergüenza y sintiéndose incapaz de decir más se retiro del café. No tardo mucho en enterarse, de cómo Ariel se había enterado de que se había practicado un aborto, días después de que regresara a trabajar, se había enterado que Marlián salía con Cintia, una de las chicas encargadas del manicure del salón. En uno de los reclamos que Karen le hiciera, le había gritado en su cara que ya no tenia de que preocuparse, que ya se había deshecho del bebe, que ya no iba a ser un padre de un hijo no deseado, pero que toda su vida sería un *cobarde.* Ahora entendía el porqué varias chicas del salón la miraban diferente, como a un bicho raro. Tal vez Cintia se había encargado de diseminar lo ocurrido. Así que no teniendo la necesidad de soportar las miradas, las críticas y los comentarios de mal gusto de sus compañeras de trabajo, decidió cambiar de salón. El propietario intento por varios medios retenerla pero ya estaba decidida en cambiar de salón, también de esa forma ya no tendría ningún contacto con Marlián.

Por otro lado Nicole regreso de su luna de miel, que había durado bastante. Le aclaro a Karen que los cruceros no duraban todo ese tiempo, sino que llegaban a una ciudad y se quedaban unos días y abordaban el crucero siguiente. Que habían visitado, el Norte de África, las Islas Griegas, la Isla de Malta, y parte de Italia, entre otros países. Nicole conocía a Karen y sabia que algo no andaba bien, Karen ya no era la misma, ahora parecía triste, ya no sonreía tan fácil, sus bellos ojos ya no brillaban, los opacaba los cargos de conciencia que llevaba clavados en el alma. Nicole insistía en saber cuál era la verdadera razón el porqué Karen, había cambiado un poco. ¿Por qué había cambiado de trabajo? ¿Por qué había terminado su relación con Marlián? Karen al principio no quería decirle la verdad, le inventaba cosas, no quería contarle a nadie más lo del aborto.

-Mi relación con Marlián se termino porque simple y sencillamente se acabo la química.

-Yo no me trago ese cuento- dijo Nicole a la que no se le escapaba nada así que cuéntame lo que paso realmente, tu sabes que puedes confiar en mí.

Ante la insistencia de Nicole no le quedo más remedio que contarle la verdad, que no se había cambiado de trabajo solo porque este salón le quedaba más cerca de la casa, que no había roto su relación con Marlián solo porque había descubierto que no era de su tipo o que se había acabado la química, y le confesó que se había practicado un *aborto* mientras ella andaba en su luna de miel.

-¡Que!- exclamó Nicole sorprendida- ¿Cómo pudiste hacer eso? No lo puedo creer- decía decepcionada de lo que escuchaba- todo lo espere, menos esto.

-No sabes cómo me he arrepentido- expreso Karen con los ojos vidriosos a punto de llorar-, todas las noches me recrimino a mi misma por no haber tenido el valor suficiente para vivir como madre soltera.

Nicole no decía nada, solo movía la cabeza en forma negativa.

-Yo no te voy a juzgar- dijo al fin- pero no me cabe en la cabeza la idea de que te practicaste un aborto... todo lo esperaba menos eso...

Karen escondía el rostro de su amiga pues conociéndola sabia que le iba a revolver los sentimientos de culpabilidad.

-...lejos de reprocharte a ti misma por lo que hiciste, ¿nunca te has puesto a pensar o a investigar cómo se practican los abortos? Destrozan a los fetos, con unas pinzas les cortan los miembros, los despedazan sin compasión, es algo terrible, esos pobres inocentes no tienen oportunidad de defenderse, si tan solo te pudieras imaginar el dolor que siente un bebe cuando le cortan una piernita o un bracito... pero no, no te imaginas el dolor que sientes esos pequeñitos al ser destrozados, porque de haberlo imaginado creo que jamás te hubieras hecho ese aborto. Lo hubieras tenido y después lo hubieras dado en adopción, a mi me lo hubieras dado para que lo adoptara. No sabes lo que cientos de familias hubieran dado por adoptar ese bebe... y de esa forma no hubieras sido cómplice en el asesinato de tu bebe.

Karen no pudo contener las lágrimas, el sentimiento de culpa le retorcía el alma. Lloraba con tanta amargura que Nicole no pudo evitar llorar con ella.

-Yo no entiendo- dijo Nicole- como hay políticos que aprueban leyes a favor del aborto. Aquí en Barcelona, se pueden practicar abortos a mujeres de hasta seis o siete mese de gestación, eso aquí o en china es un asesinato, un horroroso CRIMEN. A nosotros, los cristianos nos critican, nos ofenden, incluso hasta nos aborrecen, dicen que somos muy estrictos, que somos exagerados. Pero mira como está el mundo, todo torcido, podrido. El ser humano va de mal en peor, políticos que protegen mas a los animales antes que a un inocente bebe, que en lugar de concientizar a la juventud promoviendo la moral y las buenas costumbres, lo que hacen es pasar leyes en favor del aborto promoviendo el libertinaje, con las leyes a favor del aborto. Ya le es más fácil a una joven tener relaciones sexuales sin preocuparse de salir embarazada, pues al fin y al cabo el gobierno le permite *matar* a un inocente si pagar el crimen en la cárcel. Un día Dios va a juzgar a todos los seres humanos, ÉL condena el aborto tanto como condena a un mentiroso, para DIOS no hay diferencia entre un mentiroso y un asesino. En esta cuestión del aborto tanto son responsables aquellos políticos que aprueban las leyes, como los doctores, las enfermeras y quienes se practican el aborto. Ahorita la gente se puede *burlar* de esto, pero algún día el Juez Supremo, que es Dios, los va a juzgar. Cada ser humano que habita esta tierra le va a entregar cuentas, ahorita la gente se puede jactar, pero algún día, Dios les va a pagar conforme a sus actos. Si la gente antes de morir no se arrepiente de sus pecados van a recibir la condenación de pasar la eternidad en el Infierno. Es triste pero toda la gente que no se arrepienta de sus pecados, va a pasar la eternidad en ese terrible lugar, en el *Lago de Fuego.*

Karen se enrosco en el sofá, no tenía nada que decir, reconocía que Nicole tenía razón, pues gracias a las leyes que le permitían practicarse el aborto lo había hecho sin pensarlo mucho...

-...Solo te queda una cosa por hacer- volvió a decir Nicole- *arrepentirte* de tu pecado, y pedirle perdón a nuestro Señor Jesucristo por lo que hiciste. Tal vez suene exagerado pero es la verdad, pero tú fuiste cómplice de los doctores que mataron a tu bebe. Si no te arrepientes de ese pecado, Dios te va a condenar junto con los doctores. Entrega tu vida a Jesucristo. Tú, solo tú y nadie más tiene el poder de cambiar el rumbo de tu vida. Es una estupidez creer que un planeta o una estrella pueden manejar tu vida. Solo depende de ti como quieres vivir tu vida. Y lo principal, es decisión tuya en donde quieres pasar la eternidad, si en el *Cielo* con Cristo, o en el *Infierno* alejada de Cristo. ¿Te quieres arrepentir y aceptar a Cristo como tu Señor y Salvador?- pregunto Nicole.

Karen no contesto ante la pregunta de su amiga.

-Endereza tu vida- prosiguió Nicole- aun no es tarde. No te dejes llevar por la corriente de este mundo, eres joven, disfruta tu vida sanamente. Si la próxima vez te fijas bien, puedes encontrar a un buen chico con quien formes una familia. Aléjate de todas las mentiras que te ofrece Satanás, él es el padre de la mentira, él es el señor del pecado, y por lo tanto es enemigo de Dios. Deja que el mundo se siga destruyendo por sí solo. Si las personas que te rodean desprecian al Señor Jesús, que lo hagan ellos, no tú.

Nicole siguió insistiendo en que Karen se arrepintiera de su pecado. Pero para su propio infortunio, Karen tenía el corazón endurecido. Su propio pecado no la dejaba arrepentirse. Nicole le explicó que la mayoría de las personas que pasaran la eternidad en el infierno no estarán ahí por sus *muchos* pecados sino por *despreciar* a nuestro Señor Jesucristo. Para muchas personas les es imposible arrepentirse de un momento a otro, algunas personas se arrepienten de inmediato. Pero en el caso de Karen se necesitaría mucho, mucho más tiempo. Para cuando ella se arrepintiera de sus pecados, las desgracias de su vida ya la habían llevado a tocar el fondo de la miseria. Nicole estaba consciente de que Karen así como otros, necesitaba tiempo. Así que le tuvo paciencia. Antes de retirarse del apartamento, no pudo evitar reclamarle a Liliana el que hubiera apoyado y aconsejado a Karen en el aborto que se practicara. <<Me decepcionas como persona- dijo Nicole en forma de reclamo y muy molesta-, y no solo como persona sino también como familiar. Eres una de las peores personas que he conocido, no solo te conformas con echar a perder tu vida sino que quieres que las demás personas también destruyan la suya. Con *amigas* como tú para que se quieren enemigos>>. Liliana ni se inmuto ni dejo de leer la revista que tenía en sus manos. <<Ella ya esta grandecita como para saber lo que hace>>, respondió Liliana. Nicole meneo la cabeza y se alejo.

Pasaron los días.

Karen en el fondo de su corazón, una y mil veces más le daba la razón a Nicole pero aun así seguía negándose en acompañarla a la Iglesia, ni a deshacerse de la amistad de Liliana. Intento olvidar lo que había hecho pero le era imposible. Con el paso de los días se había intentado perdonar. Los consejos de Nicole no se comparaban en nada con los de Liliana. Siempre le daba buenos consejos, aunque a Karen le entraran por un oído y le salieran por el otro. Nicole lejos de sentirse comprometida con Karen por la ayuda y el apoyo que recibiera, cuando más la necesitará, de cuando se enfermara de Anorexia, lo hacía por amor al prójimo, porque *ella,* sí era una verdadera amiga.

Karen en su trabajo comenzó a tener más clientela, ha hacer mas amigos y amigas, de inmediato se dio cuenta de la diferencia que había entre los consejos y platicas de sus amigas con las de Nicole. Por fin en una ocasión la acompañó a la iglesia, pero en ese momento a Karen, le seguía pareciendo exagerada la forma en la que piensan los predicadores cristianos. *Para ellos todo es pecado,* pensaba. A pesar de lo que ella misma había vivido, seguía con el pensamiento de que había que disfrutar la vida, que sí, que había tomado malas decisiones, pero tampoco era el fin del mundo, que aun tenía mucho que disfrutar de su juventud. Marlián solo había sido un capitulo pasado, un borrador tirado a la basura, que no había valido la pena, y que no valía la pena recordar. Pero un periódico semanal le recordaría ese capítulo, otra y por última vez en la vida.

Amaranta una de sus compañeras del salón leía el diario.

-¡Dios mío!- dijo- pobres tipos les fue muy mal.

-¿De qué hablas?- pregunto Karen.

-Hubo un accidente en la autopista, al parecer el conductor del auto perdió el control y se estrellaron contra la barra de protección, el auto quedo destruido. Murieron las tres personas que iban a bordo.

-haber, permíteme el periódico- pidió Karen, que no evito sentir lástima por las personas fallecidas en el accidente-. O no, son Marlián y sus amigos- murmuro al mismo tiempo que se sentaba para leer el informe.

Al pie de la foto, se encontraba el informe judicial. Los principales factores que habían influido en el accidente, habían sido las drogas, el alcohol y el exceso de velocidad. El conductor (Marlián Antúnez) por la falta del cinturón de seguridad había salido expulsado por el parabrisas, estrellándose en la barra de concreto que protegía a los conductores que circularan en sentido contrario. Se había destrozado el cráneo. Los amigos de Marlián si llevaban puestos los cinturones de seguridad, pero el impacto había sido demasiado fuerte, que no tuvieron oportunidad alguna de sobrevivir. Sus cuerpos estaban atravesados por fierros retorcidos. Los paramédicos tuvieron que usar herramientas especiales para sacar los cuerpos.

-¿Los conocías?- pregunto Amaranta al ver que Karen no dejaba de mirar la foto con lastima y nostalgia.

-Sí- respondió Karen-, a Marlián más que a los otros.

Su plática se vio interrumpida por una clienta que se sentó frente al espejo de Karen.

Ni modo, murmuro, *algunos pagamos nuestros errores hoy y otros lo aremos mañana.*

-No siento tanta pena por que se haya muerto este joven- dijo Nicole mientras leía el periódico que Karen le había mostrado a la hora de la cena-, siento más lástima porque murió sin Cristo y va a pasar la eternidad en el Infierno...

-Yo no entiendo porque ustedes los cristianos se enfocan mucho en eso de la *Salvación* y del Infierno. Yo creo que hasta le exageran- señaló Karen mientras comía un pastelillo.

-¿Tú crees que existe Cielo e Infierno? – pregunto Nicole.

-Pues la verdad a veces sí creo que existen esos lugares y algunas veces no- respondió Karen mientras le servía un café con leche a su amiga.

-¿Crees o no crees?- pregunto Nicole con firmeza.

-Sí, yo creo que si- volvió a responder Karen.

-¿Y no te gustaría entrar al cielo, y mirara el rostro de Jesucristo el Hijo de Dios?

-¿A quién no?- respondió Karen tomándole a su humeante taza de café.

Es curioso, el cien por ciento de los seguidores de la fe de la Iglesia Católica quieren entrar al paraíso con Dios, pero de esos mismos que quieren entrar al paraíso una gran mayoría hacen lo mismo que Karen hacia en ese tiempo, desprecian a nuestro señor Jesucristo, *al único camino, al único mediador, al único Salvador.* La gran mayoría de la gente no cree que la salvación sea tan fácil. Nicole le explico que gracias a que Nuestro señor Jesucristo murió en la cruz, ÉL hiso fácil la salvación de nuestras almas, que por tener fe en ÉL, nuestros pecados por medio de su santa sangre habían sido limpiados. Que no importa que tan grandes o crueles son nuestros pecados, que si nos arrepentimos de ellos y le pedimos perdón a Dios por medio de su Hijo, nos los perdona todos, incluyendo el aborto de Karen, los asesinatos a sangre fría, los que practican el terrorismo*, las violaciones de los sacerdotes católicos* a niños inocentes, que todos por medio de Cristo tenemos perdón, que solo tenemos que arrepentirnos de corazón, creer en Jesucristo y confesarlo como nuestro Señor y Salvador, pedirle que nos inscriba en el libro de la vida, que no es por nuestras buenas obras, porque en este mundo pervertido y torcido no hay nadie que sea lo suficientemente *bueno* como para alcanzar la salvación por sus *Buenas Obras.* Que ni el más famoso o popular de los predicadores cristianos, es lo suficientemente bueno como para que sea salvo, por sus obras, que ni el mismo Papa Romano (Benedicto XVI) alcanzara la salvación por ser bueno, (que no lo es, para Dios nadie es bueno), todo ser humano se tiene que arrepentir, y confesar a Cristo como su Señor y Salvador. Pero todo esto ya Karen lo había escuchado docenas de veces por medio de Nicole, y siempre respondía lo mismo:

-Otro día, hoy no, soy muy joven, nadie tiene la salvación segura, estoy batallando o trabajando por mi salvación- mismas respuestas que dan los inconversos.

-¿Otro día? – Replico Nicole- nadie tiene la vida asegurada, tú misma lo estas comprobando con el accidente de Marlián, hoy estamos vivos, mañana quien sabe.

Nicole se marcho del departamento, estaba consciente de que si Karen despreciaba la salvación que Dios le regalaba por medio de su hijo ese era solo asunto entre Dios y ella, al final de cuentas como dice la Santa Biblia, *cada quien entregara cuentas de sí mismo.* Y por mucho que ella le insistiera si Karen no se quería arrepentir en ese momento no lo haría. Solo el Espíritu Santo es quien la convencerá de su pecado.

Ya habían pasado un poco más de ocho meses desde que Karen se practicara el aborto, y parecía que ya se había perdonado a si misma de de lo que había hecho, o al menos ya no se sentía tan culpable. Había vuelto a sonreír, a ser bromista, la alegría que siempre la había caracterizado había vuelto a ella, después de un pequeño viaje por la amargura. Su hermoso rostro recobro su ternura, y sus bellos ojos verdes jade volvieron a brillar. Pero aun le seguían cosas amargas que por fuerza de la vida tendría que pasar. El aborto solo fue el principio de su tristeza.

Había vuelto a cocinar, ese era uno de sus pasatiempos favoritos, la cocina. Eran los principios de septiembre. Había invitado a Nicole y a su esposo a cenar al departamento. Liliana por lo regular se salía del departamento cuando Nicole las visitaba, según ella, la en enfadaba con su plática de la Santa Biblia.

-Qué bien cocinas- dijo el esposo de Nicole elogiando la buena sazón de Karen.

-Gracias- respondió Karen- lo aprendí de mi madre.

-Pues deberías de darle unas clases a mi princesa- sugirió Aarón- porque a ella se le quema hasta el agua.

-Como eres- dijo Nicole dándole un pellizco en el antebrazo seguido de un beso

No recién acababan de cenar y Karen les había servido un café con leche cuando sonó el teléfono.

-Sí, diga- dijo Karen después de haber descolgado el auricular-. ¡Que!- exclamo Karen- ¿no puede ser?

Era una llamada contestada jamás en la vida deseada.

Karen cayó sobre sus rodillas, aun con el teléfono cerca del oído, sus piernas se habían aflojado por lo que había escuchado, no decía nada solo se limitaba a llorar. Nicole y su esposo se miraron entre sí, sin saber lo que le habían dicho a Karen por el teléfono. Nicole se puso sobre sus rodillas frente a ella. Le acaricio el cabello. Karen aun sin decir nada siguió llorando sobre el hombro de su amiga.

-¿Qué paso?- pregunto Nicole cuando por fin pudo deshacer el nudo que se le había formado en la garganta-. ¿Qué te dijeron? ¿Todo está bien? Dime algo.

Karen no podía hablar, el llanto amargo se lo impedía. Era tan amargo y doloroso su llanto, que Nicole y su esposo comenzaron a llorar sin saber lo que había ocurrido, el llanto de Karen les removía las entrañas.

-Mi padre- pudo decir al fin, y siguió llorando.

-¿Qué le paso? ¿Está bien?

-¡No... no... no... no está bien!- decía casi gritando desesperada.

-¿Que le paso?- pregunto Nicole tratando de controlarla.

Karen la miro a los ojos y dijo con la voz quebrantada: -Acaba de fallecer.

-¿Por qué? ¿Cómo?- pregunto Aarón.

-De un paro cardiaco- respondió Karen con dificultad-. Me hablo mi hermana Sofía desde el hospital, acaba de morir.

-Lo siento –dijo Aarón.

Nicole le abrazo infundiéndole cariño.

-¿Por qué?- quiso saber Karen.

-¿Por qué? Que.

-¿Por qué? – Volvió a preguntar Karen-. ¿Por qué Dios se lleva a las personas buenas? Mi padre era uno de los mejores hombres que hay en este mugroso mundo. ¿Por qué se lo tenía que llevar? Si él era un excelente hombre. ¿Por qué Dios no deja vivir más a los buenos hombres, y se lleva a los desalmados?- la voz de Karen sonaba con rencor. Rencor en contra de ella y del mundo mismo.

Nicole y Aarón no sabían que responder, era una difícil pregunta, ¿Por qué Dios se lleva pronto a los pocos buenos hombres que hay en la tierra? Aarón le respondió a Karen con la mejor de las respuestas que él creía.

-Dios es perfecto, solo EL sabe porque hace las cosas, solo él sabe porque se lo llevo. Lo único que te puedo decir con seguridad es que tu padre está gozando de la presencia de nuestro Señor Jesucristo.

-¿Cómo lo sabes?

-Nicole me conto que tus padres son cristianos, y que tenían la seguridad de salvación, y Jesucristo no miente ni falla, si él dice en su palabra que somos salvos por la fe en ÉL, así es- respondió Aarón a la pregunta de Karen.

Por la forma en que hablaba y de cómo reacciono Karen a la noticia de que su padre había muerto, demostraba el gran amor que sentía por él. Nicole hiso las llamadas pertinentes y de inmediato consiguieron un boleto de avión para México.

Susana y Sofía esperaban a Karen en la sala de espera del Aeropuerto Internacional de la Ciudad de México. El encuentro no fue como en alguna ocasión Karen lo hubiera deseado, fue triste, con una o dos sonrisas llenas de dolor y de felicidad de haber vuelto a ver a Karen. No hubo palabras solo abrazos, queriéndose consolar por haber perdido a un gran padre y un excelente hombre. Lo mismo pasó con las otras hermanas de Karen, se abrasaban consolándose. Normalmente cuando una persona fallese, se dice que era una buena persona. Que, por qué se murió, se alaba a esa persona aunque haya sido una persona cruel y de mal corazón. Pero en el caso de Ángel, sí había sido un gran hombre, había dedicado su vida a educar a sus hijas con las buenas costumbres y morales que el recibiera de sus padres. Cada segundo que disponía libre lo había dedicado a su familia, siempre dándoles lo mejor que tuviera en sus manos, jamás se había portado mezquino con su familia. Era muy raro que pensara en sí mismo. Para con Susana que decir, que había sido un gran hombre, un excelente compañero, un magnifico amante, no que fuera un hombre perfecto sino como lo dijera Susana en más de una ocasión, era un verdadero hombre. El vacio que había dejado Ángel con su partida, sería imposible de llenarlo.

En el funeral, todo fue tristeza, aunque Susana trataba de que sus hijas no estuvieran tan tristes era imposible. Susana hacia un gran esfuerzo por no derrumbarse, Ángel había sido como la mitad de su vida, la mitad de su todo, de su corazón, de mente, de su caminar, de su respirar, quizá si no hubiese tenido hijas hubiera deseado morirse al igual que Ángel para no estar sola. Pero tenía cuatro hijas y siete nietos que la necesitaban, y quien más la necesitaría seria la misma Karen. Así que sacando fuerzas de su fe, fe que estaba basada en el Señor Jesús, salió delante de la pérdida de su esposo. Karen al ser inconversa (no cristiana), no entendía la forma de hablar de su familia, todos incluyendo a sus cuñados, tenían la seguridad de que algún día se reunirían con él en el paraíso que Dios tiene preparado para los que han creído y confesado a su Hijo como su Señor y Salvador. En la familia de Karen todos eran cristianos, por eso es que en el funeral de Ángel, no hubo ritos impuestos por hombres como el novenario, ni la misa, pues desde que Ángel se convirtió a Cristo, tenía en su corazón la seguridad de la salvación de su alma y por lo tanto no iría al Infierno.

Un mes después del fallecimiento de su padre Karen se disponía a regresar a Barcelona, España.

-¿Por qué no te quedas mija?- sugirió Susana –no tienes nada que ir a hacer a España.

-Tengo que ir a acabar mis estudios- dijo Karen mintiendo- solo me quedan dos o tres años, madre- Karen acaricio el rostro de su madre-, le prometo que en cuanto acabe de estudiar me regreso. Mis hermanas y sus nietos la necesitan, no quisiera dejarla sola pero tengo cosas que terminar en Europa.

-Está bien- señaló Susana al ver que no podía convencer a Karen para que se quedara en México-. Cuídate, que Dios te acompañe, le voy a seguir pidiendo a nuestro Señor Jesucristo que te cuide.

-Gracias madre- dijo Karen, despidiéndose de su madre dándole un beso en la frente.

Una vez más Karen había mentido, y no tuvo el valor confesarle a su madre lo que había hecho de su vida. Ella sabía que su madre la entendería, que no le reprocharía por las decisiones que había tomado en su corta vida. Karen le atribuía su falta de valor a su cobardía, suena como pleonasmo pero esa era la verdad. Karen se dio cuenta que aun no se había perdonado a sí misma el aborto que se practicara. Frente al ataúd de su padre se recrimino a sí misma el no haber tenido el valor suficiente como para tener a su bebe, ella sabía que su padre, se hubiera puesto feliz de saber que tenía un nieto mas. Que él, la hubiera entendido, que él, la hubiera apoyado, porque en vida había sido un hombre comprensible, y que por más que fuera un hombre con la moral y las buenas costumbres bien infundadas, él, la hubiera aceptado. Pero como el si hubiera, el había, el si hubiese, *no existen,* Karen se sentía culpable y aceptaba su cobardía.

Al siguiente día que volvió a España, regreso a trabajar, el dueño del salón entendió que su partida había sido por una emergencia, así que no hubo problema. En cuanto a su vida laboral, no batallo mucho, pero el problema era en su vida personal, debido a las circunstancias de los últimos meses se había vuelto taciturna, la muerte de su padre había contribuido para que el contrapeso que sostenía el telón, se volviera más pesado y se deslizara para que poco a poco fuera opacando el brillo de sus hermosos ojos. Nicole se dio cuenta de eso, y como fiel amiga trataba de ayudarle, invitándola salir, a comer, al teatro, en algunas ocasiones lograba convencerla de que la acompañara, pero Karen estaba rehúsa a dejar su caja de cristal y silencio en la que se había refugiado.

-No puedes pasarte toda la vida encerrada entre estas cuatro paredes, la soledad no es buena, tampoco puedes culparte de que no estuviste con tu padre los últimos días de su vida, yo sé que no es fácil perder a un padre, o una madre, pero piensa que él quería que tú fueras feliz.

Karen no decía nada ante las palabras de Nicole, solo sonreía lastimosamente y sin ganas.

-¿Por qué no buscas a Ariel?- sugirió Nicole- él siempre te demostró ser un buen amigo, el único que sinceramente quería ser tu amigo.

-Ya lo hice- aclaro Karen- días después de que me practicara el aborto lo busque. Pensé lo mismo que tu, que él podía ser un buen apoyo para mi...- Karen soltó un suspiro- pero lo decepcioné, él *no* solo quería ser mi amigo, él quería ser mucho más, sentí su decepción en sus palabras, me dijo que... que lo había decepcionado como mujer, por ultimo me dio a entender que no lo buscara mas. Y no le culpo.

-Eso sí- señaló Nicole, mientras le servía un vaso de gaseosa- yo creo que él estaba enamorado de ti, por lo poco que lo conocí demostró ser un hombre de convicciones y no lo puedes culpar de su actitud. Pero puedes buscar a otro chico. Te lo he dicho y te volveré a decir miles de veces, es difícil conocer o saber quien es un buen chico, pero tienes que darte la oportunidad.

-Tienes razón- dijo Karen con firmeza- no puedo pasarme la vida encerrada y triste, la vida es muy corta, y la voy a disfrutar.

-Pero sanamente- dijo Nicole sonriendo- y sin libertinaje.

Liliana al igual que Nicole, insistía en que Karen se tenía que divertir, en dejar la tristeza a un lado. Pero la invitación de ambas era muy diferente, Nicole la invitaba a la iglesia, al cine, al teatro, a tomar un café, a divertirse sanamente. Pero Liliana la invitaba a los antros, a los bares, a fiestas en donde abundaba el alcohol y las drogas.

-Y los chicos guapos- aclaraba Liliana-. Ándale, anímate no puedes quedarte toda la vida encerrada.

-Está bien- dijo Karen por enésima vez-. Solo un rato.

-Te lo prometo.

Sí, por estúpido que se vea, una vez más, Karen había aceptado la invitación de Liliana.

Entraron a una discoteca muy chic. Pronto se vieron rodeadas de jóvenes atractivos, dispuestos a lo que sea con tal de sentarse a la mesa de Karen y de Liliana, por supuesto solo los más apuestos se sentaron con ellas. Después de varias copas de alcohol y unos bailes, todos estaban entonados. Y sin poder evitarlo o más bien sin poner objeción alguna, Karen y Liliana terminaron en el apartamento de uno de los chicos, que por cierto nunca supieron su nombre. Al siguiente día, Karen, de inmediato se dirigió a una farmacia. Compro una pastilla que le ayudaría a asegurarse de que no quedara embarazada. Gracias a la ciencia y a esa pastilla, en algunos lugares conocida como, *Pastilla Milagrosa Después Del Acto*. Esta pastilla si es bien utilizada podría servir de mucho, pues en caso de violación es muy aconsejable el utilizar esa pastilla, pues así se evitaría el desaguisado de haber concebido por la acción de un cobarde, pero en el caso de Karen y de muchas otras personas, esta pastilla solo sirve para cubrir su irresponsabilidad, y para demostrar que una pastilla puede sin mayor esfuerzo destruir las buenas costumbres. Aliviando con una pastilla su conciencia Karen se dispuso a descansar. Pero esa no sería la única vez que Liliana y Karen terminarían en el apartamento de un joven que conocieran la noche anterior. Cada vez que se despertaba Karen se sentía usada, vacía, se sentía asqueada al ver los cuerpos semidesnudos de los demás chicos y chicas con las que había alternado la fiesta. Esos mismos sentimientos ya los había sentido en más de una ocasión. Se levanto, se vistió, cerró la puerta tras de sí, triste y decepcionada consigo misma se marcho a su departamento. Volvió a tomarse una pastilla *milagrosa,* como ella también la llamaba. <<Jamás en la vida me vuelvas a invitar a una de esas fiestas- le dijo con firmeza a Liliana-. Quiero y voy a enderezar el rumbo de mi vida>>. <<Como tu digas>>, dijo Liliana. Pero la decisión de Karen, de corregir el rumbo de su vida la había tomado tarde, demasiado tarde… Carajo… Demasiado tarde

Semanas después Karen encontró una nota junto a la mesita del teléfono en donde Liliana le decía que se iba a recorrer el mundo junto a un joven marroquí que conoció en una de las fiestas a las que asistiera. (Nunca se volvió a saber nada de Liliana). Por su parte, Karen volvió a encerrarse en su silencio y soledad. Como el salón estaba ubicado a unas cuadras de su departamento, tomo la costumbre de caminar por las noches, llegaba tan cansada que aduras penas se daba una ducha, en algunas ocasiones se iba a la cama sin cenar. Le comenzó a gustar el paseo que tomaba por el boulevard LAS RAMBLAS, principalmente los fines de semanas, en donde se divertía con los teatros móviles, con el payasito que tenía la cara pintada de tristeza pero que podía ser feliz al mismo tiempo, disfrutaba posando su bello rostro para los pintores o artistas de la calle, le divertía el mímico, la estatua viviente. El boulevard representaba y formaba ya parte de su vida cotidiana, que sin muchas ilusiones vivía.

*E*ra un sábado cualquiera, había salido temprano de trabajar, aun no anochecía, tomo su abrigo, comenzó a caminar por el boulevard. Estaba a punto de comprar su café como de costumbre, cuando miro que al otro lado de la calle, había un bar, sin pensarlo dos veces entro. Aun era muy temprano para llegar a su casa, no quería estar sola. Se sentó a la barra.

-¿Que te sirvo maja?- pregunto la mujer que atendía la barra. Era una joven de unos escasos veinte años de edad de rasgos árabes.

-Una gaseosa de naranja- respondió Karen, mientras se quitaba el abrigo y lo colocaba en el banquillo de enseguida.

-Trabaja- dijo la chica, y dejo de limpiar una copa.

No recién le acababa de tomar a su refresco cuando Karen escucho la voz de un hombre que la invitaba a tomar una copa. Karen lo ignoro. El chico volvió a insistir. Karen soltó el aire que tenía en sus pulmones demostrando que estaba enfadada. Miro al chico de arriba abajo. Llevaba los zapatos bien lustrados, vestía un traje negro, de corte sastre, la camisa blanca, el cuello salía por encima del traje, el pelo largo hasta los hombros, las cejas arregladas como se las arreglan las mujeres, un arete de diamante pendía de su oído izquierdo.

-No gracias- dijo Karen con firmeza.

Con un acento español bien definido el joven volvió a insistir.

-Eah maja, solo una copa, te prometo que no te vas a arrepentir.

-¿Que letra de la palabra *No estoy interesada*, no entendiste?- volvió decir Karen con la mirada fría.

-Estoy acostumbrado a que me digan que no- sonó el tipo con arrogancia-. Pero por lo regular al final siempre me dicen que sí.

La arrogancia y el ego de aquel tipo eran irritantes. Karen lo volvió a barrer con la mirada. Sintió ganas de vomitar ante la presencia de ese tipo.

-No estoy interesada- dijo Karen cambiando el tono de su voz siendo un poco más suave-. Y si estuviera interesada, buscaría a un verdadero *hombre*-la linda chica se especifico en la última palabra.

-Frente a ti tienes a un verdadero *hombre*- replico el joven con la misma arrogancia.

-¿De qué hablas?- espeto Karen- mírate al espejo, eres más afeminado que yo.

El joven se turbó un poco al escuchar a Karen.

-Es la moda- dijo el joven defendiendo su look.

-¿La moda o es solo un pretexto para no reconocer tu verdadera orientación sexual? Si me ven caminado a tu lado la gente no sabría quien es la mujer, o tú o yo, o tal vez piensen que soy lesbiana.

Por los gestos que hiso el joven se miro que no le agrado para nada el comentario de Karen.

-¡Dios mío!- dijo Karen en voz alta y levantando las manos- ¿Dónde están los verdaderos hombres?

-No sabes de lo que te pierdes- volvió a decir el joven, no cualquier chica tiene la suerte de salir conmigo. Mi papa es el mejor cirujano plástico de esta ciudad y...

-¡Que no entiendes que no estoy interesada!- lo interrumpió Karen. Ahora sonaba molesta-. Estoy harta de tu arrogancia de mierda de *hijo de papi.* Déjame decirte una cosa; durante mi vida he conocido a tipos mediocres como tú, que se esconden bajo las faldas de *papi,* a mi no me impresionas a si seas hijo del rey de España. Cuando definas tu orientación sexual busca a otra mujer, salte del closet y reconoce que eres homosexual, porque con esas cejas depiladas, ese pelo largo y ese arete te ves más bonito que una mujer. Ya te convenciste de que no estoy interesada... a sí que desaparécete, y a ver si te vuelves hombrecito.

Por la cara que puso el joven se vio que las palabras de Karen le habían herido el orgullo y su ego. Sin poder decir nada el joven se alejo de Karen.

La chica encargada de la barra, choco la mano de Karen.

-Si le hubieras dicho algo mas, se hubiera derretido- dijo la joven entre sonrisas-. ¿Otra gaseosa? La casa invita.

-De acuerdo- dijo Karen aceptando la gaseosa-, yo no entiendo porque no salen del closet estos tipos y así se evitan problemas, míralo es mas afeminado que yo.

No es que Karen quisiera ofender a ese joven sino que le dijo la verdad, en estos tiempos de *libertad* de expresión no se sabe quién es mujer u hombre. El chico se había alejado bastante molesto, los dichos no fallan, en este caso le quedo a la perfección el dicho*, la verdad no peca, pero incomoda*

Karen termino su gaseosa, y se dispuso a marcharse, se despidió de la chica y salió del bar. Comenzó a caminar por el bulevar. Se abrocho el abrigo, hacia un frio tremendo que calaba hasta los huesos. Se paro frente al teatro ambulante. Se divirtió bastante. La obra termino cuando otro de los payasitos, le dijo al payasito con la carita *triste/alegre* que le regalara una rosa a la mujer más hermosa que él conociera. Después de buscar entre el público y mirar a la payasita que fungía como su esposa, decidió darle la rosa a Karen. La gente aplaudió el gesto del payasito. Karen busco de entre su cartera un billete para darle una propina a los payasitos, que de eso es de lo que viven, de las propinas que les da la gente. Karen hiso señas con las manos demostrando que no tenía ni un billete en su cartera, el payasito le dijo:

-No importa, nuestro mejor pago fue haber podido dibujarle una sonrisa a la mujer más bonita de esta parte del universo.

Karen le sonrió, y le dio las gracias por el cumplido. El acto de los payasitos terminó con una escena fingida de celos de parte de la esposa del payasito *triste/alegre.*

Karen siguió su camino. Se paro en una intersección. Mientras el semáforo le marcaba luz verde, miro a su derecha, el reloj municipal marcaba las 9:10 P.M. la mayoría de los negocios habían comenzado con los arreglos navideños. Eran principios de diciembre. Entro al departamento, se deshizo de sus atuendos, de sus guantes, de su abrigo, de sus botas, de su gorrito, se dejo caer sobre el sofá, cerró los ojos, soltó el aire que tenía en los pulmones. *¿Esto es lo que quieres para ti?* Se pregunto a sí misma en voz alta. Todo estaba silencio. El silencio era tan pesado que los cortantes filos de la soledad comenzaron a cortar los sellos que Karen había colocado sobre el baúl los recuerdos, recuerdos que Karen quería olvidar pero no podía, el silencio con gritos desgarradores se los recordaba. Solo las manecillas del reloj con su cansado caminar dejaban escucharse. Se incorporo, se cubrió el rostro con ambas manos y tomo una *decisión.*

TERCER AVISO… Y EL ÚLTIMO.

Cuando los seres humanos nos enfrentamos a la oscuridad por mucho tiempo, nos da miedo escapar por el rayito de luz de esperanza que se nos brinda. Así sea Dios mismo quien nos mandó ese rayito, somos incapaces de vencer el miedo y dejar la oscuridad, y caminar por senderos de luz.

-Karen de la Torre

Susana estaba sentada en el sofá de costumbre, bordaba sobre una bufanda de color blanco el nombre de *Karen.* Sabía que en Barcelona los inviernos son crudos, que la temperatura puede bajar hasta cero y pensaba mandársela. De repente su costura se vio interrumpida por el sonido una puerta que se cerraba.

-¡Dios mío!- exclamo Susana- ¡Mija!

Ahí estaba Karen, parada frente a su madre, apretando con fuerza su inseparable bolso color marrón.

En una decisión que no tenía regreso, regaló todas sus pertenecías, renuncio a su trabajo, le entrego el departamento a Nicole a la cual le dio gusto saber que se regresaba para México. <<No hay nada como la familia>>, le dijo Nicole por ultimo. No fue fácil pero consiguió un boleto de avión de última hora. En el avión se encontró con una mujer gorda, que no quería sentarse junto a ella pues a la mujer le había tocado el número *trece,* la mujer había hecho circo maroma y teatro por no sentarse en el asiento *trece*, demostrando la *imbecilidad* perfecta a la superstición. (En los aviones el número trece no existe pero, pero aunque se brinquen del doce al catorce, el numero de en medio es trece así no se lo pongan al asiento, el trece, es el trece, y la mujer gorda lo sabia). Karen comprobó que la *superstición* es más una *debilidad mental* que algo real.

Karen no dijo nada solo estiro los brazos como cuando un bebe está dando sus primeros pasos y quiere aferrarse a sus padres. A casi cinco años de Karen partiera por primera vez, Karen quería abrazar a su madre de una forma diferente a como lo hiciera cuando vino al entierro de su padre. Susana se levanto. Ambas se fundieron en un abrazo, un abrazo tan esperado. De inmediato Karen sintió el calor de hogar, de un verdadero hogar, el calor del amor de una madre.

Aun sin decir nada, Karen comenzó a llorar, lloraba como cuando a un niño le roban su juguete preferido. Cayó sobre sus rodillas, abraso a su madre por la cintura y por fin cuando el llanto la dejo hablar, le pidió perdón a su madre, una y otra vez. Susana sin saber el porqué le pedía perdón se puso de rodillas, le acaricio el rostro, le limpio la cara con sus manos, el poco maquillaje que llevaba puesto se le había corrido con las lágrimas. Karen se recostó en el suelo y por más de media hora siguió llorando en el regazo de su madre y le continuaba pidiendo perdón.

-Mija, no tengo nada que perdonarte- dijo Susana después de hacer un gran esfuerzo por deshacer el nudo que se le había formado en la garganta-, no tengo nada que perdonarte.

Karen se incorporó, acarició el rostro de su madre.

-Perdóneme- volvió a suplicar- perdóneme por no ser la hija que usted hubiera querido que fuera, perdóneme por no haber estado junto a usted cuando falleció mi padre, perdóneme por haber no tenido mucha comunicación con usted, perdóneme por ser tan mentirosa. Perdóneme -suplicaba Karen sin poder contener el llanto.

-Mi amor, yo no tengo nada que perdonarte- decía Susana al mismo tiempo que le besaba a frente y le limpiaba las lágrimas.

Susana no entendía realmente el porqué lloraba su hija con tanto sentimiento, pero la acompañó en su llanto. Pedía perdón pero aun no era capaz de confesarle a su madre el verdadero motivo el porqué lloraba de esa manera. Era obvio que a Karen un gran sentimiento de culpabilidad le estaba machacando hasta la última de sus entrañas.

Rato después, ya que se calmo, bajaron el resto de su equipaje del taxi que llevo a Karen del aeropuerto a su casa. Ya un poco más tranquila comenzó a platicar con su madre, que no dejaba de agradecerle a Dios por tener a la más pequeña de sus hijas de regreso. Aun no anochecía cuando Karen llegara a la casa de su madre, así que le avisaron a sus tres hermanas, Cristina, Mirna, Sofía, con sus respectivas familias, que vivían a unas cuantas cuadras de la casa. Excepto Delia que residía en Seattle Washington. Pero que por teléfono expreso su alegría de que Karen regresara a México definitivamente. En los corazones de toda la familia había un hueco, el hueco que había dejado la muerte de Ángel. Todos demostraban el cariño que sentían por Karen, desde sus sobrinos hasta sus cuñados. Karen les conto como era Barcelona; una ciudad bonita, vanguardista, con un gran atractivo turístico. Aunque a veces solía ser triste por la neblina. En los siguientes días se celebro la navidad. Cenaron juntos. Todos extrañaban a Ángel.

-Es difícil acostumbrarse a la ausencia de mi padre- dijo Karen abrazando a su madre.

Susana abrazo con fuerza a su hija.

-Perdóneme por haberla dejado sola después de la muerte de mi padre.

-No te preocupes mija, gracias a Dios que ya volviste y ya no voy a estar sola- expreso Susana acomodándole los lentes a Karen- que maña tienes de traer los lentes de lado o hasta la punta de la nariz.

Karen le dio un beso en la frente, demostrando el amor por su madre.

Susana y el resto de la familia estaban convencidos, de que Karen había terminado sus estudios y que se había graduado como psicóloga infantil. Sin atreverse a decirles la verdad, les compartió la idea de poner otro tipo de negocio.

-¿Cómo que negocio?- pregunto Cristina.

-Un salón de belleza, con Spa y Bronceador- respondió Karen-. En mis tiempos libres aprendí como hacer peinados, tintes, manicure, y otras cositas más.

Se veía que Karen estaba entusiasmada con la idea de poner el salón. Sus hermanas confirmando su solidaridad y apoyo se ofrecieron en ayudarle en conseguir un buen lugar para el salón, por los contactos y amigos de sus esposos no les sería difícil conseguirlo. Y así fue. Karen compro un salón de belleza ya establecido, lo único que tuvo que hacer fue acondicionarlo para el Spa y el Bronceador. Seis meses después de que Karen regresara a México cortaba el listón de la inauguración del salón. Lo había establecido con sus ahorros. Durante todo el tiempo que estuvo en Barcelona había recibido un cheque cada mes de parte de sus padres y sus hermanas. Se lo mandaban con la idea de que estaba estudiando.

No batallo mucho en tener clientas fijas. Debido a la ubicación del salón se le facilitaba aun más el tener clientas nuevas, el salón estaba ubicado a una cuadra de uno de los centros comerciales más concurridos de la ciudad de México. Contrató siete empleadas, todas tenían una característica, venían huyendo de la discriminación por ser mujeres, venían huyendo de los acosos sexuales de tipos con la mente reprobada, de violencia domestica y, de tipos que querían abusar del poder que tenían. Karen había contratado a estas chicas con la finalidad de que progresaran, y de que superaran sus miedos y frustraciones, y que se demostraran a sí mismas que podían formarse un futuro sin la necesidad de un hombre que las golpeara, ni de un patrón que las acosara sexualmente, y que le demostraran a hombres con la mente cerrada que una mujer también puede superarse.

Karen había tomado la decisión de enterrar el pasado, vivir el presente y planear el futuro. *Lo pasado, pasado,* decía Karen, *he aprendido de los errores.*

Como era de esperarse comenzó a recibir invitaciones de chicos, mismas que rechazaba, estaba dispuesta a esperarse hasta encontrar a un buen chico, no es que los chicos que se le acercaran fueran malos chicos pero no eran del agrado de Karen. Estaba segura que lo hallaría, de que por ahí estaba ese buen hombre que ella estaba buscando, no quería volver a cometer los mismos errores del pasado.

«Al fin y al cabo todos cometemos errores en la vida- solía decir-, no hay nadie mejor que nadie, todo es cuestión de no volver a los caminos de antes para no cometer los mismos errores».

Pero lo que no sabía era que, esos *errores* del pasado ya le habían marcado el resto de los días de su vida. Su factura, la estaba esperando en un consultorio médico.

Pronto se noto que la compañía de su madre le había ayudado bastante, el buen sentido del humor que siempre la había caracterizado estaba regresando a ella, poco a poco la luz de sus ojos que en un tiempo se había opacado comenzó a brillar de nuevo. En más de una ocasión se recrimino a sí misma el haberse regresado a España después de la muerte de su padre y haber dejado a su madre sola. Pero Susana, con amor le demostró que no tenía nada que recriminarse pues ya después de la muerte de Ángel, Karen no tenía mucho que hacer en México, (nada en España) aunque en realidad, casi todos los días oraba a Dios que si Karen no era feliz o no estaba bien en Barcelona que le pusiera en su corazón el regresarse para México. Y ahí estaba. Susana se convencía cada día de que Dios siempre responde a las oraciones, *cuando, como, quien, a donde,* solo ÉL lo sabe, pero de que contesta las oraciones, las contesta. Solo es cuestión de fe, fe que Karen ya había comprobado, pero que se resistía a aceptar. En algunas veces Karen mas por compromiso que por buena voluntad acompañó a su madre a la iglesia pero en las pocas veces que escucho a un predicador, había salido molesta por lo predicado. Le parecía absurda la forma en que veían a la juventud, le parecía que le daban mucho enfoque en el sexo, en las drogas, en el alcohol, en las enfermedades, aunque ella misma ya había pasado por lo de las enfermedades de transmisión sexual, aun así consideraba extremistas a los predicadores cristianos. Le parecían estrictos en demasía, exagerados. *La juventud tiene derecho a divertirse,* pensaba ella, *el acercarse a Dios es para gente de mayor edad.*

Al salón de belleza comenzaron a llegar clientas nuevas, viejas amigas del colegio e hijas de los conocidos de sus padres. En un día cualquiera Karen se encontraba leyendo una revista de espectáculos, arranco de un cuajo la hoja en la que se encontraban los Horóscopos, y con un gesto de *asco* tiro la hoja a la basura. Siguió leyendo la revista, lo mismo de siempre, artistas que estaban hospitalizadas por anorexia, por drogadicción, divorcios y casamientos de la noche a la mañana, personas que tirando su dignidad se reconciliaban con su ex pareja que la había dejado unos días atrás por otra persona, artistas de Hollywood rogándole a hombres que salgan con ellas, otras tantas acostándose con hombres casados. <<Dios, ¿en donde quedo la dignidad y el respeto por sí mismos?>> dijo Karen. De pronto su lectura se vio interrumpida por la entrada de una clienta. Después de saludarla, le pregunto si tenía una cita o si era nueva.

-Tengo una cita a las cuatro- respondió la clienta- la tengo con Adriana, y esta es la segunda vez que vengo.

-Adriana no está –señaló Karen- tuvo que salir de emergencia, y no va a regresar si no hasta mañana o pasado mañana, ¿pero si gustas yo te puedo atender?

-Está bien -respondió la chica- hoy tengo un compromiso muy importante y quiero verme lo más hermosa que pueda- dijo la chica con un poco de coqueteo, y se paso una mano por el pelo.

-Bien –dijo Karen- ¿qué podemos hacer por ti? No creo que mucho, la verdad eres muy bonita.

-Gracias- respondió la chica ante el cumplido de Karen- me gustaría cambiar un poco el look, tal vez unos rayitos en el pelo, rizármelo un poco, manicura, y pedicura.

Como es la costumbre en los salones de belleza, Karen comenzó a interrogar a su clienta, todo con la finalidad de que sea menos aburrido, y para que se pase rápido el tiempo. En los salones de belleza las mujeres se confiesan más que ni con los sacerdotes católicos. Karen y sus trabajadoras sabían cada chisme y pecado de cada una de sus clientas. Pero entre ellas había una promesa como lo hacen los sacerdotes católicos, era en Secreto de Confesión. Así que cada palabra que se decía o se escuchaba en el salón de Karen ahí mismo entre esas cuatro paredes se quedaba.

Mientras Karen preparaba el tinte para la clienta, sentía como está la miraba inquisitoriamente. Se comenzó a sentir incomoda ante la mirada de la chica, así que no pudiendo resistir mas esa mirada le pregunto:

-¿Nos conocemos, o nos hemos visto antes?

-No sé- respondió la chica-, te me haces conocida.

-¿Quizá me viste la primera vez que viniste al salón?

-No, no lo creo. Creo que te conozco de antes o te he visto en otro lugar.

La chica frunció las cejas queriendo recordar de donde había visto a Karen.

-Dices que te llamas Karen ¿verdad?- pregunto la chica

-Sí, Karen, Karen de la Torre.

-Sabía, yo sabía que te conocía de antes -manifestó la chica sonriendo-. Yo soy Fátima Gutiérrez.

Karen intento recordar a la chica pero en ese momento no encontraba imágenes en su memoria.

-La verdad no me acuerdo- dijo Karen.

-Asistíamos a la misma preparatoria- aclaro la linda mujer-. ¿Te acuerdas de la chica que sufría de sobre peso?

Karen puso a trabajar la memoria y en esas imágenes que el cerebro le proyectaba, apareció la chica regordeta a que le había hecho la vida imposible.

-¡Tú eres esa chica!- dijo Karen un tanto sorprendida. Pues la chica que estaba sentaba frete a ella, ya no era la misma chica regordeta de la que todos se mofaran algún tiempo atrás, sino que ahora era una mujer muy bonita como lo dijera Karen minutos antes, piel clara, ojos almendrados, pelo castaño, de considerable altura, y de un cuerpo casi perfecto. De infarto. Karen sintió envidia de la silueta de la mujer.

-No lo puedo creer- sonó Karen con incredulidad- ¿Cómo le hiciste para bajar de peso?

-Cuando me mude con mis padres y mi hermano para las Vegas, Nevada, tenía mi autoestima por los suelos. Todo mundo me criticaba, nadie me acepta en sus grupos. En más de una ocasión llegue a sentir lástima por mí misma. Pero mi madre siempre me apoyo, así que con su ayuda pude bajar de peso. Descubrí que en las historias de amor, los feos y los gordos no tienen cabida, así que cansada de tantas burlas y desprecios decidí adelgazar, y con el apoyo de mi madre comencé a comer mejor, no mas, sino mejor. Uno de los problemas a los que me enfrentaba era que comía por miedo, por frustración, por nervios, comía solo por comer. Así que con una mentalidad diferente, salía a correr todas las mañanas, ya que por las tardes asistía a la High School (equivalente a la preparatoria en México) y en un año ya había bajado bastante de peso. Y cosa curiosa, de un momento a otro los chicos que en un momento me habían despreciado por gorda querían salir conmigo...

Mientras Fátima hablaba Karen se sintió un tanto avergonzada, pues recordó que en la preparatoria ella había sido una de las personas que mas la criticara y se mofara de ella, tanto que en más de una ocasión la había hecho llorar y ahora estaba frente a ella, ya no gorda, sino delgada y bella y frente a un verdadero espejo estaba a punto de darle una noticia que Karen en la vida jamás hubiera querido escuchar.

-...No te puedo negar que sentía tentación de salir con alguno de los chicos- continuo Fátima mientras Karen le hacia el manicure, y esperaba que el tinte se secara-. Pero gracias a Dios que para cuando llego ese momento ya tenía un pensamiento diferente, me di cuenta que los chicos que se me acercaban era solo por mi físico no por lo que soy como persona. No es porque me crea bonita pero es la realidad, cuando era gordita no me hacían caso. Un buen día me propuse en el corazón que solo saldría con el chico que realmente valiera la pena – Fátima se acerco un poco más a Karen como para que nadie escuchara lo que le iba a decir-. La mayoría de los chicos se acercan a una mujer y principalmente en la Prepa es por *sexo,* pero yo no iba a cometer la estupidez de regalarle mi inocencia, mi virginidad a un tipejo que no valiera la pena, no señor. No es que yo crea que valga mucho más que otra persona, pero yo había prometido no tirar a la basura mi virginidad por un tipo con cara bonita, que hoy saliera conmigo y mañana con mi amiga u otra compañera del colegio, como muchas lo hacen. Yo no. Yo me prometí a mi misma que el hombre que me tocara la primera vez, sería mi esposo. Solo era cuestión de esperar a que llegara el chico correcto.

-¿Crees que existe el hombre correcto?- interrumpió Karen, haciéndole señas a Fátima para que se volviera a sentar frente al espejo, el tinte ya había secado, y ahora esperarían a que secara el esmalte de las uñas.

-No se- respondió Fátima, soplándose las uñas- yo creo en el amor, yo sé que cuando te enamoras puedes cometer tonterías, el amor es locura. (Y bendita es esa locura cuando encuentras a un hombre que también te ama). Pero, yo estaba decidida a esperar por un hombre que valiera la pena. Tal vez en un tiempo sonaba anticuada y cursi, pero, ahora estoy casada con un buen hombre, soy feliz, tengo una hermosa hija, creo que no le puedo pedir más a nuestro Señor Jesucristo. El hombre que está a mi lado es mucho más de lo que yo le pedía a Dios.

-¿Entonces sí encontraste a ese buen chico?- pregunto Karen mientras acomodaba el cabello de Fátima.

-Sí. Y créeme, valió la pena esperarme. Lo conocí en una fiesta. Mi padre es arquitecto, y su padre es abogado, fue en el cumple años de uno de los amigos de mi padre. Cuando lo conocí, él no quería salir con nadie, al parecer una relación que tuvo con una chica lo dejo muy mal. Me costó trabajo sacarlo de su tristeza, al parecer la quería mucho. Ella hiso algo que lo lastimo bastante, nunca me ha dicho que fue o quien fue. Ella ahora es parte del pasado y el pasado se tiene que enterrar, al menos es lo que él dice. Con el tiempo logre que se olvidara de ella, y poco a poco se enamoro de mi.

-¿Cuánto tiempo tienen de casados?

-Hoy cumplimos tres años, es nuestro aniversario de bodas, por eso es que me quiero ver diferente, tu sabes- decía Fátima con coqueteo- me quiero ver sexi.

-¿Y a que se dedica tu esposo?

-Es escritor, y a la misma vez que escribe, está haciendo su maestría, quiere ser abogado.

-¿Escritor dices? Suena interesante. ¿Y sobre que escribe?

-De hecho solo ha escrito un libro, está trabajando en el segundo, su primer libro lo baso en la falta de moral que hay entre la juventud, que el amor propio y la dignidad, ya son palabras del pasado, y de la facilidad que se da el sexo entre la juventud, y de las *enfermedades de transmisión sexual.* El libro tiene la finalidad de ayudar a la juventud. Al principio no le fue fácil encontrar una editorial, pues en la actualidad las editoriales no creen en el talento juvenil, o escritores nuevos. Las editoriales grandes solo le publican a escritores ya establecidos, o escándalos sexuales de famosos, tu sabes de ancianas que tienes amoríos con jóvenes. Pero gracias a Dios alguien creyó en él, y le publicaron su libro, eso sirvió para que nos pudiéramos casar y que siguiera con sus estudios.

-¿Y cómo se llama tu esposo para comprar el libro?– pregunto Karen, pero segundos después se arrepintió de haber preguntado el nombre del escritor-. Suena interesante el tema.

-Saúl- respondió Fátima con cierto orgullo- se llama Saúl Márquez, y también es poeta.

-¡Él es tu esposo!- exclamo Karen, que se tuvo que sostener del respaldo de la silla para no caerse, pues cuando escucho el nombre de Saúl, sintió como si un rayo le atravesara la espalda.

-¿Lo conoces?- pregunto Fátima al ver que Karen se había turbado un poco.

-Poco, lo conocí muy poco- respondió Karen, haciendo un esfuerzo para que Fátima no notara que ella había sido la chica que le había destrozado el corazón a Saúl de cuando eran jóvenes. Karen ya no pregunto mas, por el contrario guardo silencio. Se apresuro a terminar el trabajo que le estaba realizando a Fátima. Sentía que se quemaba por dentro. No bien se había marchado Fátima, Karen se dirigió al baño, se paro frente al espejo, apretó los puños. <<Que irónica es la vida- se dijo a sí misma con rabia-, la chica más fea y gorda de la prepa se caso con Saúl, con mi Saúl, con mi poeta. No es justo... No es justo. Carajo. Que miserable es la vida>>. Una vez más los sentimientos enterrados ya purificados por el tiempo volvieron a invadir el corazón de Karen. No es que aun amara a Saúl, (la verdad es que si lo amaba, y con toda su alma) sino que una infinidad de veces se había arrepentido de haberle destrozado el corazón al único joven que ella conociera que la pudiera haber hecho feliz, (aparte del joven barcelonés, el dueño de la cafetería), Saúl era de uno de los pocos buenos hombres que ella conociera y valían la pena en este mugre mundo lleno de maldad. Se miro fijamente al espejo. No quería llorar. Apretó los dientes con fuerza. Pero no pudo por más esfuerzo que hiso en reprimir esa lágrima que le salió desde el fondo de su alma. Fue solo una lágrima. Pero fue muy amarga. Esa lagrima solitaria, no solo dejo una huella en su bello rostro, sino en su alma que fue en donde más le dolió <<Se acabo Karen- dijo- no puedes vivir toda la vida reprochándote, o recriminándote los errores del pasado, si viniste a México fue para comenzar de nuevo, lo que viviste o hiciste en España, o en tu juventud, ya es pasado>>. Termino la plática consigo misma pidiéndole a Dios que ojala Saúl fuera feliz toda la vida pues se lo merecía, y por lo que había escuchado, Fátima era una buena mujer. De inmediato se dirigió a una librería a comprar el libro escrito por Saúl. En efecto era él, su foto estaba en la parte posterior del libro. <<Que tonta fuiste>>, se reprocho una vez más. Por un momento se imagino a Saúl recitándole un poema. Pero tardo más en evocar el recuerdo que espantárselo de la cabeza, pues estaba consciente de que ahora él era un hombre casado y feliz, y lo que más le dolía era que el tenia una hermosa hija, mientras que ella se había practicado un aborto permitiendo que doctores sin escrúpulos y por unos miserables euros mataran a su bebe. Cabizbaja se dirigió a su casa, en donde la esperaba su madre con una sonrisa y la cena lista. Dijo que no tenía hambre y se retiro a descansar. Al siguiente día se levanto con el mismo optimismo de siempre, por la noche tuvo una plática consigo misma.

Fátima no sería la única de sus antiguas compañeras que visitara el salón de belleza. En una ocasión entro al salón Esmeralda, la hija del Coronel, la chica que asistía a una iglesia cristiana.

-Que agradable sorpresa- sonó Karen con sinceridad, a esta chica si la reconoció de inmediato-. ¿Y cómo te ha ido?

-Muy bien- contesto la mujer.

El encuentro con Esmeralda fue diferente que con Fátima, no es que a Karen no le agradara la otra chica pero, hubiera preferido nunca conocer a la esposa de Saúl.

-¿Y por donde andabas?- pregunto Esmeralda.

-Por España- contesto Karen con desgano.

La plática entre las dos fue amena, esmeralda le conto que se había casado con un joven piloto de la Fuerza Aérea Mexicana, que tenía un hijo de dos años de edad, y que en ese momento tenía tres meses de embarazo. Karen fingió una sonrisa, más que fingida la sonrisa fue dolorosa, al escuchar del embarazo de Esmeralda. Esmeralda se despidió invitándola a la iglesia, le dejo una tarjeta con su nombre, dirección, y número telefónico.

-Si algún día necesitas algo, lo que sea no dudes en llamarme.

-Gracias- dijo Karen, comprobando que Esmeralda aun seguía siendo la buena chica de siempre.

Ya habían transcurrido dos años desde que Karen regresara a México, todo marchaba a la normalidad, sus sobrinos creciendo, Violeta su sobrina preferida no se le separaba ni un momento. <<Hasta pareces tu su madre>>, dijo en más de una ocasión Cristina la hermana de Karen. Todo parecía viento en popa, el negocio de Karen iba prosperando, contrato a dos chicas más, con la finalidad de atender bien a su vasta clientela. Susana insistía cada domingo en que la acompañara a la iglesia, pero Karen siempre tenía un *pretexto* ineludible para no acompañarla. Esmeralda había vuelto en varias ocasiones, en particular solo para invitarla a la iglesia. Invitaciones que Karen sutilmente rechazaba. La que nunca regreso fue Fátima, algo que agradeció Karen. Por su parte, Karen disfrutaba de la vida, de su juventud, le gustaba lo que hacía, se le veía feliz. <<Lo único que necesitas pera ser completamente feliz es casarte- dijo en alguna ocasión Sofía mientras comían-, para que tengas tus hijos, y para que cuides de tu esposo, no hay nada como formar una familia y más si cuentas con un buen hombre a tu lado>>. Karen suspiraba con la idea de tener un hijo, dos, o porque no, hasta seis, como se lo había dicho a su difunto padre en alguna ocasión. Pero esa idea o ilusión de tener hijos, para la linda chica ya era cosa de los imposibles. Pero el momento en que conociera a un buen chico para ella no estaba lejos, o quizá ya conocía a ese chico solo era cuestión de darle una oportunidad a uno de sus tantos pretendientes

Eso era en la vida cotidiana y exterior, pero en su vida personal, interior y física, Karen no se sentía muy bien que digamos, en las últimas semanas había sentido algunos *cambios* en su condición física, *cambios* anormales, y no estaba dispuesta a dejar pasar más tiempo. Así que saco una cita con la ginecóloga, Menchía Soadek.

Karen entro al consultorio, la doctora al saludo con una sonrisa sincera.

-Karen, Karen de la Torre- dijo la doctora, mirándola por encima de sus lentes de lectura-. Que sorpresa, yo creí que ya te habías olvidado de mí.

Karen la saludó con el mismo entusiasmo. Se sentó en el sofá de cuero negro, la doctora conservaba el mismo estilo del consultorio, solo había cambiado su escritorio redondo de cristal por uno cuadrado con las esquinas redondeadas, el reloj de arena, la agenda, el teléfono, y el retrato de su familia estaban en el mismo lugar, todo impecable.

-¿Qué te trae por aquí?- pregunto la doctora.

-Pues últimamente no me he sentido bien- respondió Karen haciendo muecas de preocupación.

-¿Cuales son tus síntomas, o los cambios que has visto o sentido en tu cuerpo?

-Cansancio, sudor por las noches, diarrea, y dolor de garganta.

La doctora hiso un gesto por los síntomas de Karen.

-Cuando llamaste para hacer la cita le dijiste a mi secretaria que quieres hacerte una revisión de todo a todo, ¿verdad?

-Sí- respondió Karen a la pregunta de la doctora.

Karen le entrego a la doctora las muestras de orina, y de excremento, y permitió que le extrajeran un poco de sangre para realizarse los estudios correspondientes. La doctora mando las muestras al laboratorio que se encontraba en el mismo edificio. La doctora le realizo auscultaciones a Karen, le practico un Mamograma, le enseño como se podía revisar ella misma para detectarse anormalidades en sus senos, le reviso los genitales, la doctora la miro a los ojos, intento preguntarle algo, pero se arrepintió. Karen miro el rostro de la doctora.

-¿Sucede algo?- pregunto.

-No- respondió la doctora-. O amenos que tú me lo quieras contar.

Karen guardo silencio. La doctora había descubierto que estaba un poco maltratada de sus genitales, eso debido al *aborto* mal practicado, pero intuyo por el silencio de Karen que era algo muy personal. Físicamente la reviso por completo, y no le había encontrado ningún problema. Solo faltaba esperar los resultados de los análisis para asegurarse de que estaba completamente sana. Después de más de dos horas, Karen se despidió de la doctora, regresaría al día siguiente por los resultados. Se pasó el resto del día con su madre y su sobrina Violeta, comieron helado, fueron de compras.

Al siguiente la doctora le llamo por teléfono avisándole que los estudios se tardarían un día más. Así que dos días después se presento ante la doctora.

La doctora la saludo amablemente. Karen se sentó en el mismo sofá. Estaba alegre, como lo había estado en los últimos meses. Ante la petición de la doctora le conto que había estado en Barcelona, España. Que había tenido contacto con modelos profesionales, que había trabajado en el salón de belleza más solicitado de Barcelona, que se había bañado en las playas del Mediterráneo, que conoció a gente de diferentes partes del mundo. Pero mientras le platicaba a la doctora lo que había hecho en los últimos años de su vida, intuyo que la doctora no quería darle los resultados de los análisis. Pues cada vez que tocaba ese tema, la doctora le preguntaba algo más.

-Me agrada platicar con usted- dijo Karen- pero tengo cosas que hacer, ¿sabe? Tengo que recoger nuevas cosas para el salón, solo pase de rapidito por los resultados.

La doctora sonrió, pero su sonrisa no era de alegría, ni de felicidad, sino bañada con un aire de tristeza. Antes de desdoblar la hoja con los resultados, la doctora miro hacia la ventana, mordisqueo el bolígrafo, se rasco la nariz, volteo el reloj de arena, se tallo los ojos, suspiro profundo...

-Hubiera deseado jamás darte una noticia como esta- dijo la doctora con la voz apagada-, pero...

-¿Pero qué?- pregunto Karen- ¿Qué sucede? ¿Tengo algo grave?- Karen esperaba la respuesta de la doctora, sus ojitos chispeaban de una forma diferente.

La doctora busco la forma más sutil y suave que pudiera encontrar para darle la noticia a Karen.

-Lo siento Karen, realmente lo siento- la doctora suprimió con gran esfuerzo una lagrima-, pero eres portadora del Síndrome de Inmunodeficiencia Adquirida (SIDA).

-¡Que! – Exclamó Karen- ¡Dios mío!- la voz de Karen cambio-. No- dijo Karen suplicante-. Dígame que no es cierto.

-Lo siento Karen. Los resultados no mienten.

Las palabras de la doctora taladraron el cerebro de Karen, que se hundió en el sofá, sentía como si el sofá se hubiera transformado en un monstruo enorme que estaba a punto de devorarla, su cara paso de la sorpresa a la tristeza, sus sentidos se bloquearon, la doctora hablaba, pero Karen no la escuchaba, solo veía como la doctora movía sus labios y las manos haciendo ademanes, su miraba se nublo, el aire se volvió tenso, tan tenso que una navaja lo hubiera podido cortar en pedazos. Quería hablar pero las palabras se le ahogaban en la garganta, se le corto la respiración. Karen había entrado en una especie de shock, todo lo esperaba menos eso, tener SIDA.

La doctora al ver el momento por el que Karen estaba pasando, guardo silencio, el silencio se volvió sepulcral, si hubiese habido una mosca volando se hubiera podido escuchar su silencioso aleteo. Karen sintió como una gota de sudor frio le surcaba la espalda, sentía como si la partiera en dos. El silencio duro varios minutos. Karen con gran esfuerzo, se acomodo al borde del sofá, se quito los lentes, los limpio con sus propios dedos, se apretó los ojos con los dedos, y poco a poco una lagrima se comenzó a salir de su apretado refugio. <<¿Por qué? ¿Por qué? ¿Por qué a mí?>>, susurro Karen con tristeza, dolor, y frustración. La doctora continuaba sin decir nada, esperaba a que Karen saliera por completo del shock.

-¿Por qué a mi doctora?- Pregunto Karen con la voz entrecortada-. ¿Por qué a mí?

La doctora Soadek no sabía que contestarle, era una difícil respuesta a una pregunta tan fácil. ¿Qué le podía decir? Tú te lo buscaste, te metiste con varios tipos en tu vida, no te cuidaste, tomaste a la ligera los consejos que alguna vez te di, pensaste que tú eras inmune a esta o a otra enfermedad, pensaste que por ser joven te podías comer el mundo, pero la realidad es que el mundo te comió a ti, pensaste que podías nadar en el lodo sin mancharte, que la moral, las buenas costumbres y la buena educación que recibiste de tus padres los tiraste a la basura, que no podías acostarte con tipos que ni siquiera sabias su nombre sin pagar las consecuencias, que ahora tienes que enfrentar la realidad de las tantas veces que te burlaste de las personas que te previnieron del mal camino que ibas tomando. ¿Qué le podía decir la doctora?

Era obvio que la doctora ya había dado noticias como esa, pero nunca se la había dado a un familiar de alguien que conocía. Días después Karen se enteraría que la doctora Menchía asistía a la misma iglesia cristiana que su hermana Sofía, y que eran muy buenas amigas.

La doctora se acerco a Karen, se puso sobre sus rodillas, le limpio las lágrimas que Karen había intentado suprimir, pero que a fuerza de gravedad se le escaparon. No quería llorar, hacia un gran esfuerzo por no llorar. La doctora en realidad no sabía que decir, solo la abrazo, la abrazo fuerte. Karen se aferro a ella, como cuando un naufrago en medio del mar se aferra a un tronco que le pudiera salvar la vida. Como cuando una niña se aferra a su padre cuando lo encontró después de haberlo perdido. Así se sentía Karen, perdida en ese mar inmenso de la incertidumbre. Sin poder soportarlo más irrumpió en llanto, un llanto que conmovió a la doctora hasta hacerla llorar. La doctora comprobó que esa chica que se aferraba a ella, amaba la vida, amaba y disfrutaba mucho de su juventud, que tenía muchos planes a futuro, tener un esposo, una familia, (quizá hijos) disfrutar a su madre, seguir ayudando a mujeres necesitadas.

La vida de un solo cuajo le arranco los sueños, las ilusiones, todo. La doctora aun continuaba sin decir palabra. La mirada de Karen era triste, una vez más y para siempre la luz de sus ojos se había apagado.

-La vida no se ha acabado para ti- dijo al fin la doctora, tratando de consolarla-. Yo se que esta noticia va a cambiar el resto de tu vida, que de hoy en adelante no va a ser lo mismo, pero piensa que mientras tengas vida, puedes continuar viviendo de la misma manera...

Karen con la mirada hacia al suelo, escuchaba a la doctora.

-...Con los adelantos de la ciencia se puede prolongar los días de vida alguien que es portador del SIDA, si te cuidas puedes vivir muchos años, incluso puedes vivir más que yo.

-Es que usted no sabe lo que esta noticia significa para mí- dijo Karen con dificultad, los nudos que tenía en el pecho le estorbaban-. Todo lo que había planeado se vino abajo, ya no me voy a poder casar ni tener hijos, a mi me agradan mucho los niños...- Karen la tomo de los hombros-. Dígame que es una broma. Se lo suplico. Dígame que solo está jugando conmigo y que de este modo me quiere hacer entender que la vida que llevaba no era la correcta.

-Lo siento Karen, pero.

-¡Se lo suplico! Dígame que todo esto es un juego.

-Lo siento Karen, pero los resultados no están equivocados. Tienes SIDA- expreso la doctora que aun continuaba cerca de ella-. Sé que no es fácil asimilar una noticia como esta, y mucho menos si crees que los días de tu vida están contados, o acortados... pero tienes que afrentar esto con valor, se que para una persona el formar una familia es una de las cosas más importantes en la vida, pero si ahora tu ya no puedes por la enfermedad, puedes hacer otra cosa, dedícate a tu madre y al resto de tu familia.

-Lo que dice usted se oye fácil- señaló Karen- y se ve fácil, porque usted no tiene esa enfermedad.

-Tienes razón- interrumpió la doctora- pero uno de mis compromisos contigo o con cualquier paciente es de hacerte ver la vida de una forma diferente.

-De ahora en adelante mi vida es diferente- sonó Karen con la voz llena de tristeza-. Si que va a ser diferente.

Karen continúo platicando con la doctora por varios minutos más. Se despidió prometiéndole que regresaría unos días después, para que la doctora le diera algunas recomendaciones.

-¿Quieres que mi secretaria te acompañe?- Sugirió la doctora al juzgar que por el semblante de Karen, no se encontraba muy bien.

-No, gracias- expreso Karen- no es necesario.

Karen salió del consultorio, miro a la secretaria, le sonrió dolorosamente. La secretaria le correspondió el saludo. En la calle,

Karen, no sabía para donde comenzar a caminar. ¿Norte? ¿Sur? En ese momento daba lo mismo, comenzó a caminar sin rumbo fijo. El claxon de un auto le indico que se había cruzado por un lugar prohibido para los peatones. Caminaba arrastrando los pies, y el alma. Sentía como si una tonelada de cemento le pesara en la espalda. Sin la menor intención de seguir caminado, se sentó en la banca de un parque, levanto la mirada, y miro como del microbús que se había parado en la acera de enfrente, se bajaba una familia de aspecto humilde, eran el esposo, la esposa, y siete niños, se tomo el vientre, volteo hacia el cielo, no dijo nada ni pensó nada, volvió a mirar a la familia que ahora estaba a unos metros de ella. Todos los niños, llevaban los pantalones remendados, algunos de ellos con los zapatos rotos mostraban los dedos de los pies. Pobres, se les veía muy pobres, pero se divertían en los columpios, en los sube y baja. Karen llevaba puesto un vestido color blanco que había comprado en Barcelona, calzaba unas zapatillas negras importadas de Italia, su bolso llevaba una de las mejores marcas en la etiqueta, portaba un abrigo de piel. Era febrero. Se veía hermosa. La tristeza afloraba en su rostro, pero esa tristeza que llevaba en el corazón no opacaba en nada su belleza. Pero ella se sentía desnuda, pobre y desdichada, miserable. Hubiese dado lo que fuera por ser una de las tantas personas que estaban en el parquecito, pobres, pero sin el dolor que ella llevaba en el alma.

Sin muchos ánimos se dirigió hacia su casa. Con dificultad conducía su auto. Antes de entrar suspiro profundo, se retoco el maquillaje, tenía que hacer un gran esfuerzo para que su madre no notara lo que le estaba sucediendo. Saludo a su madre que estaba bordando sentada en el sofá. Intento ocultar su tristeza pero no logro.

-¿Qué te pasa mija?- pregunto Susana a la que no se le escapaba nada-. ¿Te sucede algo? Te veo triste.

-Ya sebes madre- dijo Karen haciendo un gran esfuerzo para que su madre no notara lo que realmente sucedía-, ando en esos días de melancolía. Y tú sabes que cuando ando así, me veo triste, aunque esté contenta por dentro, es algo que no puedo controlar.

-No me gusta verte así- señaló Susana haciéndole señas para que se sentara junto a ella.

La chica arrastro los pies hasta su madre.

-Abrázame- suplico Karen con la voz de una niña desprotegida y necesitada de amor-. Abrázame fuerte madre, te lo suplico.

Susana, no sabía qué hacer o decir ante la actitud de su hija, que se había acurrucado en su regazo. Pareciera como si Karen se quisiera meter en el vientre de madre del cual no hubiese querido salir jamás. El vientre de una madre es seguro, nadie, excepto a aquellos quienes aceptan y se practican un aborto pueden hacerle daño a un bebe. Karen se sentía segura junto a su madre, podía sentir su calor de madre. El inconfundible aroma de flores fusionadas de Susana, le daban esa protección que necesitaba. Sin poder aguantar más, Karen comenzó a llorar.

-¿Qué te pasa?-Pregunto Susana con la voz entre cortada- dime lo que te pasa, déjame ayudarte, no tengas miedo en confiar en mí, aparte de tu madre soy tu amiga- decía Susana al darse cuenta que su hija no solo estaba pasando por uno de esos días de melancolía como lo dijera ella, su intuición de madre le decía que había algo más. Pero Karen se sentía demasiado cobarde como para confiar en ella.

Por un momento intento hacerlo pero el miedo y la cobardía con la que todo ser humano nacemos, le volvió a ganar en ese momento la batalla a Karen. <<No me pasa nada madre -susurro Karen- solo abráseme>>. Susana comenzó a llorar en silencio, compartiendo el momento por el que estaba pasando su Karen, su adorada Karen. Susana en ese momento hubiera dado lo que fuera por no ver a su hija en la forma en que se encontraba, pero no podía hacer nada más que compartir el llanto con ella, se sentía impotente ante el silencio de hija. A su mente llegaron los recuerdos de la pequeña Karen refugiándose en su regazo, siempre lo hacía cuando se sentía sola por las noches y o se despertaba llorando por haber tenido una pesadilla, o cuando sentía miedo, un miedo terrible, y Susana en ese momento intuía que su hija tenía miedo, un miedo terrible, y como en los tiempos de antaño, le acariciaba el cabello y le decía que todo estaba bien, que estaba con mami, y que nadie en el mundo le iba a hacer daño, que ella estaba ahí para protegerla. Pero lo que Susana no sabía es que a Karen ya nadie de su familia la podía ayudar a salir del profundo pozo en el que se estaba hundiendo. El único que la podría ayudar es el Hijo de Dios.

Rato después, Karen sin atreverse a confiar en su madre se dirigió hacia su cuarto. En los siguientes días, salía muy temprano de casa y llegaba tarde, todo para no platicar con su madre. No tenía el valor de mirarla a los ojos. Pero todo era inútil, pues Susana la esperaba despierta fuera la hora que fuera.

Más por obligación que por voluntad propia, Karen estaba frente a la doctora una vez más. La doctora la había llamado diez o quince veces, pues para ella era muy importante el que platicaran para darle algunos consejos y advertencias.

-Se que estas pasando por momentos difíciles- expreso la doctora- o quizá estos sean los momentos más difíciles que puedas pasar en la vida... pero mi ética profesional y responsabilidad me obligan a decirte lo siguiente. ¿Cuándo fue la última vez que tuviste relaciones sexuales y con quién?

Antes de contestar, Karen se quedo mirando hacia el librero de caoba, dando la impresión de que trataba de recordar con quien había tenido contacto intimo la última vez. Si en realidad no contesto rápido, era porque sentía vergüenza de decirle a la doctora que ni siquiera supo pronunciar bien el nombre del chico libanes con el que sostuvo relaciones por última vez.

-Fue hace un poco más de dos años- dijo al fin.

-¿Tienes forma de ponerte en contacto con él?

-No- contesto Karen esquivando la mirada de la doctora-. La misma noche que lo conocí tuve relaciones con él, y jamás lo volví a ver.

-¿Y antes de él, hubo otro? Me refiero, en poco tiempo.

-Sí.

-¿Con ese chico si puedes contactarlo?

-No- dijo Karen con la cara roja de la vergüenza- tampoco con él, ni con los otros dos chicos, pero no creo que me haya contagiado con alguno de ellos, con estos, use preservativo, bueno eso hasta donde recuerdo- Karen guardo silencio dudando de sus palabras, quizá no uso preservativo con alguno de esos chicos- quizá habrá sido con Marlián, pero él ya estaba muerto.

-¿Y de que murió?

-En un accidente automovilístico.

-Si te pregunte que si podías ponerte en contacto con el último chico que tuviste relaciones, es porque tú ya sabes que tienes SIDA así que es tu obligación y el deber civil en comunicárselo. Pero en este caso es un poco difícil, si todas las personas que se enteran de que tienen SIDA se lo comunicaran a su pareja, muchas personas se hubieran escapado de contagiarse.

La doctora se acerco a Karen y mirándola a los ojos dijo.

-Karen, yo sé que es un poco difícil esto pero... tu puedes ayudar a muchos chicos.

-¿Cómo?

-No te escondas, da tu testimonio. Te lo dije la otra vez y te lo vuelvo a decir, mientras tengas vida, tú puedes ayudar a la gente. Yo se que te vas a enfrentar a una sociedad de dos posiciones.

-No entiendo, ¿Por qué dice que la sociedad de dos posiciones?

-Por una parte- dijo la doctora-, los políticos rechazan la prostitución, pero siguen otorgando permisos para que se abra un bar con mujeres que se prostituyen. Algún sector de la sociedad te va a mirar como un bicho raro por lo del SIDA. Algunas personas te van a sacar la vuelta, porque te van a mirar como una persona indeseable. Mucha gente no sabe que el cáncer es igual de mortal como el sida, pero en comparación con alguien que tiene cáncer, a ti te van a hacer a un lado. Y eso la gente lo hace por *ignorancia,* y tu Karen, puedes ayudar a mucha gente a que salga de su ignorancia. A esas dos posiciones me refiero. A quienes critican pero no ayudan en nada.

-¿Y a mi quien me va ayudar? Usted piensa en ayudar a la demás gente, ¿y a mi quien me va ayudar?- decía Karen en forma de reclamo-. Yo ya estoy jodida, dígame quien me va ayudar, a mí nadie me ayudo, ¿Por qué tengo que ayudar a los demás?

-No seas egoísta- dijo la doctora-.Tú recibiste mucha ayuda. Tu padre cuando estuvo en vida te dio lo mejor que pudo, tu madre hace lo que sea por ti. Tu recibiste consejos, pero no los quisiste aceptar, así que a mí no me puedes decir que nadie te ayudo. Solo te estoy pidiendo que ayudes a las demás personas, algunas personas quieren echarse a perder allá ellos, pero allá afuera en el mundo hay personas que quisieran haber recibido lo que tu recibiste, buenos consejos. Tu tuviste el derecho de elegir el tener relaciones sexuales el día, o con el hombre que te contagio, pero mucha gente no tiene esa ese derecho. Hace un año vino una chica de solo dieciséis años, y también resulto positiva del VIH. Esta chica a su corta edad, ya había tenido relaciones con más de veinte hombres, pero ella así lo quiso, ella sabía a qué atenerse, y cuando se dio cuenta, ya era demasiado tarde. Hace dos meses vino hasta mí, una mujer de veintidós años, esta chica tenía en su corazón el llegar virgen al altar, trabajaba como empleada domestica... y la violaron, ¡la violaron! Y el cobarde que la violo- dijo la doctora con coraje-, era el hijo de sus patrones...Ese cobarde tenía SIDA; esta chica es de un pueblo de el estado de Tlaxcala, viene de una familia muy humilde, cuando le pregunte si sabía que era el SIDA, me contesto que solo había escuchado esa palabra dos o tres veces pero no sabía cuál es el verdadero problema del SIDA. A esas personas es a las que hay que ayudar. En México hay mucha ignorancia. Hay gente que quiere vivir en el libertinaje, y que feliz se revuelca en la miseria de este mundo, allá ellos. Si tú te encierras en tu egoísmo vas a perder la oportunidad de poder ayudar a algunas personas. El poder ayudar a alguien es un gran privilegio que no todo el mundo puede tener...Principalmente los egoístas.

-No puedo doctora- dijo Karen- soy demasiado cobarde.

-Ten ese valor Karen. Mírate, eres una mujer hermosa, tienes buena posición económica, se hubiera podido decir que *casi* lo tenias todo, grítale al mundo, hazle saber al mundo que el SIDA, y muchas otras enfermedades no respetan, ni sexo, ni posición económica, ni raza, ni apariencia física, que el preservativo, no es cien por ciento seguro. Grítaselos. Yo estoy segura que cuando la gente te escuche, lo van a pensar dos veces en tener relaciones con un extraño; que un jovencito la va a pensar mejor en meterse con cualquier mujer, o que la jovencita la piense mejor en meterse con el más guapo del colegio. A ti te pasó Karen, en tu primera relación te contagiaron de *sífilis*... Karen- la voz de la doctora sonó con suavidad-, yo como ginecóloga se de lo que te hablo, por esa puerta han entrado llorando jovencitas, que ayer se burlaban de los consejos, y hoy llegan llorando, tu eres el mejor ejemplo.

La doctora tenía razón, Karen en más de una vez se había burlado de los consejos de su madre y de la doctora, y ahora estaba ahí llorando su desgracia.

-Si con tu testimonio- continuo la doctora- puedes ayudar a alguien, ¿por qué no hacerlo? Demuéstrale a la gente que por las decisiones que tomaron hace más de veinte años, tu y millones de personas están pagando las consecuencias, que tú te estás tragando el resultado de la <<*supuesta revolución sexual*>> de los setentas. ¡Grítale al mundo que si no hacemos algo ahorita, más adelante el mundo va a estar más podrido! Que los jóvenes no se esperen a que le pase algo a alguien famoso para ponerse más alerta, o que la gente se interese mas en el SIDA, solo porque algún basquetbolista se contagio, dale a conocer a esa gente que no sabe, que el SIDA es considerado como la PLAGA del siglo y que ha matado a más de "veintitrés millones de personas y que miles mueren por año", grítale a esas personas que promovieron la "libertad" sexual hace años, que tú, que tú eres el resultado de esa mugrosa libertad, y que mas que *libertad,* lo que trajo fue esclavitud al pecado y a las enfermedades.

Por la forma en que se expresaba la doctora se notaba que en realidad se preocupaba por la juventud.

-Se ve fácil lo que usted dice, y a usted se le hace fácil porque usted no es la que tiene SIDA. Es fácil decir, pero otra es hacerlo- dijo Karen con voz de reclamo-. Quisiera ver si usted tuviera el mismo valor si usted fuera la contagiada.

-Tienes razón- dijo la doctora- pero me da tristeza ver como la juventud se va perdiendo poco a poco. Pero me da más tristeza ver que las personas adultas no hacemos nada por esa juventud que cada vez comete mas estupideces, y se joden la vida a sí mismos.

Karen estaba mal, muy mal, sentía resentimiento con todo el mundo.

-Sabe una cosa doctora... me estoy destrozando por dentro, y no tengo la intención de ayudar a nadie. El mundo, la gente ha hecho que todo esto se esté pudriendo, así que allá ellos. Yo no voy a aceptar la lastima de nadie. Todos mis sueños, mis ilusiones, se los llevo el carajo, que el mundo se ayude solo. Y si se quiere podrir solo, que se pudra- dijo Karen sin poder contener el llanto.

Se incorporo dispuesta a marcharse.

-Te imaginas si las mujeres que han padecido de cáncer de pecho se hubieran derrotado como tú lo estás haciendo, ¿que hubiera sido de las miles de mujeres que se han salvado? Esas mujeres han tenido el valor de decirlo públicamente, y gracias a eso se han salvado muchas otras. No te encierres en tu egoísmo, con tu testimonio puedes ayudar a alguien.

-Por mí que se pudra el mundo, eso es lo que quiere la gente, ¿qué no? Pues que se pudra. Bastante tengo por lo que estoy pasando, como para preocuparme por los demás, si la gente quiere seguir la vida que lleva ¿a mí que me importa? Si las personas quieren seguir echando a perder este mundo con sus libertinajes o sus "mentes abiertas", ¿a mí qué? Que el mundo se revuelque en la basura que ellos mismos han creado. A mí ya me jodieron la vida. Yo ya pague la factura, que los demás paguen por sus propios actos.

La doctora miro que Karen estaba pasando realmente por un mal momento, por eso reaccionaba y hablaba así.

-Lo siento si te pedí que hicieras algo que no quieres- comento la doctora amablemente-. Siéntate, te voy a dar la información que necesitas. Tienes que cuidarte lo más posible, tú pasaste del VIH al SIDA.

-¿Y cuál es la diferencia?- interrumpió Karen.

-Todos al principio contraen el VIH, todo dependiendo de la persona contagiada, si no tienes suficientes glóbulos blancos, el VIH va a tacando las células *T- los glóbulos blancos* que coordinan tu sistema inmunológico. En la mayoría de los casos el VIH te destruyendo los glóbulos. El trabajo o función de los glóbulos blancos es defender a tu cuerpo de virus invasores, y bacterias, los glóbulos miden la inflamación del cuerpo, cuando ya tu sistema es muy débil, pasas al SIDA.

-¿Entonces... yo ya tengo sida?

-Sí- respondió la doctora- por eso es que te digo que te cuides lo mas que puedas, has ejercicio, come bien- la doctora hiso una pausa-, la ciencia ha avanzado bastante, tu puedes vivir dos, tres, quince o muchos años, pero también solo puedes vivir un mes o dos. Desafortunadamente tienes muy dañado tu sistema inmunológico. Por la baja presencia de los glóbulos blancos en tu sistema, tienes enormes probabilidades de un ataque cardiaco, una infección puede acabar contigo. Así que disfruta de tu vida, de tu madre, de tu familia. ¿Conoces otros métodos de contagio aparte del contacto sexual?

-No, en realidad carezco de información.

Si en realidad Karen carecía de información no era porque no la había recibido o escuchado, sino que no le importaba en lo más mínimo, pues jamás pensó que algún día se contagiaría de tan terrible enfermedad. Se creyó inmune.

-El SIDA no se contagia con un saludo- continuo la doctora- o porque comas en el mismo plato que otra persona, ni porque use el mismo excusado, o por un estornudo, ni siquiera por el piquete de un mosquito... pero si se puede contagiar si besas a otra persona en la boca y le dejas saliva, pero solo si la persona no enferma está cortada o tiene vaporaciones en la boca o labios. Y lo principal Karen... cuando te apliquen una inyección, asegúrate que la aguja y la jeringa sean destruidas. Ese es otro de los caminos para el contagio, usar la misma jeringa cuando se usan drogas, (nunca usar la misma jeringa que ya uso otra persona a si se vea sana) o por cualquier otro motivo de usar una jeringa, «siempre» se tiene que destruir. Si te llegas a cortar con un cuchillo o navaja que nadie te toque la herida, ni el articulo con el que te hayas cortado. Otro de los caminos al contagio es por medio de amamantar a un bebe, la leche de una mujer infectada puede transmitir la enfermedad a un bebe, procura que nadie tenga contacto con tus fluidos corporales, si sangras de la nariz que nadie toque la sangre, o bien si no hay otra opción hay que usar guantes protectores de látex, mascarillas, o cualquier cosa que evite el contacto directo con la sangre. Has conciencia no volviendo a tener relaciones sexuales con nadie. El SIDA se puede *detener* en ti.

-¿Por qué en mí? ¿Acaso yo soy la culpable de la propagación del *SIDA*?- Pregunto Karen con sarcasmo.

-A lo que me refiero es que de tu parte, o en que está en *ti* el detener el sida, es que cuides de no contagiar a nadie más como tú te contagiaste. Ten muy en cuenta que si haces caso omiso a la enfermedad puedes contagiar a más personas. Si lo haces bajo conocimiento automáticamente te conviertes en *asesina;* sí Karen, contagiar el SIDA bajo intención es considerado como un asesinato. Usa el sentido común. No trunques vidas. Tus sueños e ilusiones como tú dices están destruidos, no destruyas las ilusiones de nadie, por el contrario ayuda a los mas que puedas para que tomen sus precauciones- dijo la doctora mientras le entregaba unos papeles a Karen.

Karen se incorporo, se acomodo los lentes, se colgó su bolso en el hombro, le sonrió tristemente a la doctora, le dio las gracias por todo y se despidió.

-Yo sé –dijo la doctora por ultimo antes de que Karen abandonara el consultorio- que tu hermana Sofía es de carácter fuerte, pero yo se que te quiere mucho, tu eres una de sus hermanas preferidas. Si tienes confianza en ella, cuéntale lo que te pasa, tu hermana te puede ayudar. Karen, tú tienes una familia que te apoya en todo, confía en ellos, si realmente como lo dijiste tu, no eres *valiente,* necesitas de su apoyo búscalas.

-Gracias –expreso Karen y salió del consultorio.

Por la calle, Karen se sentía perdida, se comparaba con un abeja en un gran panal, con la diferencia que en el panal que todas las abejas trabajan juntas para un solo propósito, pero en la ciudad, en el país, en el mundo que ella se encontraba nadie hace nada por nadie, sino todo lo contrario, pareciera que algunas personas quisieran destruir a las otras, se roban, se transan, se secuestran, se burlan de los defectos de los demás, no dejan progresar a otras, hacen leña del árbol caído, hacen escarnio de las desgracias de los demás. ¿En quién podía confiar Karen? En su madre, en ella y en sus hermanas era en quien podía confiar. Ella lo sabía.

Camino por media hora, se sentó en una banca del parque al que se había acercado. Saco los papeles que la doctora le había dado. Aparte de las instrucciones que ya había recibido de la doctora, encontró una serie de estadísticas: En los últimos meses se han detectado a más de doscientas cincuenta mil personas contagiadas de SIDA tan solo en seis estados de la república mexicana. Eso en los estados más pobres como Oaxaca, Hidalgo, Tlaxcala, Veracruz, Puebla y Querétaro. En la mayoría de estos casos las personas perjudicadas son las mujeres, las esposas de hombres que *emigran* a los Estados Unidos. Según los informes de la doctora se debe a que los hombres se meten con cualquier mujer en los Estados Unidos por *matar* la soledad, pero las consecuencias las pagan sus inocentes esposas. En su gran mayoría los hombres de México no se hacen la prueba del SIDA por machismo, muchos varones se sienten menos hombres si asisten al doctor, lo que esto genera una dispersación de muchas enfermedades. Según la doctora toda persona se debería de hacer la prueba después de tener sexo con alguien que no sea su esposa u esposo, que toda persona que esté ausente de su hogar por mucho tiempo, le exija a su pareja que se haga la prueba antes de tener relaciones sexuales y no solo los casados sino también las personas solteras que tienen relaciones con facilidad. Lo mismo sucede en Centro América, el SIDA está atacando a los países más pobres, el índice de mortandad por esta enfermedad es demasiado alto, cada día mueren miles de personas, principalmente niños. Eso es en el África Subsahariana y parte de Asia, eso pasa en los países del tercer mundo, pero en los países del primer mundo en donde *la información se tiene pero se ignora,* el sector de la comunidad más afectada es de la *alta sociedad* quienes más sufren de sida son los jóvenes de atractivo físico, pues a un joven u jovencita de buena apariencia le es más fácil tener relaciones sexuales con alguien que conocieron una noche de parranda o fiesta; no importa si se es deportista, si se ve saludable. En esta parte del siglo nadie esta inmune de esta enfermedad, el joven más popular y atractivo del colegio, o del barrio, o la joven más saludable y bella de la televisión pudiera estar infectada de SIDA y no saberlo. Solo se está seguro de no portar el SIDA O VIH es después de hacerse la PRUEVA... ¡HAZTE LA PRUEVA!

Karen guardo los papeles en su bolso. Miro hacia el cielo, allá, a lo lejos tímidamente una estrella quería hacer su aparición a escena, las nubes del frente frio de invierno opacaban el bello escenario que se formaba en el cielo. Con su mirada fija en el infinito buscaba respuestas a sus miles de interrogantes. Sin encontrar la respuesta se dirigió hacia su hogar. Como de costumbre su madre la esperaba con la cena lista.

-Te estoy esperando pera cenar- dijo Susana seguido de una sonrisa cargada de cariño.

Karen se acerco, le beso la frente y, la abrazo.

-Gracias por ser la madre que eres- expreso Karen.

-No tienes nada que agradecer hija, lo hago porque te amo, en tu ser tienes parte de mi ser- dijo Susana acariciando el rostro de Karen- yo recibí lo mismo de mi madre, y eso es lo que les he dado a todas ustedes- Susana hiso una pausa-... Mija, te conozco y sé que te sucede algo, no sé que es pero algo me dice en el corazón que algo anda mal. Mija te suplico que confíes en mi- decía Susana con los ojos vidriosos a punto de llorar-. Cuéntame lo que pasa, juntas podemos salir adelante.

Karen hacia un gran esfuerzo por no llorar, reconocía que quería decirle a su madre lo que le pasaba, pero algo más potente la detenía, la *cobardía* de la que era presa y que había sido su compañera todos los días de su vida, le impedía confesarle a su madre su problema. Susana se sentía impotente ante el silencio de Karen, que solo atinaba a abrazarla, y a refugiarse entre sus brazos.

-Madre- dijo Karen- solo quiero que sepa que me siento orgullosa de tener una madre como usted, y que siempre le he dado gracias a Dios por haber nacido en una familia como esta, de haber tenido a un gran hombre como padre, y unas hermanas ejemplares.

-¿Por que hablas así mija?- pregunto Susana al notar el tono triste en la voz de Karen-, me da tristeza oírte hablar así.

-Todo está bien- señaló Karen haciendo un esfuerzo por sonreír, pero su sonrisa era lastimosa. Le dio un beso a su madre en la frente y se despidió.

Susana la miro caminar hacia su recamara, su sentido de madre le decía, le gritaba que algo andaba mal, que no solo era los días malos por los que Karen solía pasar, que había algo más. En los últimos días Karen se había alejado de ella y del resto de su familia, se había vuelto taciturna, una vez mas había perdido su sentido del humor, se enojaba con facilidad, todo le irritaba. Se sentó sobre la silla, recargo sus codos en la mesa, hundió su rostro entre las manos y comenzó a llorar por la impotencia de no poder ayudar a su niña.

Karen entro a su recamara, se mudo de ropa, se puso su pijama, se sentó en el banco frente al espejo, se miro a los ojos, con sus manos acariciaba su bello rostro, en las yemas de los dedos podía sentir lo terso de su piel. « ¿En donde comenzó todo?», Se pregunto. ¿En donde *perdió su Inocencia*? En el cuarto de un hotelucho en donde le entrego su virginidad a un tipo mediocre que sentía hombre, tal vez cuando decidió usar drogas, cuando a sus escasos diecisiete ya había sostenido relaciones con diferentes compañeros del colegio, cuando se había convertido en la amante de un joven que se escondía bajo las faldas de su padre, cuando había decidido trabajar en la agencia de acompañantes en España y fue amante de un cliente, ¿cuando fue?

Quizá cuando hiso cosas sin ponerse a pensar en las consecuencias de los resultados y sin consideración sostenía relaciones con un hombre que resulto ser un cobarde que no quiso hacerse cargo del bebe que juntos habían engendrado… o quizá ahí fue donde había *perdió su inocencia,* cuando decidió practicarse un *aborto* y terminar con la vida de un inocente que no tuvo el derecho a decir, ¡*SI…SI!* ¡Quiero vivir! O cuando practico el sexo con libertad con chicos que recién había conocido una noche de parranda, o quizá *perdió su inocencia* cuando decidió escuchar los consejos de una mujer que decía ser su amiga y que la llevo por caminos escabrosos y que ahora la tenían ahí frente a un espejo preguntándose ¿cuando había *perdido su inocencia?* ¿Cuándo carajos había perdido su inocencia? En realidad nadie sabe cuando se pierde la inocencia con la que el ser humano nace, simplemente se pierde y ya. Su vida no era una novela en la que una prostituta encuentra el amor en unos cuantos minutos y queda su vida arreglada. Ella, Karen había enfrentado los reclamos en dos ocasiones por sus actos en el pasado. No era una novela de amor en la que llega el Príncipe Azul y la rescataba. Para ella no existían los hombres que eran capaces de olvidar el pasado sino que en la menor oportunidad le echaron en cara, *eso,* su pasado. En los últimos días había culpado a todo mundo de su enfermedad, algunos chicos habían tratado de acercarse a ella, pero los rechazaba, a algunos de una forma sutil y a otros los humillaba, todo dependiendo de la forma en la intentaran acercársele, cuando veía que un tipo era arrogante y se sentía el príncipe de Gales solo por su atractivo físico, los mandaba de regreso con el ego entre los pies, y si un chico era amable y buen mozo le decía que ya tenía compromiso. Pero lo hacía de una forma tajante todo con la intención de que no se le volvieran a acercar. Para ella cualquier chico tenía la culpa de su enfermedad aunque no lo fuera.

Karen sabía que algún día tendría que morir. ¿Cuándo? No lo sabía. Nadie sabe cuándo va a morir excepto aquellas personas que por sus crímenes están condenados a muerte, ellos ya saben el día, y hora de su muerte. Pero ella no sabía el día en que iba a morir, no es que tuviera miedo a morir. « Bueno, tal vez si tengo miedo a morir». Lo reconoció en más de alguna vez. ¿Quién no tiene miedo a morir? Lo peor para ella era que tal vez cumpliría con una de las leyes de Dios antes de lo previsto. Karen no aceptaba que estaba destinada a morir antes de lo previsto. Aunque nadie le había asegurado cuanto tiempo iba a vivir, si es que no se hubiera contagiado con SIDA. Pero ella no aceptaba que su vida ya estaba marcada. *"Tal vez un año, dos, tres, o hasta quince años puedes vivir, o solo un mes",* recordaba las palabras de la doctora. A una de las cosas que más le temía y como lo había reconocido frente a la doctora era, *la lástima.* No podía concebir que ella, una mujer hermosa, que se había dado el lujo de despreciar a los hombres más atractivos que conociera, que quizá desprecio el trabajo de ser modelo, de ser actriz, de hacer comerciales de productos de belleza, que pudo decidir entre un hombre y otro, no es que fuera *presunciosa,* sino que simple y sencillamente su belleza y su posición económica le habían dado la posibilidad de vivir la vida que fuera, lujos, gastos excesivos, viajes, comió en los mejores restaurantes del Mar Mediterráneo en la costa de Barcelona, presencio los desfiles de moda de los mejores diseñadores de Europa, saludo de mano al príncipe de Asturias y al príncipe Carlos. <<¿Y de que me sirvió todo eso?- Se pregunto-. Ahora estoy frente a este espejo que me refleja una triste realidad...que pronto voy a morir>>. Puso sus manos sobre el mueble y se recargo sobre ellas. Una lágrima recorrió su rostro hasta caer al piso. Así como la lágrima había tocado fondo, estaba ella, en el fondo del abismo. De su miseria misma. Según su pensar no podía llegar más al fondo. <<No voy a soportar la mirada de lastima de nadie- dijo- para que esperar a morir postrada en una cama, mejor morir ahora>>. Cerró los ojos y se sumió en un pesado silencio y una mortal obscuridad.

Lejos, muy a lo lejos escucho la voz de su madre que le gritaba que abriera la puerta, pero Karen no contestaba al llamado de su madre que insistente golpeaba la puerta. «Déjenme morir en paz», susurro. Su mente se había nublado, ya no escuchaba la voz de su madre, desconecto sus sentidos a propósito. Camino hacia su cama y se enrosco quedando en forma fetal. De repente la puerta de su recamara se hiso añicos. Abrió los ojos, su madre y sus dos hermanas, Sofía y Mirna, que vivían cerca habían acudido al llamado de su madre. Susana haciendo caso de una corazonada, llamo a sus hijas preocupada de que Karen hiciera una locura, y no se había equivocado, Karen sostenía en su mano derecha un frasco lleno de fuertes somníferos y estaba a punto de tragárselos con la intención de suicidarse.

-¿Que pretendías hacer mija?- pregunto Susana al reconocer el medicamento-. ¿Por qué los querías tomar?

-Madre, ya no quiero vivir- dijo Karen irrumpiendo en llanto amargo-. Ya no quiero vivir.

-¿Pero porque mi amor?- dijo Susana con cariño acercándose a Karen y quitándole el frasco de medicamento-. ¿Qué te sucede? – volvía a preguntar Susana acompañando a Karen en su llanto.

-Tengo una vida miserable- expreso Karen- tengo podrida la vida.

-Porque dices eso mija, si tú lo tienes todo, nos tienes a nosotras, somos tu familia, tienes tu negocio, eres joven, eres muy bonita, ¿no entiendo porque te quieres quitar la vida?

-Es que tú no entiendes madre- decía Karen entre lágrimas.

-Si nos dices lo que te pasa te entenderemos- dijo Mirna sentándose junto a ella y acariciándole el cabello.

-Si mija, tú sabes que puedes contar con nosotras, y que te apoyamos en lo que sea, habla- insistía Susana- si te sigues encerrando en esas murallas de silencio, ¿cómo te podremos ayudar?

Karen continuaba guardando silencio. Solo lloraba. Tal vez tomando valor para contarle a su familia lo que le pasaba, estaba a punto de hablar cuando irrumpió Cristina la otra hermana de Karen.

-¿Qué paso? ¿Todo está bien? –Pregunto Cristina un poco agitada.

Karen trago saliva, sus manos sudaban, su mirada triste se perdía en la alfombra.

-Voy a morir- dijo al fin con la voz entre cortada.

-Todos vamos a morir algún día- dijo Sofía que hasta ese momento permanecido callada-. Tarde o temprano todos vamos a morir.

Karen suspiro profundo.

-Tengo Síndrome de Inmunodeficiencia Adquirida, (SIDA).

-¡Dios mío!- expreso Susana poniéndose una mano en la boca ahogando otro grito en su garganta.

Mirna y cristina no pudieron ocultar su tristeza al escuchar que Karen era portadora de SIDA. Los ojos de ambas se pusieron vidriosos. Sofía por su parte estuvo firme en su posición; por fuera mostraba dureza pero en sus adentros compartía el mismo sentimiento de tristeza que sus hermanas. Para Susana había sido un golpe fuerte la noticia que sin poder impedirlo lloraba sin consolación abrazando y besando a su hija.

-¿Cómo te contagiaste?- Pregunto Cristina.

-Por medio de contacto sexual- respondió Karen- fue hace más de dos años. Eso creo.

Susana no pudo ocultar un gesto de desilusión.

-Lo siento madre- expreso Karen- sé que la he decepcionado, con lo que dije, pero es la verdad.

--Mija, eso es lo que menos importa en este momento- señaló Susana al comprender que la desilusión o decepción estaban fuera de lugar- lo que *sí* importa es donde vas a pasar la eternidad cuando mueras.

-¿De qué hablas?

-De que, cuando mueras, solo hay dos lugares en donde vas a pasar la eternidad, en el cielo con Dios, o... en el infierno alejada de EL...

-¿Dios? ¿Dónde está Dios cuando más se le necesita?- dijo Karen en forma de reclamo-. Si Dios es tan bueno, ¿por qué permite las enfermedades?

-Ahora sí le reclamas a Dios, ¿verdad?- la interrumpió Sofía con voz grave-. ¿Acaso Dios te mando a que tuvieras relaciones sexuales antes del matrimonio? O te preguntabas donde estaba Dios cuando te divertías, o te acordabas de Dios cuando hacías tus cosas, ¿no verdad? En ese momento Dios no existía para ti, o acaso le dabas gracias a Dios cuando algo te salía bien, ¿no verdad? En ese momento Dios no era nadie, pero ahora si le echas la culpa. Actúas igual que todo el mundo, cuando les va bien, no se acuerdan de Dios, pero cuando les va mal, le reclaman a ÉL. Dios no tiene la culpa de que te revolcaras con varios tipos.

-Por favor Sofía no seas tan dura- suplicaba Susana- en este momento Karen necesita de cariño y comprensión.

-Lo sé madre, pero es que me molesta el egoísmo que Karen tiene en su corazón, para ella hubiera sido fácil quitarse la vida, se hubiera muerto y hubiera pasado la *eternidad en el Infierno.* Pero no pensaba en ti, en el sufrimiento que te iba a hacer pasar, en el dolor que te causaría su muerte, ella iba a escoger el camino fácil que ofrece la cobardía, el suicidio. Tuviste el valor- continuo Sofía con el mismo tono de voz- de acostarte con tipejo que te contagio de SIDA, ¿no? Pues ahora ten el valor de afrontar las consecuencias, no seas cobarde.

-Sofía por favor- volvió a suplicar Susana.

-Sofía tiene razón- interrumpió Karen- soy una cobarde. Tengo miedo a vivir con esta enfermedad, tengo miedo a que la gente me tenga lastima, le tengo miedo a todo.

-olvídate de la lastima de las personas- tercio Mirna- que te miren como se les pegue la gana, piensa en ti, piensa en donde vas a pasar la eternidad. El infierno no es un juego, es tan real que el Señor Jesús hablo más veces del infierno que del mismo paraíso. Hay religiones y sectas que menosprecian al infierno y eso lo hacen por ignorancia, pero allá ellos. No saben lo que les espera, es un sufrimiento eterno, hay gusanos, densa niebla, la gente sufre. Si el infierno no fuera real, ¿entonces para que vino nuestro Señor Jesús a morir por nosotros en la Cruz? Sería absurdo el sacrificio que realizó Cristo, solo para resucitarnos de la tumba.

-Nadie tiene la seguridad de salvación- sonó Karen con aparente seguridad.

-Mija- dijo Susana con cariño- la gente que no tiene la seguridad de salvación es la que confía en sus propias obras y desprecia la *salvación* que ofrece el Hijo de Dios. Al cielo no van los que se portan bien, es más, para Dios no hay nadie que sea lo suficientemente bueno como para ganarse la Salvación por sí mismos, para Dios todos somos *malos.* Para ÉL no hay ninguno *bueno,* para Dios todos somos pecadores. ÉL busco sobre la tierra a un solo hombre o mujer que fuera lo suficientemente bueno y no lo hayo, por eso es que mando a su hijo a morir en la cruz en nuestro lugar. Mija, más allá de tu muerte... lo que más me preocupa es en donde vas a pasar la eternidad.

Karen se sorprendió que a su madre le preocupara más en donde pasaría la eternidad, creía que le preocupaba más que no fuera al infierno a que se muriera.

-Mija- volvió a decir Susana- al cielo *no* van los perfectos, porque no los hay, al cielo con Dios solo van a entrar los *perdonados*.

-¿Los perdonados?

-Así es- recalco Sofía- *los perdonados*. Sabias que mucha gente pasara la eternidad en el infierno no por sus muchos pecados, sino por despreciar a nuestro Señor Jesús, ¿no verdad? No lo sabías.

Cada gota de sangre que derramo el Hijo de Dios, cada latigazo que soporto, cada escupitajo que se trago, cada burla que acepto, y que por ultimo murió en la cruz, fue por ti- resumió Mirna- por mí, por mi madre, por todo el mundo, pero la gente sigue despreciándolo como hace dos mil años. Su mirada jamás cambio, siempre miro con amor a los soldados romanos que lo latiguearon, a los judíos que lo entregaron para que lo crucificaran, al soldado romano que lo traspasó con la lanza, Cristo siempre los miro con amor, y con ese mismo amor, está esperando que lo aceptes en tu corazón, no lo desprecies como lo hicieron los judíos y los soldados romanos, no lo desprecies como lo hace la Iglesia Católica que confía más en sus ídolos, o como lo hacen las sectas que lo hacen a un lado y confían en lo que dice su Libro Rojo, o las falsas religiones que confían en sus obras. No dejes que Satanás, endurezca tu corazón.

-*¿Satanás?* ¿El que tiene que ver con todo esto?

--Satanás, es el enemigo de Dios. Satanás se encarga de que tu desprecies a Cristo, él te hace pensar que eres demasiado pecadora como para que Cristo te perdone, él se basa de artimañas basadas en la mentira, él forma religiones en las que Cristo no está incluido, él te nubla el entendimiento, él se ha encargado de formar religiones en las que dicen que el Infierno no existe. Pero lo que él no dice es que el Infierno está preparado para sí mismo y sus ángeles y para todas aquellas personas que hagan lo mismo que él. No necesitas hacer de mucho para ir al infierno, simplemente *desprecia* a Cristo y vas derecho al *Fuego Eterno.* Todo esto lo dice la Santa Biblia, si la gente esta segada a un después de leer la Biblia lo siento por ellos. Cristo te ofrece el camino la salvación, solo tienes que arrepentirte de tus pecados, pídele perdón, reconoce que eres pecadora, y pídele que te salve del Infierno, y que te inscriba en el Libro de la Vida.

Karen guardo silencio, en su corazón reconoció que su hermana tenía razón en todo, ella había despreciado a Cristo infinidad de veces, se había burlado de sus predicadores, y ella misma reconocía que se sentía, o que era demasiado pecadora como para poder pedirle perdón a Dios por sus muchos pecados y creía que Dios la había castigado por tantos desprecios hacia su Hijo.

-Dios no nos castiga de esa forma- respondió Susana acariciándole el rostro- es simplemente que te metiste con la persona equivocada, y o tomaste decisiones erróneas y ahora estas pagando las consecuencias. Aquí en la tierra y en vida Dios te da miles de oportunidades, pero cuando mueras y enfrentes el *Juicio* sola sin el abogado que es Cristo entonces sí, ahí si te va a castigar Dios por toda la eternidad.

-Te imaginas- dijo Sofía suavizando el tono de voz- que Jesucristo el Hijo de Dios te diga: *Pásale bienaventurada de mi padre*. Te imaginas mirar por la eternidad el rostro lleno de amor de aquel que dio su vida por ti, te imaginas comer en la misma mesa que el Rey de reyes y Señor de señores, te imaginas darle la mano al que hiso el universo, hablar con aquel que conoce cada estrella por su nombre, a aquel que conoce a cada persona en este mundo, no me puedo imaginar tanto privilegio- expreso Sofía con alegría- es un privilegio que nadie se merece, pero que por su infinito amor, él, el Hijo de Dios, te lo ofrece, ¡y gratis! Solo tienes que aceptarlo, no tienes que hacer más que arrepentirte de tus pecados y pedirle perdón por ellos... esta es una decisión personal, ni nuestra madre, ni el Papa romano, ni el sacerdote, ni un guía espiritual, ni María la madre de Jesús, ni los pastores cristianos, ni la religión, ni nadie te va a poder ayudar en el juicio final si mueres sin Cristo en tu corazón, solo ÉL y nadie más te puede librar DE LA IRA DE DIOS. Es una decisión personal, como te lo dije, tú decides si aceptas a Cristo, y vas al Cielo, o vas al Infierno a pasar la eternidad a sufrir.

Las palabras de sus hermanas y madre comenzaron a hacer que el corazón de Karen acogiera un miedo, miedo de ir al infierno, ella siempre había creído en Cristo, pero nunca lo había confesado como su Señor y Salvador. Karen se encontraba en la misma situación que miles, millones de personas han estado, tenía que decidir entre creerle a Cristo y creer en él, la diferencia entre *creer* ***EN*** ÉL y creerle ***A*** ÉL, es mucha, de esa diferencia depende el ir al infierno o al cielo, creer **EN** Él es fácil, incluso Satanás cree en Cristo. Pero creerle ***A*** ÉL, para algunos es demasiado difícil, pues es hacer lo que dice su palabra. Karen no quería ir al infierno, solo aquellas personas que son capaces de entender un poco la Santa Biblia, saben del sufrimiento que se va a vivir en ese horrible lugar, pero era obvio que Karen acarreaba una carga pesada que no la dejaba rendirse a los pies de Cristo. En su interior se había formado una lucha espiritual, en ese momento no se daba cuenta que Satanás comenzaba a poner pretextos en su corazón para no creer en Cristo Jesús.

-Cristo es demasiado bueno como para admitirme en el cielo, son tantos los pecados que llevo en el alma que no creo que Cristo me perdone- dijo Karen en voz baja y desalentada- yo merezco el infierno.

-Todos lo merecemos- señalo Sofía- pero el amor de Dios es tan grande que no hay ni un solo pecado el cual no pueda perdonarnos por medio de su hijo, no creo que hayas cometido un pecado más grande que el de la fornicación, ¿o sí?

Karen tallo sus manos entre sí, suspiro profundo, parecía que era hora de confesarle a su madre todo lo que había hecho.

-Sí- contesto Karen con dificultad- he cometido mas pecados aparte de la fornicación... a los quince años, tuve mi primera relación sexual, a los diecisiete ya me había acostado con más de cinco hombres diferentes, a los dieciocho o diecinueve, me trataron como una prostituta...En España...allá...me prostituí- dijo Karen por fin reconociendo que se había prostituido.

En rostro de Susana volvía a florecer la disolución al enterarse de la vida que había llevado su hija. Karen fue educada pera cosas diferentes, se le inculcaron las buenas morales y costumbres de la decencia, había sido educada, para ser una buena mujer, una excelente esposa, una gran cocinera, y si algún día llegaba a tener hijos que ella los educara de las misma manera, y porque no, tal vez hasta llegar virgen al altar, pero todo era diferente, ¿pero qué se le podía reclamar ahora? Si otro hubiese sido el momento quizá Susana le hubiera echado en cara todo el sacrificio que tanto ella y su difunto esposo habían hecho porque a ella no le faltara nada, que si de esa forma les pagaba, que si ellos se merecían esto, que era una hija mal agradecida, la hubieran castigado, le hubiera echado en cara que era una egoísta que solo pensó en ella misma, que vivió la vida sin medir las consecuencias, sin importarle un cacahuate sus padres...Pero el momento era diferente, y Susana lo sabía.

-Mija- dijo Susana con voz suave- si dices que te prostituiste, aun así Dios por medio de su Hijo te perdona.

-¿No entiendo como Cristo puede perdonar a una prostituta?- sonó Karen con incredulidad- ¿Qué acaso no solo las buenas personas van al cielo?

-Eso es una mentira- discrepo Susana- *las religiones o sectas que enseñan que hay que hacer buenas obras o portarse bien para merecer la salvación son personas ignorantes* en cuanto a la palabra de Dios, la Biblia es muy clara al decir que *Dios miro y busco a una sola buena persona aquí en la tierra y no la encontró.* Tus *buenas* obras para salvación, para Dios son *basura, nuestras justicias son como trapos de inmundicia.* Sí, Dios te pide que te portes bien, que ames al prójimo, que lo ayudes, pero esas obras para salvación no sirven. Te voy a contar una historia- dijo Susana abriendo la Santa Biblia-. Cuando Dios llevaba a su pueblo, Israel, por el desierto rumbo al país que les había prometido, Canaán, llegaron a una ciudad llamada *Jericó*, Josué que en ese momento era el líder del pueblo judío, mandó a tres espías a la ciudad, ahí conocieron a una mujer llamada Rahab. Esta mujer se dedicaba a la prostitución, era una *ramera,* o *prostituta,* pero ella creyó en el Dios del pueblo judío, creyó en Jehová. Dios miro su fe y le dio un gran privilegio, fue la tatarabuela de rey David, uno de los más grandes reyes de la historia del hombre. Y si eso te parece poco, por medio de esta mujer, viene la descendencia de nuestro Señor Jesucristo. ¿Tú crees que esta mujer se merecía tal privilegio, ser familiar directo del Hijo de Dios?

-No- respondió Karen sin dejar de mirar la Biblia.

-Esta mujer por su fe, yo no dudo por nada del mundo que éste en el cielo con Dios. Tú dices que soy una gran madre, que casi soy perfecta, que por más que me buscas un defecto no lo tengo, tú dices eso porque eres mi hija y me amas, pero para Dios no importa si eres la mujer u hombres más bueno del mundo, si no te arrepientes de tus pecados y le pides perdón a Cristo por ellos, y si mueres en tus pecados como lo dijeron tus hermanas, iras al infierno. Quizá Rahab se prostituyó toda la vida, pero al final creyó y eso Dios se lo conto como *justicia*. No importa si fui o soy la madre o mujer más buena del mundo, si no me hubiera arrepentido de mis pecados, hubiera pasado la eternidad en el infierno. Tu mija, quizá cometiste el error de meterte con varios hombres, cometiendo el pecado de la *fornicación*, y te comparas con otra mujer, que nunca ah fornicado, es más, que es virgen, que nunca ha matado a alguien, que nunca ha sido una alcohólica, que nunca ha robado, que nunca ha idolatrado a ninguna imagen, pero que solo ha dicho *una sola mentira* en su vida...tanto tu como ella sino no tienen a Cristo en su corazón, las dos están perdidas, irán sin duda al Infierno. Para Dios no hay pecados grandes o pequeños, para ÉL, *el pecado es pecado*, solo en Cristo eres justificada, sin él estas perdida. Te das cuenta que Dios nos puede perdonar a todos, si perdono a Rahab, ¿Por qué no lo hará contigo? Es más, Cristo dijo que las *prostitutas* y los publicanos (cobradores de impuestos) irán por delante hacia el cielo. No que a ellos los perdone primero, sino que eso demuestra que todos podemos obtener el perdón de pecados por medio de ÉL. Pues en aquel tiempo, tanto a las rameras como los publicanos nadie los quería. También la Santa Biblia nos muestra que Cristo perdono a una mujer adultera.

Karen cerró los ojos antes de decir lo que seguía.

-Pero el prostituirme- murmuro interrumpiendo a su madre- usar drogas o fornicar no es lo peor que he hecho en mi vida.

-¿Que es lo peor?- pregunto Cristina.

Karen cerró los ojos, se limpio las lagrimas que serpenteaban por sus mejillas, y dijo con voz lastimosa.

-Me practique un aborto, soy una asesina, mate a mi bebe- susurro Karen con dificultad demostrando que a pesar de que ya habían pasado algunos años desde el aborto aun no se perdonaba a sí misma.

Susana apretó la mano de Karen.

Menos, mucho menos para eso había sido Karen educada. Susana no podía hablar, un nudo se había formado en la garganta, era obvia la desilusión por la que Susana estaba pasando. A Karen se le había sembrado en el corazón el amor a la vida, el amor a su juventud, y principalmente el derecho a vivir, y no el de quitarle la vida a un pobre inocente.

-¿Qué te orillo a practicarte el aborto?- pregunto Mirna con suavidad.

Karen se mordía los labios, miraba a su alrededor, no sabía que decir, o más bien no sabía cómo comenzar.

-Cuando Salí embarazada, era una situación un poco complicada para mí- dijo Karen por fin, al mismo tiempo que Sofía le limpiaba las lagrimas que escurrían por su rostro-. Mi vida ah sido siempre una mentira, me sacaron de la universidad porque faltaba mucho, en ese tiempo trabajaba en la *agencia como acompañante*, fue cuando me prostituí; conocí a un tipo con el que estuve saliendo por un tiempo, le dije que estaba embarazada, pero el muy cobarde, no quiso reconocerlo, me trato como una prostituta, me ofendió, me humillo, no quiso saber nada de mí, eso junto con la decepción que le causaría a mis padres, ¿qué podía yo hacer? En ese momento estaba muy sensible, pensaba que mi juventud se echaría a perder si tenía un hijo sin padre, no podía imaginarme siendo madre soltera. Lo siento madre- decía Karen echándose sobre su madre rompiendo en llanto, en llanto de reclamo a sí misma, de frustración, de arrepentimiento, de un arrepentimiento muy tardío-. Soy una asesina- volvió a decir Karen- mate a mi pobre bebe.

-Hay Karen- expreso Cristina- eres una tonta. Tal vez al principio mi padre se hubiera molestado contigo, pero al final te hubiera aceptado con todo y tú bebe.

-Lo sé- dijo Karen- y eso es lo que más me duele, que yo sabía en mi corazón que papá me habría perdonado, pero ya era demasiado tarde cuando entendí que tenía un gran padre... Perdón madre por ser tan mala hija- suplicaba Karen- perdóneme.

-Mija ¿qué te podemos perdonar o criticar nosotras?- interrumpió Susana al darse cuenta que Karen se estaba alterando por la confesión de sus hechos- nosotras no somos nadie para señalarte por lo que hiciste, *en tu pecado has llevado tu penitencia.* Eso, incluso eso lo del aborto te puede perdonar el Señor Jesucristo. ÉL es tan bueno que aun perdona a los asesinos. Tú tienes razón al sentirte de esa forma, culpable. Yo más que nadie se la ilusión que tenías de tener un hijo o hija, pero las circunstancias fueron las que fueron. No apoyo lo que hiciste. Ni tú, ni yo, nadie tiene el derecho de quitarle la vida a un inocente bebe. Pero desafortunadamente los políticos de hoy están aprobando leyes a favor del aborto, pero a ellos los va a juzgar Cristo, que aquellas personas o doctores que practican el aborto se las arreglen con Dios. Ellos algún día tendrán su oportunidad de arrepentirse de su pecado. En cuestión de aborto es tan culpable, el que aprueba las leyes, como el que lo practica, como la que se lo hace. Esto es una relación personal entre tú y Cristo. Lo importante en este momento es que tú te arrepientas de tu pecado. En este momento eres tú, la que tiene que tomar esa decisión, la decisión de aceptar a Cristo como su Señor y Salvador.

-¿Así de fácil?- pregunto Karen dudosa de que el perdón de pecados fuera tan fácil.

-Así de fácil –replico Susana- te das cuenta de lo *fácil* que la gente se puede salvar de ir *o no* al infierno. El Señor Jesucristo lo dijo, lo que para nosotros es *imposible* para su Padre, todo es *posible.* La muerte de Cristo en la cruz lo hiso fácil, pero la gente sigue empecinada en hacer buenas obras para su salvación, buenas obras que para Dios son basura. Él solo quiere tu fe, tu *fe* es lo único que va a contar en el juicio final. Jesucristo siempre le dijo a gente: Tu fe te ha salvado

Silencio.

-¡Sí!- dijo Karen después de un silencio en el que salió victoriosa de la lucha interna que se había formado en su corazón. Hiso a un lado su incredulidad, su carga pasada que llevada en el alma la expulso, y se la entrego al señor Jesucristo. *Satanás fue derrotado en la cruz por el Señor*, y ahora Karen lo derroto con la decisión que tomo, *decisión* que la llevaría a pasar la *eternidad* en el cielo con Dios. Conforme a la Santa Biblia *todos somos pecadores y por lo tanto estamos destituidos de Dios* (Romanos 3:23), *pero cuando un pecador se arrepiente, los ángeles de Dios hacen fiesta en cielo, pues. Y en ese momento los ángeles de Dios festejaban que Karen había pasado de muerte a vida, (Colosenses 2:13).* Si Karen hubiese muerto en sus pecados, como se lo decían sus hermanas ella pasaría la eternidad alejada de Cristo, pero ella en ese momento reconoció que era una pecadora y que por lo tanto estaba condenada al infierno, *pero ya era justificada ante Dios por Cristo* (Tito 3:7). Solo los justificados por Cristo entraran al reino de Dios, *y a sus muchos pecados Dios los borraría del pasado de Karen, sus pecados fueron rojos como la grana, pero ahora por su fe en Cristo ella es blanca como la nieve* (Isaías 1:18). En ese momento *y para siempre sería considerada por Dios como una Santa, solo los que están en Cristo Dios los ve como Santos (Hebreos 2:11), en ese momento Karen creyó en el Señor Jesús y fue salva (Romanos 10:13*), le pidió al señor Jesucristo que la inscribiera en el Libro de la Vida, *porque los que «NO» están inscritos en el libro de la vida no serán salvos (Apocalipsis 20:15). Karen, en ese momento al recibir a Cristo como su Salvador paso de ser creación de Dios, a ser Hija de Dios (Juan 1:12).*

De rodillas oraron a Dios, pidiéndole que por medio de su hijo Cristo le perdonara todos sus pecados. Karen tenía fe, mucha fe. Mucha gente como se menciono antes, irá al Infierno *no* por sus muchos pecados, sino por *despreciar* a Cristo. Karen había despreciado a Cristo infinidad de veces, pero en esa ocasión ya no lo hiso sino que por fin lo acepto.

No fue fácil, Satanás había tratado de influenciarla aun mas de como lo venía haciendo, esta vez Karen haciendo un esfuerzo venció todos los obstáculos y pretextos que Satanás el «enemigo» de Dios y (de los humanos) había puesto en su corazón. Pretextos que en ciertos casos son absurdos y ridículos para no creer en Cristo, como estos: *Yo sigo la religión de mis padres, estoy muy joven, yo no creo sea así de fácil la salvación, tengo muchos pecados como para que Dios me los perdone.* Pero en esta ocasión Karen Salió Victoriosa, gracias a Cristo. Su fe, solo su FE en Cristo fue la que valió ante Dios, *NO* sus buenas obras, que eran muy pocas, *NO* su religión, *NO* sus ídolos, *NO* el asistir a misa todos los domingos, *NO* rezar su rosario, *NO* sus golpes de pecho, *NO* persignarse con agua bendita, *NO* su escapulario, *NO* el hacer penitencias, *NO* el confesarse ante un sacerdote, *NO* el haber participado de la eucaristía, *NO* el que la hubieran bautizado a los seis meses de nacida, *NO* el haberse confirmado, *NO* el haber hecho su primera comunión, *NO* haber participado en Misas de Gallo, *NO* el haberle besado la mano a un hombre que era igual o más pecador que ella (Juan Pablo II), *NO* el haber participado en infinidad de veces en las procesiones, *NO* el haber guardado la cuaresma en Semana Santa, ¡NO! De nada le servía todo eso sino tenia a Cristo en su *corazón* antes de morir. Sin Cristo iría al Infierno por la eternidad, pero ahora ya lo tenía, no por vista o por hechos, sino por FE. La fe, eso es lo que le importa a Dios, la fe que es en Cristo Jesús. Ahora ya contaba con un abogado (1ª de Juan 2:5), Cristo el Hijo de Dios, intercedería por ella día y noche ante el Padre, solo ÉL y nadie más intercedería por ella.

El haber recibido a Cristo como su Señor y Salvador para ella fue como si le hubieran quitado un gran peso de encima, sus propios pecados le hacían más pesado su caminar pero ahora se sentía ligera. Reconoció que aunque hubiera creído toda su vida en Dios y en Cristo de nada le hubiera servido sino lo hubiera **recibido y confesado** como su Señor y Salvador. Ahora tenía la seguridad de que algún día cuando muriera entraría al reino de Dios. ¿Porque tenía esa seguridad de salvación? Porque Dios lo dice en su palabra y Dios *no* miente, para eso vino Cristo, a morir en la cruz, para salvar a los pecadores. En el momento que recibió a Cristo en su corazón, todos, absolutamente *todos sus pecados* fueron borrados. Ella, así como todos los seres humanos somos pecadores por naturaleza, pecamos día a día, pero Karen así como millones de cristianos en el mundo que confían en Cristo, sabe que no perderá su salvación, pues ya tiene un abogado que intercede por ella para con Dios (1ª de Juan 2:5). Los pecados futuros ya Dios no se los tomara en cuenta para su salvación, sino que desde ese día en adelante sus obras buenas o malas serán contadas ya sea para obtener «galardones, premios o felicitaciones de Cristo, o también para vergüenza». Karen desde ese momento se preocuparía mas en agradar a Dios que a los hombres, porque cuando estás bien con Dios, automáticamente estas bien con los hombres. Si Karen por sus obras *perdiera* su salvación, de nada le hubiera servido el creer en Cristo, y el haberle pedido que con su Santa Sangre *borrara* sus pecados pasados, ya que ella misma sabia que al siguiente minuto de su confesión cometería otro pecado; quizá ya no el de la fornicación, quizá ya no miraría pornografía, quizá ya no volvería a practicarse otro aborto, quizá nunca mate, quizá no se vuelva una alcohólica, quizá no sea avara, quizá no sea lesbiana, quizá no robe, quizá no adultere, quizá no idolatre a un trozo de madera o yeso, quizá no vuelva a cometer la idiotez de creer que una estrella guía su vida, quizá no vuelva a permitir que le lean la palma de la mano, quizá no vuelva pensar que su vida está siendo guiada por un planeta, o creerle a un payaso que sale en el televisor diciendo que su signo Zodiacal le predice que será un buen día, ¡NO! Quizá ya no vuelva a cometer ninguno de estos pecados pero quizá >>*SI* MIENTA<<. La mentira es el pecado más común que comete el ser humano, mentiras grandes o pequeñas, no importa, para Dios la Mentira es mentira y un pecado. Karen ya no confiaría en sus obras para ser salva, desde ese momento, en que recibió a Cristo en su corazón lo fue, y lo será hasta el día que ella muera. Hay de aquellas personas que confían en sus obras para salvación, pero no aceptan que una simple mentira los podría mandar al infierno, ¿Por qué? Es simple, porque desprecian a Cristo como su abogado, y confían en ellos mismos, y sin un abogado que los defienda, van a enfrentar el juicio de Dios... *solos*. Jehová es un Dios de amor, tardo para la ira, Dios es paciente, Dios da Miles de oportunidades, Dios lo perdona todo, pero también es un Dios *justo*. Enfrentar el juicio de Dios sin el abogado que es Cristo, va a ser algo *terrible*. Dios, es un Dios de Ira, un Dios de furia, de retribución, de pago de venganza. Un pobre ser humano sin ser defendido por Cristo ante Dios, está perdido, perdido para siempre en el terrible Infierno, en donde el gusano no muere (Marcos 9:44), en donde el fuego nunca se apaga (Marcos 9:48), en donde hay densa niebla, en donde crujen los dientes. Gracias a su fe en Cristo el hijo de Dios Karen no irá al infierno.

Solo aquellas personas que algún día han recibido a Cristo como su Señor y Salvador, entienden la felicidad que sintieron las hermanas y madre de Karen cuando ella hiso su confesión y fue salva. Solo los espirituales lo entienden (los carnales se burlan).

Karen se incorporo.

Se sentía más ligera simbólicamente hablando, sus cargas se las dio a Cristo, que ÉL se las arregle con los tantos pecados de Karen él sabrá qué hacer con ellos.

Susana sabía que ahí no había terminado todo, que Karen necesitaba de ayuda, de mucha ayuda, y ella estaba dispuesta a brindársela, después de todo era su madre. La preocupación de Susana era que Karen volviera a intentar *quitarse* la vida. La conocía muy bien y sabia de ante mano que por su personalidad melancólica, podía caer en una gran depresión, así que no la perdía de vista, a la menor señal, ahí estaba, apoyándola. Sus hermanas, cuñados y sobrinos también la apoyaban, sabían que necesitaba de cariño, amor, paciencia, amistad, apoyo, principalmente, de amor, no de *lastima,* sino de amor. La hacían sentir bien, la trataban de la misma forma de siempre. Susana leía con ella la Biblia todos los días, oraban todas las mañanas y noches, asistían a la iglesia todos los días de servicio. Karen al leer la biblia descubrió cosas que ignoraba, cosas maravillosas, una de esas cosas fue el inmenso amor de Cristo por la humanidad, que a pesar de que lo estaban crucificando, le pidió a su padre que los perdonara, pues lo crucificaban por *ignorancia,* y que ahí mismo, colgado en la cruz, le prometió *Vida*

Eterna a un malhechor, que tal vez fue un asesino, o un ladrón, solo él sabe. No es que Karen ignorara estos pasajes bíblicos, pero el *velo* simbólico que le cubría el rostro no le dejaba ver o entender el verdadero significado de estos versículos, pero ya ese velo le fue quitado cuando recibió a Cristo (2 Corintios 2:14).

Karen le pidió docenas de veces perdón a Cristo, no porque creyera que su salvación se perdiera, sino porque lo había despreciado gran cantidad de veces. Karen no podía entender, es mas jamás entendió el porqué tanto amor de Cristo por esta humanidad tan torcida y depravada, que lo desprecia, que lo aborrece, que lo maldice, que se atreve a decir que no existe. Pero EL en su gran amor, recibió cada latigazo, cada escupida, cada bofetada, y que con amor dejo que unos tipos le encajaran una corona de espinos, y lo hizo con gusto, y con ese mismo gusto fue a la cruz sin decir nada. *Fue como oveja al matadero.* ¿Y todo por quien? Por ella, por mi, por usted estimado lector, Cristo murió por una humanidad que solo se merece el infierno, pero GRACIAS a su sacrificio somos salvos, salvos del infierno. Pero solo los que creemos en ÉL, somos salvos. Karen se sentía, no sabía cómo interpretarlo, quizá alagada o privilegiada, de que ese maravilloso Dios derramo una gota de sangre por ella, y que lo hiso a pesar de que no se lo merecía, y que cada tirón de su piel que era arrancada por el látigo de nueve colas, pensaba no solo en ella, sino en millones de seres humanos, mismos que lo han despreciado. Aunque EL sabia que eso pasaría, dejo que esos romanos lo humillaran, pero lo hiso por ese gran amor que tiene. (Me pasaría hablando del amor de Cristo por la humanidad, repetiría mil veces por amor, por amor, pero solo aquel que quiere ser amado por Jesucristo lo será.)

Poco a poco Karen encontró la resinación de ser portadora de SIDA, su principal apoyo fue Cristo. Ya habían pasado algunos meses desde que se enterara de su enfermedad, y hasta ese momento Karen aun seguía hermética en cuanto a publicar su testimonio, uno de los miedos terribles de Karen era el de enfrentar la *lastima* de la gente, los mormullos, las habladas. Pero no muy lejos estaba la oportunidad de ayudar a alguien.

Karen y su madre asistieron a una conferencia de la *familia* en la iglesia a la que asistía Esmeralda, su antigua compañera de la preparatoria, y que no hacía mucho la había vuelto a ver en el salón de belleza. Al término de la conferencia pasarían al salón de banquetes, a degustar de unos bocadillos. Karen y su madre se sentaron junto a Esmeralda y a sus dos hijos. Su esposo estaba en servicio. Karen estaba a punto de comenzar a comer cuando escucho que le hablaban.

-Señorita- dijo una mujer ya madura.

Karen volteo hacia donde venia la voz y miró a la mujer. Hiso un gesto tratando de recordarla, de repente su cara no se le hiso conocida.

-¿No me recuerda?- Pregunto la mujer

-No- respondió Karen un tanto apenada de no recordar a la mujer- la verdad no. ¿De dónde nos conocemos?

La mujer sonrió un poco entendiendo que Karen no la reconociera.

-Tal vez usted no me recuerde- dijo la mujer -pero yo nunca voy a olvidar su bello rostro y mucho menos después de que usted le comprara un helado a mis hijos y mas sin conocerlos.

Karen sintió un nudo en la garganta y quiso llorar de la emoción. No lo podía creer, ya habían pasado más de seis años desde que les comprara un helado a unos pequeños que traían los zapatos rotos, y la ropa que no era de su medida. Karen no podía creer que esa mujer de la cual nunca supo su nombre la recordara tan rápido.

-Lo que usted hiso fue el gesto de cariño que jamás mis hijos han recibido- expreso la mujer sin poder contener el llanto al recodar la acción de Karen-. Señorita, lo que usted hiso esa tarde, jamás lo voy a olvidar. Su hermoso rostro lo llevo en la mente, y me gustaría volverle agradecer lo que hiso.

-Pero ya ha pasado mucho tiempo- comento Karen.

-Es que usted no sabe lo que fue para mí que usted le comprara un helado a mis hijos, la carita que ellos tenían cuando lo comían para mi es algo que jamás sabré como agradecérselo.

Karen se puso de pie y cariñosamente le limpio las lágrimas a la mujer, que dijo llamarse Marcela.

-Karen- dijo- me llamo Karen, como su hija- ella tampoco había olvidado el nombre de la chiquilla a la que por accidente golpeara-. ¿Y donde están sus hijos?

-Allá- respondió marcela señalando con el dedo al otro extremo del salón.

-¿Puedo ir a saludarlos?

-Claro- respondió Marcela con alegría.

Susana y Esmeralda sintieron como en sus gargantas se formaba un nudo, y tuvieron que hacer un esfuerzo por no soltar una lagrima, pues las palabras de Marcela en verdad fueron de puro agradecimiento y sinceridad. Karen acompañó a marcela hasta su mesa.

-¿Y su esposo donde esta?- Pregunto Karen.

-Hay señorita- respondió Marcela con tristeza- hace cinco años se quiso ir de mojado pal otro lado, y nunca llego, se me murió en el desierto de Arizona. Al parecer el coyote los abandono y se murió junto con otros dos.

-Lo siento.

-No se preocupe señorita, así es la vida, tarde o temprano todos moriremos.

Esta vez Karen esbozó una sonrisa de tristeza. *Unos, más temprano que tarde,* pensó para sus adentros. Karen se sentó a la mesa, saludo a los hijos de marcela, en particular le hiso un cariño a la muchachita llamada Karen. Los jovencitos la saludaron respetuosamente, diciendo sus nombres, y regalándole una sonrisa.

-Le falta uno- dijo Karen al recordar que eran cuatro y no tres los hijos de Marcela.

-Sí –dijo Marcela- falta Patricia. Ella es un poco, ¿cómo le diré? Anda en la rebeldía, tiene diecisiete años. Me ha salido un poco, rebelde. Yo se que está en una etapa difícil, he hablado con ella, pero no entiende, casi no quiere venir a la iglesia, y luego se junta con unas amistades que no le convienen, tiene la cabeza bien dura. En este momento pareciera que nada ni nadie la va hacer entender. Me preocupa mucho. En la calle hay mucho peligros, hay veces en que regresa muy tarde a casa, algunas veces me ha gritado, y maltrata mucho a mis demás hijos, a veces pienso que es muy mala- decía Marcela sin poder contener las lagrimas pues se veía que sufría mucho por la actitud de su hija mayor. Karen la abrazo, sentía tristeza por ella, Karen misma sabia por la etapa en la que estaba pasando *Paty,* como le decían de cariño-. Tengo miedo de que le pase algo malo- volvió a decir Marcela.

-Si me permite yo podría hablar con ella, tal vez pueda ayudar en algo- sugirió Karen.

-Se lo agradecería con todo el corazón- dijo Marcela, agradecida por el ofrecimiento de Karen.

-¿Y a que se dedica? ¿O en que trabaja usted?

-Al principio nos fue muy mal- dijo Marcela-, cuando se me murió mi Héctor sentí que se me acababa el mundo, pero gracias a Dios conocimos al General- decía Marcela haciendo referencia al padre de Esmeralda-, él nos ofreció trabajo a mí y mi Paty, y pues de ahí en adelante nos fue un poco mejor. El general es muy bueno, nos ofreció casa, pues la nuestra la perdimos. ¿De dónde? Nunca lo supimos, pero un día salió un tipo del gobierno y dijo que mi difunto esposo le debía impuestos al gobierno, y pues como no teníamos ni un centavo, la perdimos. Lo raro es que mi esposo, jamás tenía más de un cinco en la bolsa. Pero ya sabe como son las gentes que trabajan pal gobierno Tiempo después nos enteramos que el tipo era un corrupto y que nos había robado. Pero Dios nunca nos ha dejado solos. El general, nos hiso un préstamo, pudimos dar el enganche de una casita afuera de la cuidad...y pues ya nos ha ido un poco mejor.

Karen se quedo el resto de la tarde con Marcela y su familia. Se los presento a su madre. Por la noche los invito a un café y a tomar un helado. Al siguiente sábado, sin esperar más, fue hasta el humilde hogar de Marcela. Saludo a Paty que como era de esperarse no la recordó sino hasta que le dijo que ella era la misma chica que años antes le comprara un helado. Vagamente Paty la recordó. Comió con la familia. Karen se asombraba de la educación de los tres hijos menores de Marcela, exceptuando a Paty que era un poco arrogante. <<La educación no es enemiga de la pobreza>>, solía decir el padre de Karen. Después de comer, Karen invito a Paty a dar un paseo. Llegaron hasta donde un parque y se sentaron a disfrutar de unas papas a la francesa, y comenzaron a platicar. Por su parte Paty, pensaba lo mismo que la mayoría de los jóvenes: Estoy en la onda chic, estoy en la edad de disfrutar mi juventud, de vivir el momento, de conocer cosas nuevas, de la curiosidad, de que nadie me puede decir lo que tengo que hacer, de que a los diecisiete ya puedo discernir entre lo malo y lo bueno, *de que me puedo comer el mundo y me limpio las sobras con la servilleta de la vida*. Karen recordó muy bien esas palabras, pues eran sus pensamientos.

Karen solo la escuchaba. Parecía que se escuchaba a sí misma años atrás y a docenas de jóvenes que ella conociera. Era como si fuera un patrón que todo joven de la actualidad tenía que seguir. Como un protocolo

-¿Tienes novio?

-Novio, lo que se dice novio, no- respondió Paty-, somos amigos muy cercanos.

-¿Sabes? -dijo Karen mirando al cielo-. Suena cursi verdad, pero yo tuve tu edad, y pase por lo mismo que tu estas pasando, estas en la etapa de querer conocer, de querer vivir. Te entiendo aunque no lo creas. ¿Cuántos años crees que tengo?

-Veinticinco tal vez.

-Veintiséis- aclaro Karen bueno un poco más. ¿Crees en el amor?

-Sí. ¿Y tú?

-Yo también. Un día conocí a un buen chico, de esos que rara vez te encuentras en esta juventud tan disparatada. Es poeta, me escribía poemas hermosos, era muy romántico, detallista- los bellos ojos de Karen se volvieron a iluminar al recordar a Saúl, no es que siguiera sintiendo algo por él, sino que en más de una ocasión reconoció que no había conocido a nadie como ese chico, o no se había dado el tiempo de ver el corazón mas allá de la apariencia física de otros chicos-. Me respetaba. ¿Qué te puedo decir? Era un gran hombre, un caballero, de esos que casi ya no hay.

-¿Y qué paso con él?

Karen miro hacia los columpios en donde unos chiquillos se divertían, trataba de recordar con exactitud lo que había pasado con Saúl. Un gran suspiro salió desde el fondo de su corazón.

-Un día sus padres tuvieron que salir del país, no había otra opción más, él los tenía que acompañar- dijo Karen evocando con tristeza los recuerdos-. Era un año, solo un año era el que iba a estar fuera. Un día conocí a otro chico. Por más que busco, nunca he encontrado, y creo que nunca encontrare la respuesta a lo que me paso por la mente cuando dije que *sí,* que yo también quería estar en la intimidad con ese otro chico. La verdad ese tipo no valía la pena, *tarde* me arrepentí de a verle entregado mi virginidad a un tipo, que te aseguro que cuando estuvimos juntos, jamás se dio cuenta que yo era virgen. ¿Sabes? Ese tipo era arrogante. Las mismas chicas hacemos que tipos como ese abunden en la vida, les ponemos todo tan fácil que no tienen más que poner su cara bonita y pedir lo que sea y nosotras se lo damos. Yo no sé cómo se entero Saúl... Saúl se llama el chico del que yo estaba enamorada- dijo Karen aseverando el nombre del chico que se fuera para Uruguay-. Un día me reclamo lo acontecido. Creo que tenía razón cuando me dijo que yo no lo quería lo suficiente y que por eso lo engañé. El es de los hombres que no perdonan. Al principio creí que era demasiado extremista pero con el tiempo comprobé que solo defendía sus sentimientos. Y dolido por mi traición me dejo de ver.

-Pero estoy segura- interrumpió Paty- que te sobraron los pretendientes.

-Ese es el problema- dijo Karen- que desgraciadamente por ese pensamiento no pude controlarme, sentía que tenía el mundo a mis pies. Al principio Salí con un chico luego con otro, hasta que a los dieciocho, ya había salido con más de diez chicos. Llego el momento en el que yo podía decidir con quién salir o con quién no. No es que nunca tuviera en mis manos esa decisión, sino que, cuando crecí, me di cuenta de lo que podía hacer con mi atractivo físico. En una ocasión creí que me había vuelto a enamorar, y que ese chico también me amaba, pero en la menor oportunidad me trato como *prostituta.* Meses después de terminar mi relación con el, me fui a estudiar a Barcelona, España. Allá conocí a mucha gente de todo el mundo, árabes, chinos, suecos, rusos, italianos, franceses. También conocí a algunos de los diseñadores más famosos de mundo, conocí a modelos profesionales, viví con una modelo. Fuimos muy buenas amigas. En una ocasión salude de mano al príncipe de Asturias- decía Karen un tanto emocionada por el tipo de personajes que conoció en su aventura por el Viejo Continente-. "Volví a *creer* que estaba enamorada de otro buen chico", y creí que el también me amaba, al menos eso era lo que me demostraba, pero en la menor oportunidad, me demostró lo patán que era... quede embarazada de él.

-¿Y qué paso con tu bebe?- pregunto Paty mientras seguía comiendo de sus papas.

Karen no contesto de inmediato. Sintió como si una mano le apretara las tripas al recordar lo que hiso con su bebe, sus ojos se pusieron vidriosos, hiso un esfuerzo por no llorar.

-Me practique un aborto- dijo al fin con la voz entrecortada- mate a mi propio bebe. No le di la oportunidad de vivir, no me puedo justificar con nada en lo que hice, pero fue en un momento crítico de mi vida. Cuando este hombre me dejo sola, no supe que hacer, así que opte por un camino fácil, fui una cobarde, no tuve el valor de enfrentar la situación yo sola, así que aborte.

Paty no sabía que decirle, su poca experiencia y madures no le daba palabras que decir.

-Me costó trabajo, pero lo supere, no por completo, pues aun sigo recriminándome lo que hice. Después de eso, volví a cometer muchos errores, tuve relaciones con chicos que había conocido esa misma noche. Caí en lo peor de mi desgracia.

-¿Porque me cuentas todo esto, si ni siquiera me conoces?- cuestiono Paty al darse cuenta que Karen le estaba contando hasta el detalle más intimo de su vida.

-Para demostrarte que la juventud no es fácil, o quizá sí puede ser fácil, todo dependiendo de las decisiones que tomes. Las decisiones que tomes *hoy*, te puede afectar el resto de tu vida. Te lo digo por experiencia, nos toco vivir en una etapa en donde una decisión mal tomada te puede afectar en el futuro.

-Sí- dijo Paty interrumpiéndola- pero no forzosamente lo que te paso a ti me puede pasar a mí, vivimos en un mundo muy diferente, tu familia tiene dinero, vives bien, tal vez estudiaste, tienes toda la vida por delante, te puedes encontrar a un buen chico, guapo y con dinero, tener hijos, no porque hayas abortado, significa que ya no puedas tener más hijos. Sin embargo yo soy pobre, no tengo estudios, en este ambiente es difícil encontrar a un buen chico.

-Estas muy equivocada- dijo Karen objetando el comentario de Paty- el hecho de que yo tenga una buena posición económica no me hace diferente a ti, y no, no puedo tener más hijos, me practicaron mal el aborto, me dejaron dañada la matriz, y tampoco termine mis estudios, me corrieron de la universidad por faltas, mis faltas eran porque trabajaba en una agencia de "acompañantes" y a la vez me prostituía; y no, no me puedo volver a casar. Y en cuanto a que para mí es más fácil encontrar a un buen chico, solo por mi posición social, estas muy equivocada, el que es un buen chico, es un buen chico, no importa su posición, el que es un patán y cobarde lo es y ya, no importa a si sea el más rico o pobre del mundo, los buenos chicos los hay en todas partes, es simple y sencillamente que no nos fijamos bien, a veces nos dejamos llevar por las circunstancias, o la apariencia.

-Eso sí, en eso te doy la razón. Pero, ¿por qué dices que no te puedes casar? Eres muy bonita, estoy segura que no te faltan pretendientes.

Karen acaricio el rostro de Paty, sonrió, pero su sonrisa era triste.

-Hay, Paty si supieras.

-No creo que haya algo grave en ti, como para que te impida el casarte.

Silencio... ¿O si?

Karen hacia un gran esfuerzo por desatar el nudo que tenía en su garganta. Y cuando pudo hablar dijo las palabras con dolor.

-Soy portadora del Síndrome de Inmunodeficiencia Adquirida. Así es Paty... tengo SIDA.

-Paty abrió sus ojos cuan grandes eran, no podía creer que una mujer como Karen estuviera enferma de SIDA.

-Lo siento- dijo Paty al mismo tiempo que hacia un gesto de pena por Karen- yo no lo sabía.

-No te preocupes- señaló Karen-. Mírame a los ojos.

Paty miro como los ojos de Karen se volvieron a oscurecer de tristeza.

-Soy mayor que tú por casi diez años- dijo Karen mientras acariciaba el rostro de Paty-. ¿Qué me puedes contar? ¿Qué me puedes decir de la vida? ¿Qué me puedes enseñar tú que apenas vas comenzando a vivir la juventud? Nada. Tú no me puedes enseñar nada, pero sin embargo yo a ti si te puede decir lo que te depara la vida sino corriges tu camino a tiempo. Vas a conocer jóvenes que van a decirte que son tus amigos, pero te van a ofrecer drogas. Yo a los diecisiete ya había consumido diferentes tipos de drogas, ¿y sabes quién me las dio? Los que se decían ser mis "amigos". Esos tipos que se dicen ser tus amigos, de un modo intencional te van a destruir la vida, algunos de ellos, incluso solo van a estar esperando la oportunidad de tener relaciones sexuales contigo, y o tal vez lleguen hasta violarte. Yo supe de chicas a las que violaron los que se decían ser sus amigos, a mí nunca me paso eso, pero si tuve relaciones con algunos de los que se decían ser mis amigos, pero fue bajo el efecto de las drogas. ¿Yo no sé si tú ya has tenido relaciones a tu corta edad? Yo no soy nadie para juzgarte, lo único que te quiero decir es que te cuides. Dices que soy bonita, ¿verdad?

-Si- respondió Paty- eres muy hermosa.

-Yo también creo que tu eres una jovencita muy bonita- dijo Karen acomodándole el fleco de la frente de Paty-, si a mí me paso esto, lo del SIDA, tú dices que soy bonita, que tengo una posición económica no tan mal, que lo pude casi tener todo, y me contagie, ¿qué te puede espera a ti?... Lo mismo. Las enfermedades de transmisión sexual no son un juego, algunas son mortales, a ti te puede pasar lo mismo que a mí. Tú no eres inmune al SIDA. Nadie lo es. El SIDA lo puede contraer cualquiera, no importa el físico, se puede ser feo, gordo, flaco, atractivo, bajito, alto, hermosa, fea, pobre, no importa si se tiene todo el dinero del mundo, todos estamos expuestos no solo al SIDA sino a cualquier enfermedad, yo soy la prueba de eso- Karen guardo silencio unos segundos-. Yo se que te dije que yo no soy nadie para criticarte, pero me gustaría hacerte una pregunta.

-Cual.

-¿Ya tuviste relaciones sexuales?

-No- respondió Paty- aun no.

-No me mientas.

-Te estoy diciendo la verdad- volvió a decir Paty- no tengo necesidad de mentirte.

-Sabes –dijo Karen sonriendo un poco- yo recuerdo cuando tenía tu edad, soñaba con un novio que me amara como según yo lo merecía, tenía las intenciones de llagar *virgen* al altar, soñaba con una bonita luna de miel, que mi esposo fuera romántico, que la cama en donde por primera vez iba yo a conocer en la intimidad a mi esposo, estuviera llena de flores, velas aromáticas por todo el cuarto, soñaba con ese momento. Me imaginaba a mi príncipe azul cargándome al entrar al cuarto. Me imaginaba a cuatro o cinco chiquillos corriendo por la casa, pero mira como estoy ahora, con un pie más allá de la muerte que aquí en la vida. No sé cuánto tiempo me quede de vida, uno, cinco, o diez años, o solo un mes- decía Karen tallándose las manos, y reclamándose a sí misma él porque nunca escucho los consejos que le dieron años antes y que ahora se los estaba dando a Paty-. Tarde, muy tarde me di cuenta por el mal camino que andaba. Ahora me doy cuenta de cuánto amaba mi juventud, tal vez ya sea tarde pero no sabes cómo me arrepiento de haber escuchado a los que decían ser mis amigos o amigas, no les echo la culpa de lo que me está pasando, pero si hubiera tenido un poco mas de inteligencia y no los hubiera escuchado no estaría lamentándome ahora, el *hubiera* para mí no existe, pero para ti sí.

-¿A qué te refieres?- Pregunto Paty al no entender las palabras de Karen.

-A que no te dejes llevar por tus amigos, que mandes por un tubo al chico que te pida una prueba de amor, que no tires a la basura los buenos principios y fundamentos que te ha inculcado tu madre, que no valores en poco tu virginidad, que se la des solo al hombre que se pare junto a ti ante un altar, que te valores más como mujer, que no tires tus besos y carias a la nada solo por un chico con cara bonita, no dejes que te *roben tu inocencia,* - la voz de Karen sonaba con exigencia, como queriéndole meter a Paty en su corazón y razonamiento lo que ella siempre rechazo-. Si te dicen que eres una mojigata, una aburrida, una santurrona, que digan lo que quieran, si se burlan de ti diciéndote que eres una hija de mami, que todavía te pegan, que digan lo que quieran, que se burlen, no caigas en sus juegos. A mí me dijeron lo mismo- Karen guardo silencio. Unas lágrimas surcaron su bello rostro dejando marcas en su escaso maquillaje. Se las limpio con el dorso de su mano-. Yo caí en sus juegos, y mírame como estoy, ¿y a quien se le jodio la vida? ¡A mí! A mí no a ellos.

Paty no decía nada solo escuchaba atentamente a Karen.

-A que no compres lo que te venden algunas televisoras y revistas de espectáculos a eso me refiero- continuaba Karen diciendo-. Solo ahora me doy cuenta de cómo algunas televisoras sin misericordia en sus programas y novelas empujan a los jóvenes a tener relaciones sexuales a temprana edad, alegando que los tiempos han cambiado, que ya no hay tantos tabús en cuanto al sexo. Sacan programas en donde una adolecente de escasos catorce años, defiende su amor por un tipo cualquiera y las televisoras apoyan su posición, no es que el amor sea malo, al contrario- decía Karen poniendo en claro su posición en cuanto al amor- si es verdadero amor, hay que defenderlo con uñas y dientes, para el amor no hay edades, pero cuando se es una adolecente se confunde el amor por la obsesión, con la ilusión, y en muchas ocasiones se cometen tonterías de las cuales no te alcanzaría la vida para arrepentirte... a mi – dijo Karen con rabia y rencor- a mi no me va a alcanzar la vida para arrepentirme por tantas estupideces que cometí en la vida...no me va a alcanzar la vida para arrepentirme de haber escuchado a otras personas antes que a mi madre.

Karen levanto el rostro de Paty con su mano que por un momento se había agachado.

-Recuerda una sola cosa, tenla bien presente en tu mente, que nadie, que absolutamente nadie controle tu vida, que la televisión y revistas no influyan en tu vida, que tus amigos no influyan en tus decisiones, solo tú, y nadie más va a sufrir las consecuencias de las decisiones que tomes, buenas o malas tómalas tú, que nadie, que nadie las tome por ti- expresaba Karen con el puño apretado, lo apretaba con coraje, con rabia-. He vuelto a mirar a algunos de los jóvenes que fueron mis compañeros del colegio, algunos de ellos me dieron drogas, con algunos otros tuve relaciones sexuales, algunos ya se casaron, otros ya se graduaron y otros más están estudiando, en su mayoría todos están bien y son felices, y mírame a mí, yo...yo soy quien está pagando las consecuencias de haber escuchado los supuestos >>consejos<< de los que diciéndose ser mis amigos, colaboraron en que mi vida se fuera destruyendo poco a poco. ¿No sabes? -dijo Karen con la voz entre cortada por las lagrimas que comenzaron a traicionarla una vez más-. Como me he arrepentido de *no* haber escuchado los consejos de mi madre y hermanas. Me creía muy inteligente, me reía de los consejos que me daba la gente que realmente me quería, y no como muchos de mis amigos que me condujeron por los más oscuros caminos que un joven puede enfrentar. Te lo vuelvo a repetir, no los culpo por lo que me está pasando, pero si me arrepiento de haberles seguido el juego, eso es precisamente por lo que no quiero que pases y no nada más tú, sino que nadie los pase. Es terrible saber que tienes SIDA, no sabes lo terrible que es saber que se tiene esa enfermedad.

Karen no podía hablar, el llanto había ahogado por completo sus palabras, Paty sentía un nudo en su garganta, era muy notable la tristeza por la que la hermosa chica estaba pasando.

-Ya me resigne- volvió a decir Karen- pero es difícil, muy difícil. Paty, tú tienes una gran madre, no seas egoísta, no solo pienses en ti, piensa en tu familia, tienes hermanos chicos, dependiendo el ejemplo que tu les des, es lo que van a tomar. En cuestión de las enfermedades de transmisión sexual tanto el hombre como la mujer pueden ser perjudicados por igual, pero piensa en esto- dijo Karen volviendo a tomar las manos de Paty-. Que si sales embarazada y no te cumple el chico, ¿qué vas a hacer? Abortar como yo o como millones de chicas lo han hecho solo por no haber tenido el valor de afrontar o de aceptar nuestros propios errores. Te lo voy a volver a repetir– dijo Karen por ultimo- solo tú eres responsable por tus propias acciones, solo tú vas a sufrir las consecuencias de esas acciones, tus amigos no van a pagarlas por ti. Yo me contagie de SIDA, y no mis amigos. Yo soy la que se va a morir más pronto que algunos de mis amigos, escucha a tu madre y no a tus amigos, aquellos que se dicen ser tus "amigos" pueden ser los que te encaminen por el camino que te destruya la juventud. Los pocos verdaderos amigos que conocí los desprecie pues me parecía que eran aburridos y tontos, y entre ellos iba Esmeralda la hija del general. Si yo la *hubiera* escuchado, mi vida hubiera sido diferente. Pero te lo vuelvo a repetir, el hubiera no existe, existe el hoy y el futuro. Vive tu juventud, desfrútala, no necesitas de tener sexo, para disfrutar la juventud. El sexo es lo que Satanás está usando para destruir a los jóvenes, tú y yo somos *cristianas* y sabes de lo que te hablo, no te dejes llevar por la modalidad del sexo, respétate a ti misma, valórate más, busca el verdadero amor…

-¿Y cómo encuentro el verdadero amor?- pregunto Paty, que aparentemente estaba captando el mensaje de Karen.

Karen sonrió un poco antes de contestar a la pregunta de la jovencita.

-Te voy a decir cómo puedes descubrir o encontrar el verdadero amor; no busques el amor pasajero o de la ilusión, ese amor se desaparece rápido, pero el verdadero amor respeta, el chico que diga amarte no te exige, no te pide pruebas de amor, ese chico debe saber respetar tus decisiones, sabrá esperarte, te dará buenos consejos, no se aprovechara de tus debilidades, el verdadero amor es sufrido, el amor duele, pero si sabes cómo encontrarlo lo disfrutaras por el resto de tu vida, y esa vida es tuya y de nadie más, que nadie aparte de tu madre influya en tus decisiones de tu juventud, solo tu madre por su experiencia sabe lo que es bueno o malo para ti. No caigas en el juego de palabras de los chicos que dicen que si realmente los quieres que les des una prueba de amor, no caigas en ese juego estúpido, pues lo único que quieren es tener sexo contigo y luego desaparecer.

Karen termino su plática con Paty, y se despidió de ella a las afueras de su casa. ¿Paty captaría todo lo que dijera Karen y lo pondría en práctica? Karen jamás lo sabría, pues solo la vería semanas más tarde cuando se despidiera de ella. De lo que Karen sí se encargo fue, que Paty plantara en su corazón el que para ella, el si *"hubiera"* aun existía, pues ella y solo ella tenía en sus manos el decir <<SI O NO>> a las invitaciones de sus "amigos" el *<<Si Hubiera>> ya no existía ni volvería a existir jamás para Karen.*

Días más tarde Karen y su madre Susana aceptaron la invitación de Delia su hermana que reside (se mudo de Seattle, Washington) actualmente en Búfalo, Nueva York, Estados Unidos...

PROLOGO POR KAREN DE LA TORRE.

Estimado lector, no *sé* si para el momento en el que usted este leyendo este libro, yo aun continué con vida, solo tengo una cosa *segura* en mi corazón, que el día en el que yo muera estaré frente a frente con nuestro Señor Jesucristo, lo mirare a los ojos, y con la misma mirada llena de amor que tenía cuando le dijo al hombre malhechor que estaba en la cruz a un costado, *<<te digo que **hoy** estarás conmigo en el paraíso>>*, me dirá a mí, *<<pásale bendita de mi padre>>*. ¿Y por qué tengo esa seguridad de salvación? La respuesta es simple, mi seguridad la baso por mi *fe* en el Hijo de Dios, en Cristo Jesús. Mi *fe es la misma* que la del malhechor, y si él fue *salvo* hace casi dos mil años, yo también lo soy ahora. Tal vez el hombre en su mala interpretación de la Santa Biblia diga que nadie tiene la *seguridad* de salvación, pero yo le creo a Cristo y no a los hombres. El día que yo recibí a Cristo como mi Señor y Salvador, también recibí el Espíritu Santo, y deje de ser una *obra* suya para convertirme en su *hija*. Yo me aferro a esa promesa, que los que reciben a Cristo pasan a ser *hijos* de Dios. En un principio y por la doctrina que yo practicaba, pensaba que todos éramos o somos hijos de Dios, pero la Santa Biblia es clara, dice que solo aquellos que *recibimos* a Cristo en nuestro corazón somos sus hijos (Juan 1:12).

Es difícil para algunas personas el dejar de creer en la doctrina que se nos ha enseñado desde cuando niños, y no es mi intención con este libro el criticar u ofender a algunas instituciones religiosas o grupos humanitarios, solo quiero decir la verdad de cómo me siento al momento de escribir estas líneas, y más que nada, compartir la salvación por fe en Jesucristo. Y tampoco es la intención de Jesús R Téllez, (narrador y escritor de mi testimonio) el ofender a nadie.

No fue fácil el decidirme. Cuando platique con Jesús y me hiso entender que quizá con este libro podríamos a ayudar a alguien, que quizá cuando alguien leyera este libro, la piense dos veces en hacer las cosas. No lo niego, dude en hacerlo, pero él tiene razón, el rescatar a alguien de las garras del SIDA y del infierno mismo, sería algo que no tendría valor para cualquiera de los que estuvimos envueltos en este hermoso proyecto. La más grande de nuestras intenciones con publicar este libro, no es para ganarse un premio o algo por el estilo, es más, quizá no sea el mejor libro que usted ha leído, pero tenemos la intención de ayudar, principalmente a la juventud. Esa es nuestra principal intención, ayudar a los jóvenes. Con solo ayudar a uno solo a la vez, ese seria nuestro más grande premio.

Los jóvenes de ahora son el futuro del mañana. Se ha puesto usted joven o adulto a pensar que va ha ser del mañana, si el ahora ya se está perdiendo, que va a ser del mañana si nosotros mismos estamos ayudando que las drogas, el alcohol, y el sexo sea de mas fácil acceso. ¿Qué es lo que van a heredar nuestros hijos? O mejor dicho sus hijos. Yo pudiera echarles la culpa a los demás por mi situación, pero la verdad es que yo soy la única culpable de lo que me paso. Yo pudiera reclamarle a Liliana por haberme mal aconsejado, por haberme encaminado por malos senderos. O quizá yo les puedo echar la culpa a los políticos y hombres que ayudaron hace años con eso de la *revolución de sexo,* que más que ayudar, perjudicaron con su *Mente Abierta.* Pero yo soy la culpable y nadie más. Pero hay una cosa que no se puede negar, yo herede las malas decisiones de otros, y nuestro niños de ahora heredaran las consecuencias de nuestros actos o decisiones. No hay que ser egoístas, hay que pensar en el futuro de los niños. Es terrible el pensar que pudiera surgir otra enfermedad aun más peor que el SIDA. Asusta ¿verdad? Pero tristemente no podemos descartar esa posibilidad. En los años cincuentas no existía ningún caso conocido de SIDA, en aquel entonces había más moral, las buenas costumbres reinaban en los hogares, había más amor por sí mismos, la pornografía, no tenía tanta proliferación. La expresión *sexo libre*, en algunos hogares o sectores de la sociedad, *estaba prohibida.*

Años más tarde se registraron los primeros casos de SIDA, y si eso fue cuando a mucha gente le daba miedo hablar de sexo, ¿que nos podemos esperar Mañana? El pasado, nos puede enseñar miles de cosas, como aprender de nuestros errores, pero mucha gente parece no aprender de ellos. Yo tristemente aprendí tarde. Hay un dicho que dice, <<*nunca es tarde*>> desafortunadamente para mí *sí* lo fue o es. Pero para otros no lo *es*, por ellos, por aquellos jóvenes que necesitan ayuda, o que están desorientados en la etapa más difícil de la vida, es que hay que pensar en el futuro. Si no les inculcamos a los jóvenes de hoy el temor de Dios en su corazón, mañana se van a olvidar que Dios existe, eso ya lo podemos ver en las muchas ideologías de los hombres. Han dejado a Dios afuera de sus enseñanzas. Dentro de cincuenta años, será aun más peor que como se está ahora. Esa fue una de las razones principales del porque me decidí a publicar mi testimonio, para decirle al mundo que no eche en saco roto lo que oye, lo que ve, y lo que lee en los periódicos acerca de las enfermedades de transmisión sexual.

Conforme a los estudios recientes, la comunidad hispana, es la más afectada en los Estados Unidos, en algunos casos es por ignorancia, y otros tantos es por sentirse inmune, o intocable (así me sentía). Pero la realidad es que cualquier persona está expuesta a todo tipo de enfermedades.

Cuando me mudé para Seattle, hice algunas investigaciones y entrevistas, busque información en diferentes fuentes, pero principalmente en las Iglesias cristianas. Descubrí que la mayoría de la gente o hermanos a los que entreviste, saben lo mismo o menos que yo de SIDA. Y me pregunte el porqué. ¿Acaso en las iglesias no le hablan a su gente del SIDA? Hablé con pastores, y maestros de escuelas dominicales, y, me sorprendí que son muy pocas las Iglesias en las que se habla del sexo y sus consecuencias. Algunos pastores son tan conservadores que en sus predicaciones >jamás< incluyen la palabra *sexo*. Dicen que hablar de ese tema les podría abrir la mente a los jóvenes. Pero lo que los pastores o maestros de Escuela Dominical NO quieren reconocer, es que el sexo, le está ganado la batalla a los jóvenes en nuestras iglesias. Por decirlo de una manera, ellos (los pastores cristianos) le darán cuenta a Dios por sus ovejas. Y si ellos no le hablan del sexo a su congregación alguien más lo va a hacer; la televisión por ejemplo. Es triste pero desafortunadamente ya no existen novelas o programas en los que el sexo no está incluido en sus guiones, los programas familiares ya pasaron a segundo término. Otra de las fuentes de información de sexo es el internet, tal vez les podríamos echar en parte la culpa a los pastores por su reserva en hablar de sexo en las iglesias, pero la mayor parte de la culpa puede venir de nuestras propias casas. Cuando se usa el internet no es necesario el ir a una dirección específica para entrar a un sitio de pornografía, solo se necesita buscar información por una modelo de prestigio, y listo, ahí aparecen docenas de direcciones web. Si en las iglesias y en casa no se habla de sexo, alguien lo va hacer, y no para orientarlos hacia el sexo sagrado, o para que se esperen hasta el matrimonio, sino que los van a orientar hacia el sexo *fácil*. En cualquier programa, revista, o sitio del internet, se puede encontrar miles de comentarios de que el sexo ya no es tan prohibido o no hay que sentirse mal por tener relaciones con su pareja antes del matrimonio, que ya es algo normal, es normal porque ya todo mundo tienen sexo incluso al salir de la pubertad. No es que esté prohibido, sino que hay que pensar que cada paso que se da, tiene su consecuencia.

Me da vergüenza recocer que yo en un tiempo pensaba igual, pero ahora me doy cuenta que por la forma en que pensaba, era porque la moral, las buenas costumbres, y enseñanzas de mis padres hacía tiempo que los había *tirado a la basura.*

Para mí, el sexo formo parte primordial en cualquiera de mis relaciones. Cuan errada estaba. Quizá usted estimado lector después de haber leído mi testimonio pueda decir que a mí, me hablaron del sexo libre y de sus consecuencias. Sí, mi madre siempre lo hiso, y yo ahora estoy pagando las consecuencias de no haber escuchado esos sabios consejos. ¿Pero usted como padre lo está haciendo? ¿Puede tener esa tranquilidad en su corazón de que por parte de usted, sus hijos están bien informados? Yo pudiera tener una excusa, era inconversa, no tenía a Cristo en mi corazón, mi madre siempre me hablo de sexo, y también era inconversa. El hablarle de sexo a los jóvenes es obligación de todos. Da tristeza que muchos padres tengan miedo de hablar de ese tema que es tan importante. Por esa cobardía de no saber cómo hablarles a sus hijos, dejan que personas erróneas lo hagan. Si no saben cómo hablar de sexo, busquen, lean, infórmense, pero no dejen a sus hijos a la deriva.

Mi preocupación es por todo el mundo en general, pero principalmente lo es la comunidad cristiana. Un inconverso puede decir que los cristianos estamos locos, pero quizá lo dirá por su ignorancia, pues una vez que se recibe a Cristo en el corazón se le abren a uno más los ojos. Yo antes criticaba, y me burlaba de los predicadores tachándolos de ridículos, y extremistas, por la forma en que separaban al mundo del cristianismo, y ahora les doy la razón. El mundo ofrece vanidades, perdición. Yo atestiguo de eso, disfrute por decirlo así, de lo que el mundo ofrece, ¿pero al último que me quedo? Solo esta terrible enfermedad. Dios nos pide que seamos santos, como lo es ÉL. Pero tenemos que ser honestos con nosotros mismos, nadie puede ser santo como lo es Dios, pero debemos de esforzarnos ser lo mejor que podamos. Vivimos en una etapa difícil, quizá los últimos años antes de la venida de Cristo. Y podemos ver que Satanás, el enemigo de Dios, le está ganado la batalla a nuestros jóvenes. Y eso es muy triste. Y más triste es que muchos padres no hacen nada por sus hijos, y los entregan a Satanás.

Quizá suene pretenciosa o vanidosa, (aunque ya no me sirve de nada) pero la verdad es que Dios me doto de un gran atractivo físico. Por mi belleza, yo tenía en mis manos el poder de decidir con que chico salir o no salir. Yo era el punto de atracción en cada fiesta o reunión de jóvenes a la que asistía; algunos chicos daban lo que fuera porque platicara con ellos, y mucho más si aceptaba salir con alguno. Quizá ese fue el problema, no supe cómo manejar la atracción que los chicos sentían por mí. En un tiempo me sentí inalcanzable, que nadie me merecía, ¿pero ahora como estoy? Triste. No sola, porque mi familia siempre ha estado conmigo. Aun cuando me mude para los Estados unidos, recibí varias ofertas de modelar para algunas tiendas de prestigio en Seattle. Pero las rechace. No puedo negar que me vi tentada a hacerlo, pero gracias a Dios, tuve la fortaleza para declinar las invitaciones.

Cuando llegue a Seattle, fue en la etapa más difícil de mi vida. Tenía si acaso cinco meses de haber recibido a Cristo en mi corazón, arrastraba demasiadas cosas y pecados en mis espaldas. Aunque ya tenía la fe de que el Hijo de Dios me había perdonado todo mi pasado y que tenía una goma de borrar en su mano por cualquier pecado que pudiera cometer en el futuro, no dejaba de sentirme mal, no por mi... bueno para que negarlo... Me sentía mal, estaba muy mal emocionalmente, principalmente porque amo demasiado esta vida, disfrutaba tanto de mi juventud, del día que vivía, de lo que me rodeaba, de todo, de todo disfrutaba. Pero ya estaba marcada por esa terrible enfermedad, SIDA.

A solo unas semanas de haber llegado a vivir con mi hermana, intente quitarme la vida una vez más. Ese día fue uno de los peores desde que recibiera la noticia que era portadora, de VIH. Fue en el aniversario de la muerte de mi padre. Me sentía mal, en verdad mal. Me reproche mil veces el no haber pasado más tiempo con ese gran hombre que Dios me había dado como progenitor. Creí que ese día seria un día perfecto para reunirme con él. Pero Dios tenía otros planes para mí.

Justo cuando había conseguido un fuerte medicamento que sin duda me quitaría la vida, mi madre regreso de la iglesia más temprano que de costumbre. El pastor había tenido un accidente automovilístico, y por ende se suspendió el servicio. Yo le había alegado que no me sentía con ánimos de ir a la iglesia, ella insistió en quedarse, pero la convencí de que estaría bien y que la esperaría con la cena lista. Pero, el motivo de quedarme en casa era otro. Así como la vez primera, mi madre entro a la recamara que mi hermana nos había asignado y justo antes de introducirme las píldoras a la boca, la mire parada en el umbral de la puerta. Me miro con los ojos vidriosos, suplicantes. No me dijo nada, solo me miraba. Pude ver en su dulce rostro el gran amor que me tenia, y me odie a mi misma por no haber pensado en ella, antes de pensar en mi misma. Me sentí la persona más egoísta del mundo. La mire a ella y luego al medicamento. <<Madre>>, le dije. Ella sonrió con tristeza. Como pude camine hacia ella y caí de rodillas y la abrace por la cintura. <<Ayúdeme>>, le suplique. Mi madre se hinco y me dio miles de besos en la frente. Ella sabía que yo necesitaba ayuda. La ayuda de ella, claro. Pero principalmente la ayuda de Dios. Desde ese día, jamás me volvió a dejar sola. Día con día y a donde fuera me acompañaba. Sabía que mi estado emocional estaba por los suelos. En una ocasión me dijo que Dios tiene un propósito para todos aquellos que reciben a su Hijo como Señor y Salvador. Me explico que el plan de Dios no solo era de Salvarnos, sino de que cada uno de nosotros llevara su mensaje de salvación a toda criatura que él había creado.

En mi situación era casi imposible que yo les hablara del *amor* de Dios a otras personas cuando yo misma, aunque había recibido a Cristo en mi corazón, no creía realmente en ese gran amor de Dios por la humanidad. Curiosamente, quien me enseño sobre ese gran amor, fue otra persona que al igual que yo, tenía SIDA. Margarita, se llamaba Margarita, un bello nombre. Tristemente, ella fue violada en su pueblo, allá en Honduras. Desafortunadamente el tipo que la violo era portador de esa enfermedad. Ella no lo supo sino hasta que llego a los Estados Unidos e intento donar sangre para uno de sus familiares. Ella estaba segura de que el tipo que la había violado fue quien la contagio, pues en ese entonces ella tenía quince años, y jamás había tenido relaciones sexuales con nadie, y que después de ese terrible día, no las tuvo con nadie.

Me quede sorprendida al saberlo, pues cuando yo la conocí, ella tenía veintidós años, y parecía una joven como todos los demás, alegre, entusiasta, servicial, y siempre estaba al pie del cañón cuando de ir a predicar la Palabra de Dios se requería. Cuando me entere, yo creí que con quien más tenía que estar molesta, era para con Dios, pues según yo, EL permitió que esa pobre chica fuera violada. Pero cuan errada estaba sobre ese pensamiento, pues yo aun no había entendido que los cristianos entramos en una batalla espiritual, y la batalla es contra el enemigo de Dios, Satanás. Es contra ese ángel caído contra quien peleamos día con día. Pues él, desde el principio de los tiempos, se ha dedicado a engañar a todo mundo. Utiliza nuestra mente, nuestros propios pensamientos para echarle la culpa a Dios de nuestros problemas. Me tarde un poco en darme cuenta, o más bien en comprender que Dios no había tenido la culpa de que yo me hubiese contagiado de SIDA. Fui yo quien decidió tener relaciones con diferentes personas. Al culpar a Dios de mi problema actué como todo ser humano, buscaba un culpable, y para mí, ese culpable era Dios mismo. Pero "Magui", (como me dijo la chica que le gustaba que le llamara) me enseño que yo hice uso del regalo que dios me había dado al nacer <<el libre albedrio, o libre voluntad>>. Por eso es que Dios no me había detenido en que siguiera viviendo la vida que vivía, y la cual según yo, disfrutaba. Todo lo que yo viví, fue por mi propia decisión. Así hiso lo mismo el tipo que la había violado. Ese tipo había decidido ser un mal hombre, un cobarde, así como ella había decidido era una buena chica, y ella, me enseño a perdonar. Un día me dijo que ya había perdonado a ese hombre. En lo personal creo, que yo jamás hubiera perdonado a esa persona, pero ella era diferente a mí. Ella sabía que algún día Dios le ajustara cuentas por sus actos a ese hombre. Ella oraba porque Dios lo alcanzara con su gran misericordia. Esa chica me enseño el verdadero amor, el amor por los demás, el amor hacia Dios. Y lo principal, que Dios me ama.

Mi relación con esa chica duro solo unos meses, pues por las consecuencias del SIDA, se adelanto a entregarle cuentas al Señor. Fue una pérdida muy terrible para mí, pues aparte de mi madre y mi hermana Delia, ella era mi única amiga. Se fue, pero me dejo algo, y muy valioso, me ensenó el verdadero motivo del porque Dios me había alcanzado, y es, para predicar su palabra.

Yo no sé que hubiera sido de mí si no hubiese conocido a esa chica, pero gracias a Dios que la conocí pude entender más sobre la batalla espiritual en contra de Satanás. No es que el pastor de la iglesia a la que asistía no me lo explicara, sino que por mi misma actitud era muy reservada y nunca hacia preguntas. Comencé a investigar más, a leer libros, a estudiar más la Palabra de Dios, y me sorprendí con la facilidad de cómo trabaja Lucifer. Él no necesita de gran cosa para hacernos pensar que Dios es culpable de todo lo malo que nos pasa, simplemente utiliza el momento y las circunstancias para hacernos volver nuestro rostro contra Dios. El enemigo de los cristianos es demasiado inteligente, y trabaja principalmente en la juventud, él no necita de aparecerse como un monstruo para asustarnos, de hecho creo que jamás se aparecería de tal forma, pues él sabe que como seres humanos, cuando sentimos miedo a lo sobrenatural, nuestra primera reacción es invocar a Dios, y él lo que menos quiere es que Dios este en nuestro pensamiento. Él utiliza medios más sutiles para desviar al ser humano de su búsqueda espiritual, como por ejemplo, la televisión, la pornografía, la falta de oración, los malos pensamientos y deseos, la famosa rebeldía de la juventud, el estrés, la depresión, que estas últimas son más enfermedades mentales que físicas. De eso yo lo puedo testificar, pues al principio yo alegaba que estaba enferma de estrés, y depresión, pero en cuanto me acerque más a Dios, todo eso desapareció. No necesité de ninguna píldora que me drogara para salir de la depresión, solo buscar a Dios más en oración, fue la mejor medicina.

Es triste ver como la juventud se está descarriando cada vez más. Eso lo podemos ver en las iglesias, pues cada vez es menos la presencia de los jóvenes en los cultos. Y principalmente lo es en este país, pues en las escuelas públicas ya quitaron a Dios de sus temas y enseñanzas. Esa es otra forma de cómo trabaja el enemigo. Pero de eso solo nos podemos dar cuenta aquellos que reconocemos que, más allá de nuestros propios enemigos carnales, el verdadero enemigo es Satanás. Alguien quien no tiene el Espíritu de Dios en su corazón jamás lo va a entender, y si creen que me equivoco, solo hay que echarle un vistazo a nuestro nuevo gobierno. Cada vez hay más Estados que aprueban el aborto. ¿Y quién es el enemigo de la vida? Satanás. Él es quien siempre ha estado en contra de la vida. Pero como nuestros gobernantes, no ven las cosas espirituales, nos critican porque tratamos de pensar como Dios.

Ya Dios fue removido de todos lados, de los hospitales, de las escuelas públicas, de las casas de gobierno. Y eso nadie lo puede negar, pues hace no muchos años, los Estados Unidos era una nación cristiana, pero desafortunadamente ya no lo es, pues antes, todos los miércoles, y los domingos era día de adorar a Dios, (por eso es que se vota por el presidente el día martes), se leía la Santa Biblia en las escuelas, y ya no se hace. Es verdad que Dios nos dio la libertad de creer en él o no. pero Satanás ha usado ese movimiento de *Mente Abierta*, para desplazar a Dios de los lugares públicos. Esto estimado lector aunque no se quiera reconocer, es una batalla espiritual. Que no nos extrañe si más adelante surja un presidente que prohíba las iglesias cristianas. Sí eso sucede, entonces sería demasiado tarde, pues ya la batalla espiritual, estaría más que pérdida. Si de por sí, nuestros jóvenes no quieren asistir a las iglesias, que nos podemos esperar después. Pero aunque existan políticos que aprueben leyes para que ya no se predique la palabra de Dios, no podrán hacer nada en contra de mi fe. Podrá legislar lo que se les pegue la gana. Pero mi FE hacia dios, jamás la podrán legislar, ni cambiar. Allá el mundo con sus nuevas leyes... Mi fe por Dios nadie la mueve, ni aunque los hombres que se digan ser los más inteligentes del mundo digan lo contrario a la existencia de Dios. Cuan sabio es Dios cuando dijo que por eso escogió a los ignorantes para avergonzar a los que se dicen ser sabios. Y caso curiosos, hoy prohíben la biblia en las escuelas, pero mañana en las cárceles quieren que todos los presos la lean. Eso, demuestra la ignorancia del mundo, pues si desde pequeños nos inculcan la palara de Dios, estoy segura, que no habría tantos criminales, sino que habría más amor al prójimo.

A mí, jamás se me va a olvidar que quien me enseño y me devolvió el amor por la vida, fue una joven, y que al igual que yo, tenía SIDA. ¿Por qué esperarnos que este mundo este peor que ahora para valorar la vida tan hermosa que Dios nos dio? Hay que disfrutar de la vida, sí, pero con respeto, principalmente respeto hacia uno mismo. No sé cuánto es lo que Dios me dé más de vida, pero estoy segura de una cosa, estoy volviendo a disfrutar de mi viva, de mi juventud. Quizá con limitaciones, pero lo hago. Estimado joven, porque esperar a que nos suceda algo grave como un accidente, o peor, contagiarse de SIDA para ver la vida diferente, y saber valorarla. Es triste que algunas personas tengamos que pasar por esto para recapacitar, y corregir nuestro camino. Camino que Satanás nos dibuja como maravilloso, pero que la verdad ese nos va a llevar a nuestra propia destrucción. Tómenme como ejemplo. Dicen *que nadie escarmienta en cabeza ajena*, y eso es cierto. Yo tuve infinidad de veces de corregir mi camino, y no lo hice. Aun a pesar de que vi muchas cosas que yo sabía que me podían afectar, no me detuve por caminar por los escabrosos caminos que el mundo me ofrecía. Pero quizá estimado lector, *tú* si lo hagas, quizá *tú* si te detengas de lo que estás haciendo y pienses bien en dar el siguiente paso. Quizá *tú* seas más inteligente que yo. Quizá *tú* si escuches los sabios consejos de tu madre y familiares. Quizá *tú* pases de frente y digas "no" a la basura que te ofrece Satanás. Quizá *tú* valores más la hermosa juventud que Dios te dio, y jamás pases por lo que yo estoy sufriendo. Quizá *tú* busques bien el verdadero amor, y te cases y tengas el gran privilegio de tener hijos y formar una familia. Quizá *tu* que si estas embarazada valores más a tu bebe y jamás te provoques un aborto. Quizá *tú*, quizá *tú* tengas el valor de hacer caso omiso de las burlas de tus amigos y ames más a Dios como yo no lo hice.

Hay que tener algo muy bien presente, que somos nosotros mismos quienes pagaremos las consecuencias de nuestros propios actos y no los demás. Yo fui quien se contagio de SIDA, no mis amigos, fui yo quien después de practicarme el aborto, ya no pudo tener más hijos, fui yo, quien estuvo a punto de quitarse la vida, fui yo, quien salió perjudicada de haber escuchado a mis "amigos" (que solo tenían malas intenciones), si es que así se les puede llamar. Recuerda joven, eres *tú*, quien va a sufrir las consecuencias de sus actos, no el vecino, no el amigo, no el pariente, *tú, tú* y nadie más.

Yo reconozco que no es fácil decir que no a las cosas que ofrece Satanás por medio del mundo, pero se puede vencer, lo he visto en otros amigos y hermanos en Cristo, ellos han vencido, han pasado por las mismas batallas que yo y tú pasamos o estamos pasando. Pero hay que recordar que el único que nos puede ayudar es Jesucristo, solo en ÉL, esta la victoria. ¿Por qué no salir vencedores hoy, en lugar de llorar mañana? y lo que es peor, culpar a Dios de lo que nosotros mismo decidimos tomar.

Hay que tener presente que Dios jamás nos deja solos. Somos nosotros quienes nos alejamos de Él. Jesucristo siempre está con los brazos abiertos dispuesto a darnos un abrazo de bienvenida, ya sea si nos hemos alejado de él, o es la primera vez que nos le acercamos. Dios siempre nos está esperando.

Por medio de este libro me gustaría hacerle llegar un mensaje a todas aquellas personas que al igual que yo, son portadores de SIDA, y que dependiendo de las circunstancias le echan la culpa a Dios por lo que están pasando. Ya lo dije, y vale la pena repetirlo, la culpa no es de Dios, sino que a excepto de aquellas personas que involuntariamente han sido contagiadas ya sea por violaciones, por usar una jeringa usada, por transfusión de sangre o cualquier otra forma en que se contagiaron, nosotros somos culpables de tener esa enfermedad, pues nosotros somos dueños de nuestras propias acciones. Es consecuencia de nuestro propio pecado. Dios es el menos culpable de todo lo que está pasando en el mundo, yo decidí prostituirme, yo decidí salir con diferentes personas, yo decidí hacer lo que hice, yo y nadie más. Por naturaleza siempre buscamos a quien culpar, y a quien más podemos culpar sino a Dios. Pero hay que ponernos a pensar qué, ¿qué hemos hecho nosotros por cambiar el rumbo que lleva este mundo? Nada, la respuesta es nada. Los jóvenes y en muchos casos los adultos, seguimos los caminos que nos muestra el mundo. Dejamos al abandono a nuestros jóvenes alegando que son otros tiempos, que ahora es diferente. Pero déjenme decirles una cosa; el SIDA, y otras enfermedades, son las mismas de hace cincuenta, y treinta años. La moral, las buenas costumbres, y el amor propio deberían de ser las mismas de siempre. Pero nos dejamos arrastrar por lo que el mundo hace y nos propone hacer. Al gobierno, a los políticos o la demás gente, no le importa en lo más mínimo pasar leyes que están en contra de Dios, ni mucho menos les importa en nada el futuro de nuestra juventud. No les importa si este mundo en unos años este mas perdido que Sodoma y Gomorra. Tristemente ese es el camino que lleva esta gran nación, (así como muchas en el mundo) con políticos liberales, que aprueban el aborto, sin saber que esa acción ha matado a más niños que la gente que ha en las Guerras Mundiales. En fin, creo que en cuestión de política, se necesitaría de escribir cientos de libros. Y si toque este tema es porque no se puede negar lo innegable. Pues Satanás está usando el mismo gobierno para darle a la gente más libertad de practicar el libertinaje.

Por último y para despedirme, quisiera pedirle a cualquier padre en caso de que haya leído este libro, es de que nunca, nunca dejen hablar con sus hijos sobre los problemas y consecuencias que contrae el sexo antes del matrimonio, tales como el embarazo prematuro, y las enfermedades de transmisión sexual. Recuerden, si ustedes no les hablan sobre este tema, *alguien más* lo hará, y lo hará de manera errónea. Traten siempre de ser los mejores amigos de sus hijos, de que sean sus confidentes, de que les tengan confianza. Busquen, indaguen sobre este tema, no tengan vergüenza, ya dejen el rancho, y ubíquense, estamos en pleno siglo veinte y la gente sigue teniendo miedo de hablar con sus hijos sobre el sexo. No haya que esperar a que sea demasiado tarde y decir, <<Porque no le hable yo, y no ese joven que dejo embarazada a mi hija, o porque no le hable yo, antes de que mi hijo se fuera a un cabaret y le contagiaran el SIDA u otra enfermedad>>. Hay que tomar la delantera en todo. La juventud de hoy "madura" un poco más rápido que antes, quizá se deba al sistema de este país, o la cultura, pero ya nuestros jóvenes no piensan como antes. Hay que enfundarles el temor de Dios en sus corazones. Insistir que vayan a la iglesia. Yo lo sé ahora, y lo reconozco, y con el corazón les digo que no hay mejor lugar que la casa de Dios. Quizá el mundo, la carne, y Satanás nos digan o muestren lo contrario, pero la verdad, no hay nada mejor que estar en los caminos de Dios. No es fácil, lo reconozco, pero tampoco es imposible permanecer al lado de Dios. Como dijo el salmista, <<Es mejor estar un día en tus atrios que mil fuera de ellos>>.

Mis oraciones al momento de que usted este leyendo este libro son que Dios le ponga en su corazón el no cometer los mismos errores que yo cometí. Los errores se pagan caro, yo lo puedo testificar, pues me hubiese gustado casarme con un buen hombre, tener varios hijos, y porque no, algún día morir de vieja y con nietecitos en mi regazo...Pero tengo que pagar por mis actos; no me puedo casar, ni mucho menos tener hijos.

Estas últimas palabras son para ti jovencita, si es que estas embarazada, y el padre de tu bebe no quiere responderte como hombre. En realidad ese tipo no conoce el verdadero significado de la palabra *hombre*. Quisiera instarte que *borres de tu mente la idea de abortar*. En este momento quizá tú futuro se vea negro e incierto, pero ten en cuenta que Dios nunca nos deja solos. Tener un hijo es una gran bendición, quizá la bendición más grande que puede tener una mujer. No hagas caso de que el gobierno o ciertas instituciones te dicen que probablemente estarás mejor sin tu bebe. El aborto es una de las cosas más aborrecidas por Dios, pues se mata a personitas inocentes. Aunque una ley terrenal te proteja, recuerda que el Juez Supremo, Dios, te está mirando desde lo alto. El señor Jesucristo dijo que su Gobierno no era de este mundo, y así es.

Si te practicas un aborto, ¿quién te garantiza que no saldrá mal? Tal vez en el futuro jamás vuelvas a tener hijos y te la pases como yo, arrepintiéndote el resto de tu vida por no haber tenido el coraje y valor de tener a tu bebe. Pero lo más importante, recuerda, la vida pertenece a Dios, no a nosotros. Recuerda, el cuerpo es tuyo, y de nadie más, no dejes que nadie te mal aconseje. Tuviste el valor de cometer el acto cuando quedaste embarazada, ahora ten el valor de aceptar que ese bebe es la consecuencia de ese acto. Y lo más importante, quien *no* te garantiza que ese bebe es alguien que puede hacer enderezar un poco el rumbo torcido que lleva este mundo. Quizá dentro de tu vientre se está formando el próximo predicador que Dios le mando a este mundo lleno de pecado. Quizá dentro de ti, esta quien conozca de la palabra de Dios y acerque a Cristo a tu familia que siempre lo ha rechazado. Quizá dentro de tu vientre se está formando alguien que puede salvarle la vida a alguien más en el futuro. Ese bebe tiene el mismo derecho de vivir que así como tú y yo lo tuvimos. No le quites ese derecho a tu bebe como yo lo hice con el mío. Demuestra que tú eres diferente a mí. Y más allá de quejarte porque no tienes a nadie que esté a tu lado para responderte por tu bebe, dale las gracias a Dios porque tú tienes el privilegio que millones de mujeres no tienen, ser madre.

Y por ultimo quiero agradécele a Jesús Ramírez Téllez por su amistad, y por la paciencia que tuvo conmigo cuando revisábamos los manuscritos. Gracias Jesús, por tu amistad, y por ser un buen hombre. Que Dios te bendiga, y ojala que algún día, Dios te abra las puertas de una Editorial para que realices tu sueño de ser escritor. Lucha por tus sueños, pero recuerda, que solo Dios es el único que permitirá que ese sueño tuyo, se convierta en realidad. Te deseo lo mejor de la vida. Y estoy segura, que Dios te dio el don de la escritura, y también que sabrás como utilizarlo para su obra.

En las siguientes páginas leerán dos testimonios de jóvenes que como yo, algún día pensaron que eran inmunes a las enfermedades de transmisión sexual... Y que así como yo... Demuestran lo vulnerables que somos los seres humanos...

QUE DIOS LOS BENDIGA Y LOS CUIDE, KAREN DE LA TORRE.

Mi nombre es Cristal Solórzano, nací en Puerto Rico. En un punto de vista muy personal creo que es la Isla más hermosa del mundo. Mi familia es de aspecto humilde, crecí entre huertas frutales. A los diecisiete, según decían las personas que me conocían era dueña de una belleza abrumadora. Mi piel morena, mis ojos verdes y un rostro hermoso, eran la envidia de las demás chicas, y por ende el anhelo de los chicos. A diario recibía invitaciones de diferentes chicos, las cuales declinaba. Yo tenía el mismo pensamiento que Karen, encontrar el verdadero amor. Quería encontrar al chico que valiera la pena como para morirse. Tristemente ese deseo me hiso realidad. Me moriría por el chico que conocí un día de verano.

En una ocasión uno de mis primos que residía en Nueva York, vino de vacaciones a la Isla. Lo acompañaba un chico de esos que solo se ven en las revistas. Al menos así lo veía yo. Era americano, pero hablaba castellano. Era de ojos azules, cabello rubio, y cuerpo atlético. De lo primero que me entere es que en ese entonces era defensa del equipo de Basquetbol de la universidad a la que asistía junto con mi primo. De inmediato las demás chicas le echaron el ojo. Pero el me escogió a mí. Era un chico irresistible. ¿En ese entonces como le podía decir que no? De haber sabido las consecuencias de haber dicho que *sí,* les aseguro que hubiera salido corriendo y jamás lo hubiese vuelto a ver. Pero yo no sabía. Salimos durante dos semanas antes de que me propusiera tener relaciones. Al principio dude, pero me convenció con sus palabras de amor; que había sido amor a primera vista, que sin mi ya podría vivir, que nuestro futuro era amarnos por siempre. Acepte... claro. En ese momento y como lo dije, como podía decirle que *no*. No puedo negar que fue una noche hermosa. Era todo un caballero. Pero no sabía que así había sido con la mayoría de las chicas con las que ya había estado. Al ser muy popular en el colegio, le sobraban las chicas. Nuestra relación duro solo un mes, pues él tenía que regresarse a Nueva York para seguir con sus estudios. Me prometió que volvería en las siguientes vacaciones. Le creí. Yo creí que estaba enamorada. Pero tristemente la terrible noticia me llego solo un mes después de que él se marchara de la Isla. Había tenido un accidente de tráfico. El choque fue terrible. Los doctores para salvarle la vida necesitaban transfusión sanguínea. Al hacerle la prueba para saber qué tipo de sangre era... Descubrieron que era portador de Síndrome de Inmunodeficiencia adquirida (SIDA). No sobrevivió al accidente. Mi primo me aviso de la muerte de este chico... Y también me aviso que era portador de esa terrible enfermedad. El mundo se me vino abajo. Antes de hacerme un examen, estaba segura de que yo también tenía SIDA, pues sostuvimos relaciones sin protección, (sin preservativo).

Lamentablemente así fue, el doctor me confirmo lo que yo ya sabía. Ahora yo era portadora de VIH. En mi caso yo nunca supe si Arthur, solo me había utilizado, o realmente se había enamorado de mí. Pues como lo dije, murió al siguiente día del accidente. Pero de una cosa si estoy segura, mis sueños, mis ilusiones de ser alguien en la vida (pues yo quería ser actriz), mi futuro, todo se fue al excusado por no haber podido decir que *no,* y acceder a la petición de ese chico.

Entre en una gran depresión, ya no me quedada nada en la vida, al menos eso creía yo. ¿Para qué quería vivir? Así que intente quitarme la vida. Ya no había razón por la que vivir. Me sentía terrible, perdida en un vacio infinito, del que ni mis padres, ni mi hermana menor me podían salvar.

Una noche en la que la soledad, y la depresión me castigaban y no podía dormir, tome la terrible decisión de quitarme la vida. Me corte las venas. Pero mi hermanita de tan solo diez años, me salvo de morir. Honestamente no sé si Dios trabaje de esa forma, pero creo que el despertó a mi hermana para que me encontrara tirada en el baño. Al tener un solo sanitario, y mi hermanita con ganas de vaciar su cuerpo, entro al lugar. Corrió y le aviso a mis padres, quienes sin perder tiempo, le pidieron prestado el auto al vecino y me llevaron a la clínica más cercana. Los doctores hicieron cuanto pudieron para salvarme la vida, y lo lograron.

Cuando pude recibir visitas, le reclame a mis padres del porque no me dejaron morir. Pero ¿ellos qué podían hacer? Son mis padres y por lo tanto me aman, no me podían dejar morir. Eso fue lo que me dijeron. Al tercer día, un lunes para ser exactos, cuando regrese a casa, mi hermanita estaba sentada en la sala, y tenía un pequeño libro en su regazo. Me sonrió. Su sonrisa era como la de un ángel. Me senté junto a ella. Abrió el libro (La Santa Biblia) y me mostro un pasaje, su preferido, el de Lucas 23. De cuando los malhechores estaban colgados junto a Cristo. En lo poco, o más bien en lo mucho que ella entendía de la Biblia, me enseño que todas las personas que estamos sin Cristo, estamos perdidos y que sin remedio al morir iremos al infierno. Me dijo que todos los seres humanos tenemos el privilegio ya sea de aceptar o rechazar a Jesucristo el Hijo de Dios. Ese privilegio lo tuvieron ambos malhechores, uno lo acepto, y el otro lo rechazo. Me enseño que Dios no obliga a nadie a creer en su Hijo. Eso es en vida, porque cuando muramos, Él nos preguntara en donde dejamos a su Hijo, si lo llevamos en nuestro corazón, o lo dejamos en el olvido. Mi hermanita me enseño que el hombre que lo recibió, está con *él* en el Paraíso, mientras que el otro está en el Infierno, alejado de Dios. Y que ahí es a donde yo hubiese ido a parar si hubiera muerto sin Cristo en mi corazón. Mi hermanita me pregunto a qué lugar me gustaría ir. Yo, al ver lo cerca que estuve de morir, me espante de que si ella no hubiese entrado al baño, en ese momento ella no me estuviese hablando de la Biblia, pues yo estaría en el Infierno y ella estaría sentada sobre el sofá, sola.

Con lágrimas en los ojos reconocí que yo era una pecadora y por lo tanto estaba fuera del paraíso de Dios. Hasta ese día, mi hermanita era la única que asistía a la iglesia cristiana. Me sorprendí de como Dios puede usar incluso a una pequeña para alcanzarnos y acercarnos a su Hijo. Después de reconocer que yo estaba pérdida, recibí a Jesucristo como mi Señor y Salvador.

Mi hermanita estaba feliz, pues Dios, en su gracia infinita me había alcanzado. Al principio no fue fácil, pero mi pequeña hermana era el motor que me impulsaba a seguir con vida y quitarme para siempre la intención de quitarme la vida. Me acerque a Cristo. Mi vida cambio. No es fácil vivir con esta enfermedad. No estoy sola, mi familia está conmigo, pero principalmente Cristo está conmigo. Cuando caigo en esas terribles noches de soledad y depresión, recuerdo que ÉL, el creador del universo es el único que me da fuerzas para vivir un día más.

Reconozco que no es lo mismo vivir sabiendo que se tiene SIDA, pero ¿ahora que puedo hacer? No puedo regresar el tiempo y decir que no, que no quiero tener relaciones sexuales antes de matrimonio, que no quiero hacerlo porque sé que él tenía SIDA, que no quiero hacerlo porque esa era mi primera vez y me arrepentiría el resto de mi vida. Ahora estoy triste y marcada, solo por no saber decirle que no al joven más atractivo que había visto jamás, que no pude decirle que no, porque sé que se iría con algunas de las otras chicas... no, pude decirle que no, porque me lo ganarían. No, no se puede regresar el tiempo y cambiar las cosas. Pero todos los demás si pueden, si pueden decir que *no,* que *no,* porque si dicen que sí, eso podría cambiar el rumbo de su vida.

Como lo dijo Karen, no es fácil decir que *no,* pero hay que pensar en el futuro. No se necesita tener varias relaciones para poder contraer una enfermedad. Una, solo necesita de una sola vez para contraer SIDA.

Es difícil decir que no, pero se es más difícil vivir con una enfermedad tan terrible como la que tengo. Solo Cristo, solo él, es el único que me da fuerzas para seguir adelante. ¿Para qué arriesgarse a vivir de este modo, para que arriesgar toda una vida por un momento de placer? Solo unos minutos, nos pueden cambiar el resto de nuestros días, como paso conmigo. Recuerda amiga o amigo, si tu también tienes esta terrible enfermedad, recuerda que no estás solo o sola, Jesucristo esta con los brazos abiertos esperándote. No tengas miedo, el jamás te va a rechazar como lo pueden hacer algunos humanos, por el contrario, el te está esperando para consolarte. Así como lo crucificaron, con los brazos abiertos, así te está esperando... No lo rechaces más.

Que Dios me los bendiga.

Cristal Solórzano
San Juan, Puerto Rico

Yo nací y crecí en una iglesia cristiana, originalmente soy de la Ciudad de México, mis padres recibieron a Cristo justo cuando mi madre tenía ocho meses de gestación. Tres semanas después de haber recibido a Jesucristo como su Señor y Salvador, mis padres se bautizaron, por lo tanto yo nací en cuna cristiana, pues mi madre me dio a luz dos días después de que se bautizaran. Fui presentado a toda la congregación a los dos meses de haber nacido.

Mi nombre es Santiago Soto, y siempre, (al menos eso creo yo) fui un niño muy carismático. Le caía bien a todo mundo. Mi madre me decía que todos los hermanos en Cristo me querían cargar. No lo dudo pues cuando tenía catorce años, varias de las chicas tanto del colegio, como de la escuela dominical, querían siempre andar conmigo. Llegue a los dieseis y tenía en mente una cosa, estudiar para ser pastor algún día. Leía la Santa Biblia dos veces al año. Que yo recuerde, jamás, a menos que fuera por emergencia faltamos un domingo a la iglesia. El pastor de jóvenes me impulsaba a que nunca dejara de tener ese deseo en mi corazón, de ser pastor. El pastor principal me dio el privilegio de enseñarle a un grupo de niños, que oscilaban entre los siete y doce años.

Me gustaba enseñar. Para mí, el asistir a la iglesia no era una carga, sino todo lo contrario, lo hacía por amor a Dios. Aunque asistía a una escuela pública, jamás había tenido novia, que es donde más fácil se puede tener una. Muchos chicos y chicas del colegio se burlaban de mí, porque no hacía nada fuera de lo normal, (nunca entendí a lo que ellos llamaban *normal)*. Yo les decía que me gustaba ir a la iglesia. Hasta ese punto de mi vida, todo marchaba, por decirlo de una forma, perfecta.

Llegue a los dieciocho y aun continuaba sin haber tenido una novia. Es mas ni siquiera había besado a una chica. En la preparatoria, algunos, incluso me llegaron a preguntar si yo era homosexual. Pero lo que ellos no entendían, (y no saben cómo me he arrepentido de haberles hecho caso) que yo tenía en mi corazón de encontrar a una gran chica, que me amara, que me respetara. ¿Quién no pide algo así? Así que no los escuchaba. No ese momento. No niego que de vez en cuando me sentía mal, porque me decían, mariquita. Me sentía peor cuando alguna chica me lo decía, ya que yo rechazaba cualquier invitación.

La iglesia había crecido bastante en los últimos años. Cada vez llegaba más gente. Un día llego una chica...La chica más maravillosa que según yo, Dios podía haber creado. Era delgada, alta, piel blanca, ojos cafés, que irradiaban luz propia, unas pestañas tan largas que parecían de fantasía. Era perfecta. Por más que le busque no encontré defecto alguno en ella. Al menos por fuera no lo tenía.

Por supuesto, comencé a acercarme a ella, la cual de inmediato me acepto como su amigo. Comenzamos a salir, ya sea a tomar un café, o a comer helado. Me parecía la chica más tierna del mundo. Siempre vestía con elegancia. Era la chica perfecta, la que por siempre había esperado.

A los cuatro meses de haber comenzado a salir, platique con el pastor sobre ella. El con su sabiduría me dijo que tuviera cuidado, que no sabíamos mucho de ella. Que no había problema que podía platicar con ella, pero que tuviera cuidado en no pasar los límites impuestos por Dios. Me hablo del sexo antes de matrimonio, y de sus consecuencias. Él en sus predicaciones, siempre trataba de ponernos alertas, principalmente a los jóvenes.

Yo me creí un ser casi perfecto, yo creí que jamás sucumbiría a las tentaciones de Satanás, y que por lo tanto, el diablo sabía que yo jamás caería en algo como el pecado de la fornicación, así que asimile que él, jamás me pondría una tentación, pues sabía que la rechazaría. Pero cuan equivocado estaba yo al pensar así, pues precisamente, por pensar así, el enemigo de Dios, me tenía bien echado el ojo.

Como todo buen hombre, por supuesto, gusta de admirar la belleza femenina. Creo que si se hubiera buscado la palabra belleza en un diccionario, hubiese aparecido la foto de esta chica. Para mí era la mujer más bella de la tierra. Mis amigos y algunos de los jóvenes de la iglesia me seguían haciendo burla de que no me gustaban las mujeres, pues a pesar de que ya habíamos salido por algún tiempo, ni siquiera le había tomado de la mano. Picado mi orgullo de hombre, decidí que les demostraría que era todo un hombrecito. Así que un día cuando salí con esta chica a tomar un tomar, fui más allá platicar con ella. La tome de la mano, y me acerque para darle un beso. Aun recuerdo muy bien ese día. Como no hacerlo si fue el día que me cambio el resto mis días. Ella acepto mi beso. Su boca era suave y dulce. Sabía a gloria, y a helado de durazno.

Por supuesto, yo no tenía experiencia en eso de dar besos. Ella lo noto. Me disculpe pues pensé que ella esperaba a un chico de diecinueve años con bastante experiencia, pero ella sonrió dulcemente y me dijo que por el contrario, era mejor que yo no tuviera experiencia, pues así ella tendría el privilegio de inducirme por las artes del amor. No entendí bien sus palabras. ¿Pero a quien le importaba lo que había dicho? Lo entendí más noche.

Le confesé que esa era la primera vez que yo besaba a una chica. Eso le agrado. Me gusto mucho como me besaba y como me dirigía con sus labios. Sus manos me acariciaban el rostro. El contacto de su piel me quemaba por dentro. Me preguntó si quería ir un poco más allá de unos besos y palabritas dulces. Respondí que *sí* como un autómata. A solo dos cuadras había un hotelucho. Entramos. Ella era dos años mayor que yo, así que no tuvimos problemas en entrar. Ya éramos mayores de edad.

Dentro del cuarto sucumbí ante una de las principales armas que usa Satanás par hacer caer al ser humano, la fornicación. ¿Qué puedo decir? fue un momento único. Yo nunca había tocado a una mujer, y nunca me habían tocado. Fue noche maravillosa... Sí maravillosa, pero meses después desee jamás haberla vivido. Salimos del hotel, nos despedimos, y cada quien se fue para su casa. Antes de que ella abordara el Taxi, me dijo que esa semana estaría ocupada más de lo normal, ya que en la tienda donde trabajaba, harían un inventario, y trabajaría hasta tarde, que nos veíamos el próximo domingo en la iglesia. Era lunes, así que los siguientes días para verla se me harían eternos. Y más se me harían después. Feliz me fui para mi casa. Tenía en el pensamiento que ahora *sí,* ya nadie, ni en la iglesia ni en el colegio me harían burla de que no me gustaban las mujeres. A todos mis amigos les gritaría que había besado y tocado a la mujer más bella del planeta. Por supuesto, soy un caballero y creo que si me lo hubiesen preguntado jamás les diría que había estado con ella. Fue algo que aprendí de mi padre, que la caballerosidad esta antes que el orgullo de hombre.

Me pase el resto de la semana pensando en esa chica, en cómo me había tratado. En todo lo que ella representaba como mujer. Todo me olía a ella. Su perfume lo llevaba en las manos. El brillo de sus hermosos ojos iluminaba mis oscuras noches.

Para mi infortunio el siguiente domingo, no se apareció por la iglesia. El miércoles (día en que también tenemos culto en la iglesia) *vendrá*, pensé. Tampoco llego el miércoles, ni el siguiente domingo, ni el otro, ni el otro. Comencé a ponerme triste. Creí que yo había hecho algo mal. Pensé que se sentía mal emocionalmente pues habíamos cometido un pecado y que por lo tanto se sentía avergonzada. No fue sino hasta ese momento en que yo comencé a sentirme mal, pues habíamos cometido pecado. Fui hasta su casa para buscarla y hablar con ella. Quería compartir parte de sus cargas, pues creí que se sentiría mal después de lo que hicimos, pues yo era un maestro de escuela dominical.

Llegue hasta la casa en donde vivía con una amiga. Toque a la puerta. Escuche algunos pasos en el interior de la vivienda. Prepare la mejor de mis sonrisas, pero quien abrió fue la amiga. Pregunte por ella. La chica me miro de arriba abajo. Me informo que no estaba. Pregunte si volvería mas tarde. La chica guardo silencio y me dijo que más bien jamás volvería. Sentí que la tierra me tragaba ante las palabras de la mujer. Me dijo que se había ido con su novio. O más que su novio era su pareja, que no estaban casados, sino que vivían en unión libre. Que ese hombre había venido desde los Estados Unidos por ella, pues se habían separado por un tiempo por problemas de pareja. Tiempo que había aprovechado la chica para visitar a sus familiares en la Ciudad de México. Lo último que me dijo a la chica fue un mensaje que me dejo con ella: *que Gracias por el tiempo que pase con ella. Y que siempre me llevaría en su corazón, y que jamás me olvidaría*. Triste me fui a casa. Arrastraba los pies y el alma. Ella tenía a otra persona y nunca lo supe.

Decidí no contarle nada a mi pastor, ¿para qué hacerlo si de todos modos, ella ya no asistiría a la iglesia? Trate de ser como siempre. Seguí enseñando a los niños, pero no dejaba de pensar en ella. En sus dulces besos y en la calidez de sus manos, en el suave timbre de su voz, y principalmente en sus bellos ojos. Todo parecía que había sido una bonita relación, un bello recuerdo de una de las mujeres más lindas del mundo...Pero la peor noticia de mi vida llego un día de verano.

Mi padre llego a casa con un doctor y nos comunico que había comprado un seguro de vida para toda la familia, y uno de los requerimientos de la aseguradora era que antes de aceptar la póliza, nos teníamos que someter a un examen médico para comprobar que no teníamos ninguna enfermedad terminal, o cualquier otra que pudiera no aceptar la compañía de seguros.

Cinco días después, un sábado, justo antes de ir a la iglesia a una conferencia de jóvenes, llego el médico con los resultados. Pidió hablar con mi padre a solas. ¿De qué nos podemos preocupar mi madre y yo? Ellos recién habían pasado los cuarenta y yo aun no cumplía los veintidós, éramos fuertes y sanos. Ninguno de ellos tenía historial en sus familiares de que padecieran alguna enfermedad. Así que mi madre y yo nos dispusimos a tomar un café.

Mi padre no salía del cuarto en donde estaba platicando con el doctor. Ya tenían media hora dentro. Ahora sí, nos comenzamos a preocupar. Cuarenta y cinco minutos después de que había entrado mi padre con el doctor, salió con lágrimas en los ojos. Se veía terrible, devastado, como si cien años le hubiesen caído en las espaldas desde el cielo. El doctor se despidió y mi padre me dio un fuerte abrazo. Y lloro aun más. Mi madre sin saber porque lloraba mi padre, se unió a él en el llanto. Yo trague saliva. Presentía que algo terrible estaba sucediendo. Pensé que mi padre o incluso mi madre tenían algo grave. Jamás pensé que fuera yo quien tuviera algo.

Mi padre me dio un fuerte abrazo y me beso la frente. Sin saber porque, mi madre hiso lo mismo. Mi padre no podía hablar tenía un gran nudo en la garganta. Como pudo, dijo algo, pero no le entendí. Lo volvió a repetir. Entonces lo oí claramente: <<Hijo… Tienes Síndrome de inmunodeficiencia Adquirida (SIDA)>>. Sí había escuchado bien la primera vez, solo que mi mente se negó a aceptar esa terrible verdad. Me quede congelado. Mi madre se desmorono en llanto. Me negaba carecer esa terrible verdad. Caí pesadamente sobre la silla, y rompí en un llanto amargo. Mis padres me abrazaron con todo el amor que me tenían. Fue un momento… Terrible. Caí de rodillas y abrace a mi madre por la cintura y le suplicaba que me dijera que no era verdad, que todo era una mentira, que por favor me dijera que habían usado eso para que me portara bien. Les jure que sería un mejor hijo. Les suplique que me dijeran que todo era mentira… Mi pobre padre me dijo que no, que no era mentira, que los resultados habían dado positivo, y que ellos nunca usarían algo así para darme una lección. De rodillas los tres lloramos sin consuelo.

Después de la terrible noticia y de comprobar con otro doctor que los resultados no estaban errados comencé a caer en un gran abismo. Abismo del que solo alguien me podía ayudar a salir, y ese no es nadie más que Jesucristo. Pero en ese momento mi estado de ánimo estaba por los suelos, así que en lugar de seguir asistiendo a la iglesia, y seguir leyendo la Biblia me aleje de todo eso. No quería hablar con nadie, ni siquiera con mis padres. El pastor de jóvenes me visito varias veces pero rechace hablar con él. Él no sabía nada de mi enfermedad. Mis padres decidieron que si en la iglesia se enterarían seria por mí. Solo pedían que todos oraran por mí.

Me refugie en una soledad mortal. Por mi mente paso la terrible idea de quitarme la vida, pero pensaba en el profundo hueco que les dejaría a los seres más hermosos que Dios me había dado, mis padres. Solamente me tenían a mí, pues soy hijo único. Mi madre lloraba conmigo. Me consolaba, pero no había poder humano que me hiciera salir del hoyo en que me había dejado arrastrar. Yo estaba consciente que Satanás estaba usando lo de mi enfermedad para que yo cada vez me alejara de Dios. Pues yo lo culpaba a Él de lo que me estaba pasando.

Pasaron unos dos meses y aunque no más tranquilo, comencé a abrirme un poco mas con mis padres. Y entre pláticas comenzaron a preguntarme de cómo creía yo que me había contagiado. Mi mirada se perdió en un poster que tenía mi madre en la pared. Era el famoso cuadro de las pisadas de Cristo en la playa.

Querían llegar a la conclusión, de cómo es que me había contagiado; yo nuca recibí alguna transfusión de sangre, ni use drogas por medio de intravenosa, ni había donado sangre, en caso de que la jeringa que hubiesen usado estuviera infectada, solo quedaba la forma más viable de haberme contagiado, por medio de haber sostenido relaciones sexuales.

Al principio yo no les quería decir que ya había sostenido relaciones. Mi madre me dijo que si ya lo había hecho, no es que lo aprobara, pero sería normal para mi edad. Ellos querían saber si ya lo había hecho y con quien, para que de esa forma si la chica aun continuaba ya sea en la iglesia, en el colegio, o en el barrio, debería de saber pues era mi obligación como ser humano el hacérselo saber. Entre lagrimas les dije con quien había tenido relaciones. En ese momento mi falta de caballerosidad no tenía nada que ver, pues el sentido común se tenía que anteponer con la verdad que yo estaba viviendo. Les dije que solo lo había hecho una solo vez en mi vida, y con una sola persona. Me dijeron que teníamos que ir a buscarla y decirle lo que estaba pasando, pero les explique que yo ya la había buscado pero ella ya no estaba en la ciudad, que se había regresado para los Estados Unidos. Aun así, decidieron buscarla ellos mismos, pero resulto que aun la amiga que me había dicho que (Nadia, así se llama) se había mudado de dirección. La buscamos por toda la ciudad... Pero jamás la encontramos. Así que le perdí por siempre la pista. Nadia tenía mi correo electrónico, pensé que quizá por un recuerdo bonito que tuviera de mi, algún día se pondría en contacto, pero jamás me escribió, ni hiso contacto conmigo de ninguna forma.

Dentro de mí se comenzó a formar un negro rencor hacia ella, pues creí que al no ponerse en contacto conmigo es que ya sabía que ella era portadora de VIH. Un profundo rencor me comenzó a carcomer el alma. Tanto que comencé a culpar a Dios de lo que me estaba pasando. Por lógica deje de asistir a la iglesia. Como lo dijo Karen en repetidas ocasiones, el ser humano por naturaleza siempre busca a un culpable, y por lo regular culpamos al más inocente, Dios, y por lo tanto nos resistimos s reconocer que lo que nos pasa es producto de nuestros pecados.

Mi reclamo hacia Dios era de porque había permitido que me contagiara de SIDA. Yo era un buen cristiano, lo amaba, me gustaba ir a la iglesia, asistía a todos los programas, no me perdía un servicio dominical, leía su Santa Palabra todos los días, oraba cuando menos una vez por día, era maestro dominical de chiquillos, ayudaba en la ruta de para traer gente a la iglesia... Hacia todo lo que él me pedía. ¿Por qué no me protegió de esa enfermedad? Creí que Dios me había castigado por haber cometido el pecado de la fornicación. Pero, ¿por qué castigarme por un momento de debilidad si yo había hecho tanto por ÉL? La respuesta no me llego sino días después cuando por fin acepte hablar con el pastor. Al principio le escuchaba pero no quería oírlo. Estaba molesto con Dios. Después de varias pláticas con el pastor, él y su esposa me hicieron entender que Dios no me había castigado por haber fornicado, que él no castiga de esa forma. Es cierto que Dios perdona el pecado, pero, siempre, el pecado trae sus consecuencias. Dios no me había mandado a tener relaciones con esa chica, Dios no me había mandado a salir con ella ese día, fui yo quien escogió salir con ella, fui yo quien decidió aceptar ir más allá de tomarle la mano y darle un beso, fui yo quien decidió entrar con ella en ese hotelucho, fui yo quien sostuvo relaciones con ella. Dios no me iba a detener porque yo, yo había tomado esa decisión. Dios nos da la libertad de hacer lo que queramos, Él simplemente no me protegió, porque yo había decidió llevar a cabo esa acción. Fui yo quien al aceptar tener sexo con esa chica, me salí de su manto protector. La culpa siempre fue mía, mía y de nadie más. Dios es el menos culpable de lo que me estaba pasando.

Me costó trabajo reponerme de todo esto. Hubo días en los que deseaba morirme. ¿Para qué quería vivir? La vida para mí ya no tenía sentido. Le doy gracias a Dios por el pastor que me toco y la familia que él me mando, pues de no haber sido por ellos no se que hubiera sido de mi vida. Sabía que me enfrentaba a una batalla espiritual, y muy grande, pues primero tenía que reponerme para seguir adelante. A pesar de que tenía conocimiento de la Biblia no sabía cómo enfrentar una batalla espiritual, y el mejor comienzo fue el de buscar más a Cristo en oración, de caminar con ÉL. Eso era lo que precisamente no quería Satanás que yo hiciera, pues él sabía que me le estaba escapando de sus garras. Batalle, no digo, es mas jamás diré que fue fácil salir victorioso, pero solo en Cristo encontré la victoria, solo ese Dios tan amoroso que nunca me dejo solo, me pudo haber ayudado. Llore muchas noches pues mi futuro estaba marcado por esta terrible enfermedad, pero, he logrado aceptar que por siempre, y mientras Dios me permita vivir llevare esta enfermedad. Creo que eso fue lo más importante de la batalla, el aceptar esta terrible enfermedad. Aun sigo batallando día con día, pues no es fácil el pensar que no podre casarme y tener familia, que eso era lo que más deseaba. ¿Pero qué se puede hacer? Quizá día con día me arrepienta de haber tenido relaciones con esa chica. Quizá me arrepienta por siempre el haber caído en el juego de mis...Lamentablemente no los puedo llamar amigos, pues si ellos hubieran entendido el propósito de mi corazón en llegar virgen al altar, jamás me hubieran presionado insinuándome que era gay, pero tampoco puedo culparlos de lo que me paso. Ya no se puede remediar nada. Pero si puedo hacer algo, y es el de prevenir a los demás chicos y chicas, que con una sola noche, con unos cuantos minutos de placer, se nos puede... (Perdón por la palabra), pero se nos puede *joder* toda la vida. El hecho de ser jóvenes, vernos sanos, no significa que somos inmunes a cualquier enfermedad. No importa si somos atractivos o feos, el SIDA... No discrimina. Todos estamos propensos a contraer la enfermedad que ha matado a más de veinte millones de personas alrededor del mundo, y que seguirá matando si no ponemos nada de nuestra parte para detenerla.

Reconocí que yo fui el único culpable de haberme contagiado de SIDA, y por lo tanto le he pedido cientos de veces perdón a Dios por haberlo culpado de lo que me está pasando. Eso es lo que le enseño a mis hermanos en Cristo, principalmente a los jóvenes, que nosotros somos los únicos responsable de las consecuencias de nuestras acciones. Y Solo un contacto se necesita para contagiarse, solo uno, y nosotros somos culpables de que eso nos pase. También les digo a mis hermanos que nos pase lo que nos pase, Dios nunca dejara de estar a nuestro lado. Él jamás nos abandona, es simplemente que somos notros quienes decidimos alejarnos de ÉL. Por eso es que mucha gente se aleja de las iglesias en cuanto viene un problema, pensamos que Dios nos ha abandonado, o nos está castigando, la verdad es que ÉL, jamás, nos abandonara por muchas cosas malas que hagamos, solo hay que estar consientes de que nosotros somos los culpables de las decisiones que tomemos. Solo hay que recordar que Cristo está con nosotros como lo estuvo con el apóstol Pedro en medio de la tormenta. Solo es cuestión de tener el valor de gritarle y *decirle que perecemos* y aun más, tener el valor de aferrar esa mano que Él, siempre ha atenido extendida para nosotros, para ayudarnos a salir de la tormenta.

Ya con el tiempo, y al ponerme a pensar bien las cosas, me di cuenta que mi odio hacia Nadia, carecía de fundamento, pues creo que ella tampoco sabía que era portadora de SIDA. Es más, si yo no la hubiese besado, creo que ella jamás me hubiera propuesto tener relaciones, al menos eso creo yo. Y si fue diferente, ya la perdone, pues fue culpa mía y de nadie más. Mucho menos lo fue de Dios.

Todos los días le pido a Dios que de alguna forma le ponga en su corazón el que se comunique conmigo, para hacerle saber lo de la enfermedad, ya que así de esa forma, ella, se detenga en tener relaciones con alguien más. Claro si es que ya no sigue con su pareja. Por eso le pedí a Karen que me permitiera escribir unas líneas en este libro, ya que ella me conto que Jesús R Téllez, vive en los estados Unidos, y que aunque no encontrara una editorial tradicional para publicar el libro, él trataría de buscar la forma hacerlo público, pues quizá así de esta manera, y si Dios lo permite, ella se entere de lo que está pasando, y acuda con un medico. Como mencione antes, su nombre es Nadia. Curiosamente nunca supe sus apellidos, pero ella me llamo su *Muñequito de Porcelana*. Quizá con eso sepa a qué Nadia me refiero.

Quisiera agradecerle a Karen por haberme ofrecido su amistad. Y aunque no lo conozco quisiera agradecerle a Jesús Ramírez por todo y le deseo con todo mi corazón que Dios le abra las puertas de una editorial. Pero quisiera agradecerle principalmente a Dios por nunca haberme dejado solo en la tormenta, y principalmente por haber mandado a su Hijo a morir por mi y por ustedes en la Cruz, todo para que todos por medio de nuestra fe hacia ÉL, tengamos Vida Eterna... QUE DIOS LOS COLME DE BENDICIONES... Y recuerden, solo en Cristo Jesús esta la victoria.

Santiago Soto
Ciudad de México, México.

ESTE LIBRO ES

EN MEMORIA DE

KAREN DE LA TORRE

1980--2010

Y EN MEMORIA DE

CRISTAL SOLORZANO

1988—201O

QUIENES PASARON A MEJOR VIDA POR LAS CONSECUENCIAS DEL SINDROME DE INMUNODEFICIENCIA ADQUIRIDA… SIDA.

Quisiera agradecerle infinitamente a quienes participaron en este hermoso proyecto.

A los hermanos en Cristo, Carmen y Leonel Jacobo, por su apoyo y permitir que sus dos pequeñas y hermosas hijas aparecieran en la portada del libro, Yesenia Y. Jacobo Gómez, y Delia Jacobo Gómez.

A Vania Arely Evangelista Moctezuma y a Michelle Flores, ambas hermosas chicas que me apoyaron accediendo a posar para la portada.

A Ángela Evangelista Moctezuma por su ayuda en el maquillaje.

Y principalmente a Daniela Evangelista Moctezuma por su deslumbrante trabajo en el diseño de la portada. Que la verdad, no creo que alguien más lo hubiese podido hacer mejor.

Gracias a todos por su gran trabajo y apoyo y por tenerme paciencia. Pero principalmente quiero agradecerle a Jesucristo nuestro Salvador por habernos permitido realizar este proyecto, porque sabemos por demás que si no hubiese sido la voluntad de él, nada de esto hubiera sido posible. Gracias Dios por lo bueno que eres con nosotros sin que nos lo merezcamos.

Para más información o comentarios sobre este libro sírvase de escribir a jesusrtellez@yahoo.com

Este libro es dedicado a todas aquellas personas, (no importa la edad) son víctimas del Virus de Inmunodeficiencia Humana VIH. Y por lo tanto son portadores SIDA. Yo en lo personal conocí a Karen muy bien, nos llevo un poco más de dos años en escribir el libro. La verdad, y no solo porque la conocí digo esto, lo digo porque de verdad lo sentía por ella, era mujer de gran ejemplo, y un ser humano excepcional, llena de alegría, y positivismo, aparte de ser muy hermosa, era en verdad una mujer admirable. Ella me enseño a ver la vida de una forma diferente, me ensenó a disfrutar de cada minuto de mi vida, de disfrutar cada aroma, y cada color, y principalmente me enseño a darle gracias a Dios por todo lo que ÉL me da sin merecerlo. Y siempre le agradeceré a Dios por haber conocido a una mujer como ella. El haberla conocido, cambio mi vida por completo. Y como usted estimado lector lo leyó antes, nuestro principal mensaje es el decirle que si usted está envuelto, ya sea en drogas, alcohol, y/o esta contagiado de alguna enfermedad de transmisión sexual... no está solo. Jesucristo el Hijo del Dios Altísimo, esta con los brazos abiertos dispuesto a abrazarlo y acompañarlo el resto de sus días. Solo Él, nos pueda dar la paz que necesitamos. Pero hay que acércanos a él, esa es la única forma en podemos recibir esa paz que él ofrece. Cuando la oscuridad y la desesperación llegue a su vida, recuerde, Cristo está ahí, solo es cuestión de que tomemos al decisión de acercarnos él, para poder llegar a esa *Luz Admirable*. Solo EL es el único que puede con nuestras cargas. Solo él nos puede ayudar a salir de la oscuridad que diferentes situaciones nos tienen atrapados.

Después de haber leído el testimonio de Karen, creo yo, en lo personal, que no me queda a mí, ni una palabra más que agregar, solo puedo decir una cosa... ¡Dios los Bendiga!

JESUS RAMIREZ TELLEZ

¡DIOS LOS BENDIGA!

Made in the USA
San Bernardino, CA
20 July 2014